Ochsenbein · Der neue Weg der Hundeausbildung

Urs Ochsenbein

Der neue Weg der Hundeausbildung

Vom gehorsamen Begleiter
bis zum Dienst- und Rettungshund

mit einem Beitrag von
Claude Hockenjos

Müller Rüschlikon Verlags AG, CH-Cham/Zug

Strichzeichnungen: Irma Halter, Zürich
Bildmaterial: Urs Ochsenbein

ISBN 3-275-01069-7

5. überarbeitete und ergänzte Auflage 1993
Copyright © 1979 by Müller Rüschlikon Verlags AG, Gewerbestraße 10,
CH-6330 Cham

Sämtliche Rechte der Speicherung, Vervielfältigung und Verbreitung sind vorbehalten.

Satz und Druck: Franz X. Stückle Druck und Verlag, D-77955 Ettenheim
Bindung: Buchbinderei Schumacher AG, CH-3185 Schmitten
Printed in Germany

Inhaltsübersicht

Vorwort zur 5. Auflage 13
Was ist neu an diesem Buch? 14
Zum Gebrauch des Buches 15

Erster Teil: Wahl, Kauf, Haltung 16

Kapitel 1: Welcher Hund paßt zu mir? 16
Kapitel 2: Wo und wie kaufe ich meinen Hund? 31
Kapitel 3: Richtige Haltung fördert den Hund 51

Zweiter Teil: Grundlagen der Ausbildung 63

Kapitel 4:
Was muß ich vom Verhalten meines Hundes wissen? 63
Kapitel 5:
Vorbereitung des Junghundes (Grundausbildung) 76
Kapitel 6: Wesensbeurteilung 92
Kapitel 7: Technik der Ausbildung 98

Dritter Teil: Ausbildung und Einsatz von Führer und Hund 119

Kapitel 8: Hundesportliche Grundübungen 124
Kapitel 9: Schutzdienst (Schutzhund) 164
Kapitel 10: Fährtenarbeit (Fährtenhund) 191
Kapitel 11: Flächensuche (Such- und Sanitätshund) 221
Kapitel 12: Lawinenhund 249
Kapitel 13: Katastrophenhund 257
Kapitel 14: Weitere Such- und Arbeitshunde 276

Anhang 284

Inhaltsverzeichnis

Einleitung 14

Was ist neu an diesem Buch? 14
   Mehr wissen vom Hund vor der Ausbildung 14
   Mehr wissen vom Verhältnis zwischen Mensch und Hund 14
   Umfassende Darstellung 15

Zum Gebrauch des Buches 15
   Für jeden Hundehalter 15
   Für aktive Hundeführer 15
   Für Diensthundeführer 15
   Für Übungsleiter 15

Erster Teil: Wahl, Kauf, Haltung 16

Kapitel 1: Welcher Hund paßt zu mir? 16
Die bekanntesten Gebrauchshunderassen 17
Weitere als Gebrauchshunde oft verwendete Rassen 21
Als Gebrauchshunde weniger verwendete Rassen 23
Als Gebrauchshunde nur bedingt verwendbare Rassen 24
Rassehund oder Bastard? 26
   Mehr Risiko beim Bastard 26
   Der Rassehund ohne Stammbaum 27
   Warum ein Rassehund? 28

Kapitel 2: Wo und wie kaufe ich meinen Hund? 31
Die Entwicklungsphasen des Welpen 34
   Erste Entwicklungsphase 36
   Zweite Entwicklungsphase 37
   Regeln für die Beschäftigung mit Welpen 42
   Dritte Entwicklungsphase 43
   Vierte Entwicklungsphase 45
   Zusammenfassung 45
Wie erkenne ich den verantwortungsbewußten Züchter? 47

Kapitel 3: Richtige Haltung fördert den Hund 51
Die Angewöhnung in den ersten vierzehn Tagen 51
Beschäftigung und Bewegung 56
Fütterung und Pflege 57
    Fütterung und Pflege des Welpen im Zwinger 58
    Zu beachten bei der Übernahme des Hundes 58
    Fütterung zu Hause 59
    Zusammensetzung des Futters 59
    Pflege zu Hause 61
    Krankheitserscheinungen 61

Zweiter Teil: Grundlagen der Ausbildung 63

Kapitel 4: Was muß ich vom Verhalten meines Hundes wissen? 63
Was ist anders beim Hund? 64
Vermenschlichung des Verhaltens 66
    Das sogenannte schlechte Gewissen 66
    Trotzverhalten 67
    Mißverständnisse um die «Intelligenz» 67
    Begriffsähnliche Vorstellungen beim Hund 69
Lernen des Hundes 71
    «Pfui» und «Nein» 74

Kapitel 5: Vorbereitung des Junghundes (Grundausbildung) 76
Der tägliche Spaziergang 76
    Begegnungen 77
    Herbeikommen 79
    Aufgaben stellen, Erlebnisse vermitteln 80
Ausflüge 83
Vorteile früher Gewöhnung 84
    Liste der Übungsmöglichkeiten 84
    Liste dessen, was erreicht wird 86
    Einkaufen 86
    Die Leine 88
    Beziehung zum Gegenstand 90
    Weitere Vorbereitungen 91

Kapitel 6: Wesensbeurteilung 92
    Wesensrichter sollten Praktiker sein 94
    Nicht während der Pubertätsphase beurteilen 94
    Der Zuchtwert ist nicht genau erfaßbar 95

Kapitel 7: Technik der Ausbildung 98
    Wann beginnen? 98
    Die Einstellung des Führers zum Hund 100
    Was bringt der Hund mit? 101
    Die Neigung des Hundes zur Kooperation 102
    Anlegen wirksamer Verknüpfungen 104

    Unterstützende und hemmende Einwirkungen 106
        Loben («Brav») 107
        «Strafen» («Pfui») 109
        Korrekturen («Nein») 112
    Prinzipien der Ausbildung 112
        Das Prinzip der Trennung 112
        Bleib-Übung als Beispiel 113
        Das Prinzip der Abwechslung 115
        Das Prinzip der gleichen Form 116
        Das Prinzip der Wiederholung 116
        Übungsregeln 117
        Stufenweises Vorgehen 117

Dritter Teil: Ausbildung und Einsatz von Führer und Hund 119

Zur Ausbildung überhaupt 119
    Führerausbildung geht vor 119
    Hörzeichen und Sichtzeichen 119
Ausbildungsarten und Vorschläge zum Aufbau (Tabelle) 120
    Sich nicht auf eine Methode versteifen 122
    Den Hund motivieren 123

Kapitel 8: Hundesportliche Grundübungen 124
Unterordnung – eine Frage der Motivation 124
(von Claude Hockenjos)
    Kontaktübungen 138

Vorbemerkungen 139
  Drei Mißverständnisse 139
  Vorbereitung des Führers 140
  Vorbereitung des Hundes 140
Arbeiten an der Leine 142
  Gehen, Wenden 142
  Anhalten, Sitzen 144
  Rechtsum, Linksum 145
  Ablegen (Platz) 147
  In Front setzen 147
  Lautgeben 148
  Bleiben 149
  Stehen 149
  Hürde 149
Arbeiten ohne Leine 150
  Herbeikommen 151
  Stehen 153
  Bleiben 153
  Vorangehen 153
  Weitsprung, Schrägwand 154
  Kriechen 154
Apportieren 155
  Gegenstand liebmachen 155
Apportierübungen an der Leine 157
  Gehen, Tragen 157
  Tragen, Anhalten 157
  Vorauswerfen, Aufnehmen 157
  Fassen, Halten, Ausgeben 158
Apportierübungen ohne Leine 159
  Ergänzungsübungen 161

Kapitel 9: Schutzdienst (Schutzhund) 164
Vorübungen zur Schutzarbeit 168
Arbeit mit der Reizangel 169
Beißhemmung 171
Transport und Angriff auf den Führer 174
Verbellen und Revieren 175
Revieren 179
Ausbildung zur Praxis 180
Bewachen des Pikörs 181

Fluchtversuch und Mutprobe 182
Allgemeines 183
Bewachen eines Gegenstandes 183
    Vorübungen 187
    Bewachen frei abgelegt 188

Kapitel 10: Fährten (Fährtenhund) 191
Grundwitterung und Individualgeruch 194
Fährtenfest, fährtensicher, fährtenrein 196
Vorübungen (Führersuche) 197
Legen der Fährte 199
    Abgang 200
    Schenkel 201
    Winkel 201
    Gegenstände 201
Legen einer Futter-Fährte 203
Ausarbeiten der Fährte 207
    Ansetzen 207
    Beeinflussen des Hundes 210
    Eigenspur und Fremdspur 213
    Spurentraining 215
    Verleitungsfährten 216
    Schwierigkeiten 217
Sinnvoll korrigieren (Winkeltraining) 217
Freies Verlorensuchen 220

**Kapitel 11: Flächensuche
(Such- und Sanitätshund)** 221
Suche nach Gegenständen im kleinen Revier 222
Suche nach Gegenständen in der Praxis 228
Anzeigen bei der Flächensuche nach Personen 232
    Verbellen 232
    Verweisen ohne Gegenstand (Leerverweisen) 233
    Verweisen mit Gegenstand (Bringselverfahren) 233
Sanitätshund 234
    Bekanntmachen des Bringsels 234
    Arbeiten auf der Grundlinie 235
    Arbeit nach zwei Seiten 239
    Arbeit ohne Sicht auf die Figuranten 240
    Arbeit im unbekannten Revier 243

Arbeit mit dem Gegenstand 244
Aufbau ohne Bringsel 245
Einsatz von Sanitätshunden 246
Bringseltraining 246
Andere Arten der Flächensuche 247

Kapitel 12: Lawinenhund 249
Grundausbildung 250
  Vorübungen 250
  Die Vierphasenmethode 250
  Die Reiz- oder Kampfmethode 252
Grobsuche und Feinsuche 253
Feinsuche nach Gegenständen 254
Einsatzbereich 254

Kapitel 13: Katastrophenhund 257
Grundausbildung 259
  Angst, Neugier, Selbständigkeit 260
  Angewöhnung an schwierige Verhältnisse 262
  Arbeit im Hindernis-Parcours 263
Die Hindernisse 264
Führigkeit auf Distanz 269
Anzeigen 271
Arbeit im Suchrevier 273
Erziehung zum Beobachten 275

Kapitel 14: Weitere Such- und Arbeitshunde 276
Drogen-Spürhund 276
Sprengstoff-Spürhund 278
Pipeline-Spürhund 278
Schädlings-Spürhund 279
Trüffel-Spürhund 279
Brunst-Spürhund 279
Krankheits-Spürhund 280
Blindenführhund 280
Behindertenhunde 282
Schlußwort 283

Anhang
Literaturnachweis 284
Kynologische Organisationen 285
Abkürzungen 286

Vorwort zur fünften Auflage

Dieses Buch ist vor 14 Jahren in erster Auflage erschienen. Die Zeit bleibt nicht stehen, die Dinge verändern sich. Sie entwickeln sich zum Guten oder zum Schlechten. Beides ist in der Zwischenzeit in der Sport- und Gebrauchshunde-Kynologie geschehen.

Neue Ideen, die er auch in der Praxis zu verwirklichen wußte, hat vor allem mit Erfolg Claude Hockenjos gebracht. Es war mir ein Anliegen, ihn in der Neuausgabe des vorliegenden Buches zu Wort kommen zu lassen. Und ich bin ihm dankbar, daß er mir dies gestattet hat. Denn seine methodischen Vorschläge durften hier nicht fehlen.

Eine völlige Neugestaltung des Buches hat sich jedoch nicht aufgedrängt. Der allgemeine Teil hat nach wie vor seine Gültigkeit. Die hier empfohlenen Ausbildungsmethoden sind immer noch sinnvoll und anwendbar.

Wir wissen aus eigener Erfahrung, wie wichtig es besonders für den Übungsleiter ist, über verschiedene Ausbildungsmethoden verfügen zu können. Weitere Ausbildungstechniken erweitern nun den Band, so der Aufbau des Junghundes mit der Reizangel und die Schleppfährte zum Anreiz des Hundes mit Futter. Das Kapitel über die Motivation des Hundes von Claude Hockenjos bereichert das Buch. Und immer noch enthält es Informationen, die in dieser Art sonst nicht zu finden sind. So die detailliert und nachvollziehbar beschriebenen Lehrgänge des Apportierens, des Gegenstandreviers und der Flächensuche. Ebenso die Darstellung des Aufbaus des Sanitätshundes, des Suchhundes, des Katastrophenhundes und des Lawinenhundes. Des weiteren die in Kapitel 2 enthaltenen Erläuterungen über die Bedeutung der Entwicklungsphasen der Welpen (Prägungsphase) für die spätere Zusammenarbeit von Führer/in und Hund. Nur wenn ein verantwortungsbewußter Züchter den Welpen fachgerecht aufzieht und fördert, erhalten wir jenen erwachsenen Hund, der belastbar und damit gut ansprechbar bei der Ausbildung ist.

Einleitung

Was ist neu an diesem Buch?

Mehr wissen vom Hund vor der Ausbildung
Forschung und Praxis der vergangenen vierzig Jahre haben gezeigt, daß jede hundliche Leistung im Zusammenwirken mit dem Menschen nicht nur von der Erbanlage, sondern in hohem Maße auch von der Angewöhnung an die künftige Umwelt und von der Sozialisierung mit Mensch und Tier abhängt, und zwar von frühester Jugend an (4.–12. Lebenswoche).
Die Grundlagen für das gute Verhalten eines Haushundes ohne weitere Ausbildung, für die gute Leistung eines Sporthundes jeder Stufe und Sparte wie auch des zum Einsatz gelangenden Dienst- und Rettungshundes werden somit bei der Aufzucht und bei der Haltung des Junghundes gelegt. Mit anderen Worten: der Hundehalter und Hundeführer sollte mehr wissen vom Hund, als dies heute meist der Fall ist, bevor er einen Hund kauft oder ihn auszubilden versucht. Der beste Übungsleiter vermag einem Hundeführer nicht zu helfen, wenn dieser die Ausbildung mit einem Hund antritt, der bis zu diesem Zeitpunkt nicht richtig aufgebaut worden ist. Dies wurde bisher vielerorts mehr oder weniger dem Zufall überlassen. Oft war eine Orientierung über die grundlegenden Dinge auch gar nicht möglich, weil der Hundeführer erst dann dem Übungsleiter gegenübertrat, wenn sein Hund ein Jahr alt war oder mehr. Das vorliegende Buch enthält nun für den einfachen Hundehalter, den späteren Sporthundeführer und den Diensthundeführer die zur optimalen Vorbereitung des Hundes nötigen Informationen. Die ersten Kapitel können deshalb für Hundehalter jeder Stufe von praktischem Nutzen sein.

Mehr wissen vom Verhältnis zwischen Mensch und Hund
Landläufig herrscht immer noch die Meinung vor, man habe dem Hund dies oder das «beizubringen».
Der Hund wird dabei als Schüler betrachtet, der Hundebesitzer als Lehrer. Aber der Hund hat nicht die Fähigkeiten, ein Schüler im menschlichen Sinne zu sein, und dem Besitzer fehlen meist die Kenntnisse, um

Lehrer sein zu können. Dieses Buch wendet sich deshalb radikal von diesem vermeintlichen Lehrer-Schüler-Verhältnis ab, das zu so vielen Mißverständnissen und Mißerfolgen führt. Es versucht den Hund als das darzustellen, was er in Wirklichkeit ist: ein andersartiger Partner mit hervorragenden Talenten, die menschliches Vermögen zum Teil weit übersteigen. Und es versucht aufzuzeigen, wie der menschliche Partner des Zwiegespanns die Fähigkeiten des Hundes für seine Zwecke nutzen kann, indem er nämlich lernt, sich seinem vierbeinigen Partner verständlich zu machen. Einen Hund ausbilden, heißt demnach, sich ihm verständlich machen. Die Verständigung mit einem andersartigen Lebewesen setzt voraus, daß wir uns in sein Verhalten hineindenken. In diesem Vorgang liegt die Schwierigkeit, aber auch der Reiz unserer Beschäftigung mit dem Hund. Das vorliegende Buch möchte helfen, den Weg zur Verständigung mit dem Hund zu finden. Es ist ein Weg, der brutale Methoden völlig ausschließt.

Umfassende Darstellung
Die Ausbildung von Hunden – mit Ausnahme der Jagdhunde – wurde erst seit Beginn dieses Jahrhunderts systematisch erforscht und betrieben. Leider ist das Schrifttum verstreut und zum Teil vergriffen. Hier wurden die wichtigsten Ausbildungsgrundlagen zusammengestellt, welche kompetente Autoren erarbeiteten und soweit sie sich in der heutigen Praxis noch bewähren. Die Erkenntnisse der neuesten Forschung wurden in die Darstellung einbezogen.

Zum Gebrauch des Buches

Jeder Hundehalter findet im ersten und zweiten Teil Ratschläge über Wahl, Kauf und Haltung sowie die Einordnung seines Hundes in die Familiengemeinschaft, was einer soliden Grundausbildung gleichkommt.
Aktive Hundeführer können sich über Vorbereitung und Durchführung aller hundesportlichen Tätigkeiten informieren. Die beschriebenen Ausbildungsmethoden sind in der Praxis erprobt.
Diensthundeführer finden Angaben für die Weiterbildung im Einsatzbereich, wobei auch die Ausbildung von Rettungshunden beschrieben ist.
Übungsleitern dient das Buch als anregende Unterlage für eine fachgerechte Ausbildung von Führer und Hund.

Erster Teil
Wahl, Kauf, Haltung

Kapitel 1

Welcher Hund paßt zu mir?

Wenn wir über Jahre hinaus mit einem Menschen zusammenarbeiten wollen, wählen wir uns einen Kompagnon, in dessen Fähigkeiten und Rechtschaffenheit wir Vertrauen setzen und der uns zudem nicht unsympathisch ist. Genau so sollten wir vorgehen, wenn wir einen Hund anschaffen, in der Absicht, ihn zum Gebrauchshund heranzubilden. Denn auch dies bedeutet eine langjährige Zusammenarbeit und Partnerschaft.
Der Hund bringt für dieses Unternehmen alles mit; er ist von Natur aus für Zusammenarbeit konzipiert, wir müssen es nur verstehen, seine Fähigkeiten zu nutzen. Das heißt, daß wir zu lernen haben, uns einem Partner verständlich zu machen, der kein Mensch, sondern ein andersartiges Wesen ist. Gelingt uns das, wird die Zusammenarbeit im Rahmen unserer Möglichkeiten erfolgreich sein und beiden Beteiligten viel Freude bereiten. Die Grundlagen für diesen Ausbildungsvorgang, der auf der Verständigung zwischen Mensch und Hund beruht, versucht das vorliegende Buch zu vermitteln.
Viele Leser werden schon einen Hund ihr eigen nennen. Für sie ist die nachfolgende Erwähnung verschiedener Gebrauchshunderassen an sich nicht von Bedeutung. Anders verhält es sich bei jenen Lesern, die erst einen Hund zu halten gedenken. Doch in beiden Fällen ist es wichtig zu wissen, daß es mit den vielgerühmten rassetypischen Eigenschaften im Guten wie im Schlechten nicht weit her ist. Nicht jeder Deutsche Schäferhund ist scharf, und nicht jeder Deutsche Boxer ist kinderlieb, um nur zwei oft zitierte Eigenschaften dieser Rassen zu erwähnen. Die Grenzen verwischen sich. Weit wichtiger als das, was theoretisch als rassetypisch bezeichnet wird, ist die individuelle Veranlagung. Schließlich habe ich es mit dem Hund zu tun, dessen Besitzer ich auf irgendeine Weise geworden bin oder den ich noch zu kaufen gedenke. Mit ihm habe ich mich auseinanderzusetzen.
Dennoch ist hier nun eine Darstellung der sogenannten Diensthunde-

rassen und weiterer Rassen gegeben, die sich zur Arbeit eignen. Es wird dabei der Versuch unternommen, auf Eigenheiten hinzuweisen, die bei dem oder jenem Typ häufiger zu beobachten sind. Dies natürlich nicht, damit eine bestimmte Rasse nicht in die engere Wahl gezogen oder gar diskriminiert werde, sondern im Sinne einer Information darüber, womit unter Umständen zu rechnen ist. Mehr läßt sich nicht sagen. Denn der Hund bleibt Hund, welcher Rasse er auch angehören mag. Sofern nicht menschliches Versagen bei Zucht, Aufzucht, Haltung und Ausbildung das Wesen beeinträchtigt, sind die meisten Hunde gut veranlagt. Vorzüglich veranlagt sind allerdings nur die wenigsten. Aber ein fachgerecht informierter und geschickter Hundeführer kann aus einem durchschnittlich begabten Hund durchaus ein vorzügliches Arbeitstier heranziehen – das zeigt die Erfahrung immer wieder.

Die bekanntesten Gebrauchshunderassen (von der Fédération Cynologique Internationale anerkannt)

Der Deutsche Schäferhund
ist einer der meist verbreiteten Hunde überhaupt und mit Abstand der meistverwendete Gebrauchshund. Viele Gründe sprechen für ihn. Vom Äußeren her ist seine Statur funktionstüchtig und sein Allwetterfell praktisch. Auch flößt seine Wolfähnlichkeit wenigstens dem Laien Respekt ein. Dabei ist er von Natur aus nicht zur reißenden Bestie bestimmt; er ist im Gegenteil einer der verträglichsten und anpassungsfähigsten Hunde. Wenn gesagt wird, er lasse sich leichter ausbilden als andere Hunde, so liegt das teilweise daran, daß er seit fast hundert Jahren auf Leistung gezüchtet wird, mehr noch aber, daß er aus den verschiedenen Schlägen Deutscher Schäferhunde herausgezüchtet wurde, die seit Jahrhunderten als Arbeitshunde gehalten worden waren. Dies ist hauptsächlich dem legendären Rittmeister von Stephanitz zu verdanken. Das Resultat ist ein Hund, der für alle Sparten in Sport und Dienst zu gebrauchen ist, somit ein idealer Gebrauchshund. Daß auch hier die sorgfältige Aufzucht, Haltung und Ausbildung neben der unterschiedlich vererbten Begabung für das Einzeltier entscheidend sind, darf nicht vergessen werden.

Der Belgische Schäferhund
Er ist als *Groenendael* (schwarz, ohne Abzeichen), *Tervueren* (fahlrot mit schwarzen Stellen) und *Malinois* (gelb mit schwarzen Haarspitzen

und Maske) bekannt. Nimmt man die drei genannten Schläge (der *Laekenois* wurde hier als selten vorkommend ausgelassen) zusammen, so steht der Belgische Schäferhund in manchen Ländern auf der Liste der meistverwendeten Gebrauchshunde an zweiter Stelle. Auch er entstammt einigen Formen von Arbeitshunden, welche neben dem Hüten von Schafen als Wachhunde dienten. Sein Temperament, das sich oft nahe an der Grenze zur Nervosität bewegt, gibt dem Ausbilder gelegentlich Probleme auf. Wird der Belgische Schäferhund jedoch richtig aufgezogen, das heißt, in den ersten Lebenswochen genügend an Umwelterscheinungen gewöhnt, lassen sich diese Schwierigkeiten auch vom Anfänger unter kundiger Führung überwinden. Prinzipiell gilt dies natürlich für alle Rassen, aber hier ist dies besonders wichtig, nicht zuletzt im Hinblick auf eine unangenehme Überschärfe, die bei mangelhaft sozialisierten «Belgiern» auftreten kann. Für den sportlichen Hundeführer ist indessen der Groenendael, Tervueren oder Malinois ein vorzüglicher Hund, der seine Höchstform meist erst bei zunehmendem Alter erreicht, wenn er etwas ruhiger geworden ist.

Der Deutsche Boxer
Er wird von seinen Anhängern hie und da als ehemaliger «Kampfhund» bezeichnet. Das ist ein durch fehlgeleitetes menschliches Geltungsbedürfnis weitverbreiteter Irrtum. Denkt man an Kriegshunde, so würden Kriegszeiten kaum ausreichen, um Einfluß auf das Wesen einer Rasse zu haben. Denkt man an Hundekämpfe zur Unterhaltung von Zuschauern, so sei festgestellt, daß hierzu Hunde vorgängig verdorben werden müssen, wenn sie sich derart stumpfsinnig und bis zum Eintreten des Todes ineinander verbeißen sollen. Der Boxer ist jedoch ein von Natur aus normaler und gutmütiger Hund. Sein Draufgängertum geht nicht auf seine angebliche Kampftätigkeit zurück, sondern auf die über Jahrhunderte dauernde Arbeit seines Vorfahren, des Bullenbeißers, als Viehtreiber. Er ist heute noch imstande, Vieh zu treiben. Das bedeutet, furchtlos ein viel größeres Huftier anzurennen und es im richtigen Augenblick – nämlich wenn das betreffende Hinterbein belastet ist – in die Fesseln zu kneifen. Geschieht dies nicht exakt, und läuft der Treiberhund nicht fast gleichzeitig wieder weg, wird er getreten und verletzt. Der Bullenbeißer hat diese Arbeit verrichtet; die dazu nötige Schnelligkeit und Reaktionsgeschwindigkeit sind dem Boxer erhalten geblieben. Dasselbe gilt für alle anderen zum Viehtreiben benützten Rassen. In dieser Arbeit liegt auch die Erklärung dafür, warum man einen Hund mit so abnorm kurzem Fang überhaupt weiterzüchtete.

Diese Gebißform läßt nämlich eine schwerere Verletzung der Fesseln, etwa das Anreißen einer Sehne, gar nicht zu, denn dies hätte ja den Verlust eines Tieres auf den langen Wanderungen des Viehs zu den Verbraucherstätten bedeutet.

Heute verfügen wir im Boxer über einen fähigen Gebrauchshund. Bei der Ausbildung ergeben sich manchmal Schwierigkeiten, hauptsächlich aus zwei Gründen. Einerseits ist er oft führerweich, was bedeutet, daß er zwar konsequentes Vorgehen, aber keine rabiaten Druckmittel von seiten des Führers erträgt. Andererseits neigt er nicht selten zu einer Haltung, die etwa mit «Eigensinn» bezeichnet wird. Der Ausbilder benötigt somit Geduld und Sinn für Konsequenz. Beide Eigenschaften sind natürlich ohnehin Voraussetzung für jede Ausbildertätigkeit.

Das kurze Haarkleid des Boxers ist kein so großer Nachteil, wie oft behauptet wird. Jeder glatthaarige Hund vermag sehr wohl Nässe und Kälte zu ertragen, wenn er daran gewöhnt und abgehärtet wird.

Der Riesenschnauzer

Auch er ist nicht immer einfach auszubilden. Sein Temperament und seine innere wie äußere Robustheit sind zwar positiv zu beurteilende Qualitäten, doch fordern sie vom Besitzer Geduld, Konsequenz und Durchhaltevermögen. Hinzu kommt ein ausgeprägter Geschlechtstrieb, wie man ihn auch bei Terriern kennt. Das alles sind aber keine Hinderungsgründe für vorzügliche Gebrauchshundearbeit, die der Riesenschnauzer unter kundiger Führung zu leisten imstande ist. Seine Schärfe sollte allerdings nicht zu stark gefördert werden; er besitzt sie in erwünschter Weise ohnehin.

Er ist im übrigen mit seinem Rauhhaar wetterfest und somit in allen Bereichen des Gebrauchshundewesens verwendbar.

Der Dobermann (Dobermann-Pinscher)

Er wird von manchen Kennern als «Einmannhund» bezeichnet, obschon er vielfach auch als Familienhund gehalten wird. Auffallend sind sein Temperament, seine Kraft und seine Schnelligkeit. Auch er sollte auf Schärfe nicht forciert werden, neigt er doch schon von Natur aus dazu. Bei konsequenter Ausbildung und Führung erbringt er in allen Gebrauchshunde-Sparten vorzügliche Leistungen. Man hat in den letzten Jahren zwar auch sehr ruhige und wenig Schärfe zeigende Dobermann-Pinscher gesehen. Ob das eine Entwicklung zu allgemein ruhigeren Tieren einleitet, wird sich zeigen. Jedenfalls gehört der Dobermann in eine feste und kundige Hand. Sein Glatthaar hindert ihn nicht daran, bei jedem Wetter zu arbeiten, vorausgesetzt, daß eine entsprechende Gewöhnung und Abhärtung in die Ausbildung einbezogen wird.

Der Airedale Terrier
Dieser außerordentlich zähe und oft harte Hund hat eine glänzende Karriere als Gebrauchshund hinter sich. Das ist etwas in Vergessenheit geraten. Im Verlaufe des Zweiten Weltkrieges wurde er auf breiter Basis gezüchtet und als Sanitäts- sowie als Meldehund verwendet, was ihm den Beinamen «Kriegshund» eintrug. Auch er bedarf konsequenter Führung und vielleicht auch vermehrter Geduld bei der Ausbildung. Seine vorzüglichen Leistungen führt er jedoch mit großer Zuverlässigkeit aus. Allerdings besitzt der Terrier einen ausgeprägten Geschlechtstrieb und läßt sich daher zuweilen leicht ablenken. Sein natürlicher Hang zum Wasser und sein kurzes, aber robustes Haarkleid machen ihn zum idealen «Allwetterhund».

Der Rottweiler
Er gehört zu den doggenartigen Hunden, für die meist ein ausgeprägtes Schutzverhalten bezeichnend ist. Infolge seiner Masse und Kraft wird der ausgewachsene Rottweiler schwer kontrollierbar, sofern nicht durch Verständnis und Festigkeit dafür gesorgt wird, daß er sich den Wünschen seines Besitzers fügt. Wenn auch sein Gewicht der Laufleistung Grenzen setzt, so ist er doch bei entsprechendem Training in allen Bereichen des Gebrauchshundewesens verwendbar. Dabei ist er zu vorzüglichen Leistungen fähig. Trotz seines kurzen Haars (Stockhaar) ist er gegenüber Wetterunbilden wenig empfindlich.

Der Hovawart
Er wurde aus Bauernhunden Süddeutschlands herausgezüchtet und 1936 als Rasse anerkannt. Von Natur ein zuverlässiger Hof- und Wachhund, kann er bei fachgerechter Führung für jeden Verwendungszweck ausgebildet werden. Größe und Gewicht setzen indes ein Lauftraining für die Verwendung bei Sucharbeiten voraus, was für alle in der Statur ähnlichen Hunde gilt. Sein Langhaar bewirkt, daß Witterungseinflüsse für den Hovawart kaum eine Rolle spielen.

Der Briard (Berger de Brie)
Ein temperamentvoller und ausdauernder Hund. Da auch er in seinem Verhalten nicht selten ausgesprochenen «Eigensinn» zeigt, bedarf er eines geduldigen und verständnisvollen wie auch konsequent vorgehen-

den Führers. Manche Briards legen eine Zurückhaltung an den Tag, die sie zur Schutzhundearbeit wenig geeignet erscheinen läßt. Das gilt aber keineswegs für alle Vertreter dieser Rasse. Bei überdurchschnittlichem Können des Führers vollbringt auch der Briard ausgezeichnete Leistungen in jedem Gebrauchshundebereich. Mit seinem Langhaar ist der Briard vor jeder Witterung geschützt.

Der Beauceron (Berger de Beauce)
Er ist das französische Gegenstück zum Deutschen Schäferhund, auch in bezug auf seine besondere Verträglichkeit und Eignung zum Gebrauchshund. Freilich ist er bedeutend weniger verbreitet. Wer ihn konsequent und verständnisvoll ausbildet, findet in ihm einen ebenso zuverlässigen wie leistungsstarken Gebrauchshund.

Weitere als Gebrauchshunde oft verwendete Rassen

Die Sennenhunde
Die vier Schweizer Rassen, die wir als Sennenhunde bezeichnen, sind alle zur Verwendung als Gebrauchshunde sehr gut geeignet.
Die *Entlebucher-, Appenzeller-* und *Großen Schweizer Sennenhunde* haben das als Viehtreiber entsprechende Temperament von Draufgängern, während der *Berner Sennenhund* als zuverlässiger Hof- und Wachhund bekannt ist. Entlebucher- und Appenzellerhunde begleiten ihre Arbeit häufig mit Gebell, was zwar die Nerven der Hundeführer einigermaßen strapaziert, der Leistung des Hundes aber keinen Abbruch tut. Es spricht für die Sennenhunderassen, daß einige von ihnen vom Schweizerischen Verein für Katastrophenhunde (SVKA) zu einsatzfähigen Rettungshunden ausgebildet werden konnten und daß sie bei den Erdbeben-Einsätzen von Friaul 1976, Bukarest 1977 und El Asnam (Algerien) 1980 mit Erfolg eingesetzt werden konnten.

Die Retriever
Der Labrador- und der Golden Retriever sind beide ganz hervorragende Blindenführhunde, die in den USA neben dem Deutschen Schäferhund bevorzugt zur Ausbildung gelangen. Beider Verträglichkeit geht so weit, daß die Eignung als Schutzhund oft in Frage gestellt ist. Das heißt aber nicht, daß nicht auch Retriever in dieser Sparte zuweilen hervorragend arbeiten. Für alle andern Gebrauchshundesparten sind die beiden genannten Retriever uneingeschränkt verwendbar. Sie sind nicht witte-

rungsempfindlich und bei der Arbeit zuverlässig. Das gilt auch für ihren etwas größeren «Bruder», den Chesapeake Bay Retriever, der in jeder Beziehung noch etwas robuster ist, dies auch in bezug auf sein Schutzverhalten.

Der Dalmatiner
Diese von einigen Pseudo-Kynologen verkannte Rasse bringt gute und zuverlässige Gebrauchshunde hervor, sofern Aufzucht und Haltungsbedingungen ihr Wesen zu Reife kommen lassen. Diese Voraussetzung gilt jedoch für alle andern Rassen auch. Wie bei den Retrievern und andern Jagdhunderassen, zu denen der Dalmatiner ursprünglich ebenfalls gehörte, liegt seine beste Eignung nicht im Schutzhundbereich. Dennoch ist er als Wächter sehr zuverlässig. In allen andern Gebrauchshundesparten vermag er höchst bemerkenswerte Leistungen zu erbringen. Sein Glatthaar verlangt eine gezielte Gewöhnung an Kälte und Nässe.

Vorstehhunde
Am Beispiel des Deutschen Vorstehhundes (Kurzhaar), des Ungarischen Vorstehhundes (Vizsla), des Weimaraners und der Setterrassen ist unschwer zu erkennen, daß diese Hunde viel Härte, Temperament und Laufkraft auszeichnet. Sie eignen sich entsprechend gut zum Gebrauchshund und können sogar Spitzenleistungen erbringen, wie etwa jene Weimaranerhündin, die 1976 Schweizersiegerin der Sanitätshunde wurde. Die Ausbildung ist bei dem typischen Jäger-Temperament nicht immer einfach. Daß Vorstehhunde, die auf Widrigkeiten von Wetter und Gelände völlig unempfindlich reagieren, nicht über die beste Eignung zur sportlichen Schutzhundearbeit verfügen, hängt wohl damit zusammen, daß sie sich niemals in die Beute verbeißen dürfen, sondern dem gestellten Wild «vorzustehen» haben.

Der Bloodhound (Bluthund)
Er ist ursprünglich ein Lauf- und Schweißhund gewesen und wird im angelsächsischen Sprachraum sehr oft als erfolgreicher Spürhund verwendet. Sein Name hat in der Laienwelt zur Vorstellung geführt, es handle sich um einen besonders scharfen und aggressiven Vierbeiner. In Wirklichkeit ist der Bloodhound einer der gutmütigsten und anhänglichsten Hunde überhaupt. Auf der Fährte erbringen Bluthunde außerordentliche Leistungen. Zu Arbeiten außerhalb von Fährte und Revier eignen sich die Bloodhounds weniger.

Der Border Collie
Er ist einer der meistverwendeten Hütehunde. Seine Spezialität ist die überaus exakte Arbeit mit Schafen, wobei er seinen Blick einsetzt, um die Tiere unter Kontrolle zu halten. Er eignet sich auch als Begleit- und Sporthund.

Als Gebrauchshunde weniger verwendete Rassen

Hirtenhunde
Hier seien zuerst als Vertreter der Gruppe wenig verwendeter, aber teilweise geeigneter Gebrauchshunde der *Bergamasker* und der *Berger des Pyrénées* genannt. Es sind vielseitig begabte und als Hüter von Herden erprobte Gebrauchshunde. Alle Nasenarbeiten sind mit ihnen durchführbar. Obschon sie meist in jeder Beziehung recht hart sind, bringen sie für das Schutzhundefach Mannarbeit weniger Talent mit. Ihre Beweglichkeit und Ausdauer ist ganz vortrefflich.

Spaniel
Fast alle Spanielarten sind recht gut auszubilden, doch ergeben sich im Hinblick auf ihre eher kleine Statur und ihr Jagdhund-Temperament gewisse Einschränkungen. Vor allem in den USA wird mit Spaniels viel Sport betrieben, wobei nicht selten auch Spitzenresultate erreicht werden.

Terrier
Neben dem als Gebrauchshund anerkannten Airedale Terrier eignen sich auch andere Terrierarten gut zur Ausbildung. So etwa der *Kerry Blue Terrier,* der unter kundiger Führung auch als Schutzhund gut arbeitet. Auf der Fährte und im Revier zeigen sich alle Terrier dank ihrer Beweglichkeit, Härte und Energie von der besten Seite. Als zuverlässige Wächter sind sie bestens bekannt.

Collie und Sheltie
Beide sind nur scheinbar miteinander verwandt. Leider ist der *Collie* (Schottischer Schäferhund) durch die Lassie-Filme so populär geworden, daß seine Zucht zur reinen Massenproduktion herabsank. Heute muß man sich an einen der wenigen guten Züchter wenden, will man mit einiger Sicherheit einen Collie erwerben, der sich zur Ausbildung eignet. Dann jedoch steht erstklassigen Leistungen im Prinzip nichts

entgegen, auch wenn im Bereich der Mannarbeit nur wenige Collies wirklich begabt sind. Bei allen andern Tätigkeiten zeigt sich indes, daß der Collie als Schäferhund über Jahrhunderte ein zuverlässiger Gebrauchshund war.

Im Gegensatz zum Collie hat sein kleiner «Stiefbruder», der *Sheltie* (Shetland-Sheepdog), keine große Verbreitung gefunden. Bei guter Aufzucht und Ausbildung seiner Hüter-Eigenschaften kommen seine Vorzüge voll zur Geltung. Dazu bringt er ein für seine Größe oder vielmehr Kleinheit erstaunliches Draufgängertum mit, das er sich wohl als Viehtreiber erworben hat.

Rhodesian Ridgeback
Von diesem ehemaligen «Großwild-Jäger» gibt es in Europa immer mehr Exemplare. Seine Eigenschaften sind uns noch wenig bekannt, doch macht er einen fabelhaften Eindruck und scheint vielseitig verwendbar zu sein. Wie bei allen Jagdhundrassen erfordern die an sich positiv zu wertenden Eigenschaften wie Härte, Ausdauer und Energie vom Führer bei der Ausbildung Konsequenz und Geduld.

Als Gebrauchshunde nur bedingt verwendbare Rassen

Der Bernhardiner
Obschon er im berühmten und als Rettungshund authentisch belegten «Barry vom Großen St. Bernhard» einen Gebrauchshund par excellence zum Urahn hat, eignet sich der heutige Bernhardiner schon wegen seiner Masse und seines Gewichts nicht mehr für jede Gebrauchshunde-Sparte, zum Rettungshund schon gar nicht (Transportprobleme), was auch für die nachstehenden Rassen gilt. «Barry» war bedeutend leichter und funktionell besser gebaut als seine Nachfahren. Er würde heute an einer Ausstellung als Bastard weggewiesen, denn in den Ausstellungsringen werden heute schwerfällige Tiere mit Übergrößen und allzu kompakten Köpfen vorgeführt, von denen niemand mehr Gebrauchshundearbeit erwartet. Noch gibt es aber Bernhardiner, die sich einen Teil ihrer ursprünglichen Beweglichkeit bewahrt haben. In ihnen ist der alte Kämpfer und Draufgänger erhalten geblieben. Sie geben ganz vorzügliche Schutzhunde ab und sind auch im Revier und auf der Fährte verwendbar.

Die Deutsche Dogge
Wer eine Deutsche Dogge auszubilden versucht, muß dies über den innern Kontakt zu dem sensiblen Riesen tun. Mit äußeren Druckmitteln ist gar nichts zu erreichen. Hat man jedoch eine Dogge für die Zusammenarbeit gewonnen, kann sie meist in jeder Gebrauchshunde-Sparte eingesetzt werden, natürlich unter den üblichen größebedingten Einschränkungen. Sehr ausgeprägt ist bei der Deutschen Dogge der Schutztrieb.

Leonberger und Neufundländer
Langhaar-Riesen sind die einen wie die andern, gutmütig, wachsam und bei Bedarf dennoch in erwünschter Weise aggressiv. Der Neufundländer bringt seine Vorliebe fürs Wasser mit und kann als vorzüglicher Schwimmer mit Spezialaufgaben betraut werden. Dabei stört ihn sein Gewicht nicht, es bringt ihm im Gegenteil Vorteile. Bei beiden Rassen können aber die guten Gebrauchshundetalente zu Lande nur mit den gewichtsbedingten Einschränkungen zur Geltung gelangen.

Der Bull-Mastiff
Er steht hier für eine Reihe sehr gedrungen gebauter Hunde, die meist unter ihrem Falten werfenden Pelz ein großes Kämpferherz verbergen und zugleich von nicht leicht zu erschütternder Gemütsruhe und Gutmütigkeit sind. Als Wach- und Schutzhunde sind sie meist tauglich, während ihnen zur Geländearbeit trotz geballter Muskelkraft die Ausdauer fehlt.

Der Bastard als Gebrauchshund
Alle Mischformen aus Gebrauchshunderassen sind naturgemäß zur Arbeit an der Seite des Menschen geeignet. Aber es stimmt nicht, daß Bastarde im Durchschnitt «intelligenter» und gesünder wären als Rassehunde. Leider werden oft Leute, die völlig ahnungslos zu einem papierlosen Hund gekommen sind, von den Vereinen abgewiesen. Das ist sehr schade, geht es doch bei der Gebrauchshundeausbildung nicht nur um den Vierbeiner, sondern vor allem auch um den Zweibeiner. Bieten wir ihm Gelegenheit, mit seinem Bastard im Hundesport mitzumachen, wird er nächstes Mal einen Rassehund kaufen. Er bleibt uns somit als aktiver Hundeführer erhalten. Das ist nicht unwichtig, sind wir doch bei der Ausbildung von Gebrauchshunden auf menschlichen Nachwuchs angewiesen.

Rassehund oder Bastard?

Wie es Hundebesitzer gibt, welche kategorisch die Rasse ihrer Wahl für die beste halten, so gibt es auch Leute, die mit dem Bastard geradezu einen Kult treiben und erklären, sie würden sich schämen, einen Rassehund zu kaufen. Oft schwebt den gleichen Leuten eine antiautoritäre Erziehung ihres Hundes vor, und sie versuchen dann auch, sich entsprechend ihrem Hund gegenüber zu verhalten. Damit bringen sie sich meist in große Schwierigkeiten, weil sich der Hund für eine antiautoritäre Erziehung nicht eignet. Er ist dafür überhaupt nicht eingerichtet und kann ein solches Verhalten gar nicht verstehen. Er braucht einen Rudelführer, sonst spielt er ihn bald selbst, und das geht dann fast immer schief. Nicht selten endet es damit, daß der Hund weggegeben wird, in einem Tierheim landet oder zum Einschläfern beim Tierarzt.
In Wirklichkeit sind Bastarde – wie schon erwähnt – weder intelligenter und gesünder noch weniger degeneriert als Rassehunde aus guter Zucht. Ihr Kauf ist zwar billiger, aber die Haltungskosten sind für Bastard wie Rassehund gleich.

Grundsätzliche Erwägungen
Versuchen wir die Dinge zu sehen, wie sie sind. Natürlich kann man mit einem Bastard das beglückende Erlebnis der Mensch-Hund-Beziehung genauso genießen wie mit einem Rassehund. Natürlich brauchen wir beim Rassehund wie beim Bastard ganz einfach Glück, damit er körperlich gesund bleibt. Nicht nur vom Glück, sondern in hohem Maße auch von den Bemühungen des Züchters und seinen Kenntnissen hängt es aber ab, ob das Wesen unseres Hundes so gutartig und sicher sein wird, daß sich keine Schwierigkeiten in der Haltung ergeben, die uns Ärger und Kummer und oft auch Kosten verursachen. Bestimmt bleibt Hund in gewissem Sinne immer Hund, aber es gibt da doch einige wesentliche Unterschiede.

Mehr Risiko beim Bastard
Kaufen wir einen noch kleinen Mischling, kennen wir sein Alter meist nicht genau. Wir haben auch nur eine ungefähre Vorstellung davon, wie groß der Hund am Ende sein wird und welche rassentypischen Merkmale bei ihm im Vordergrund stehen werden. Auf diese Weise kann sich unverhofft ein Haus- und Hofhund als passionierter Jäger entpuppen, was besonders unangenehm ist, wenn man in Waldnähe wohnt. Meist wissen wir auch nichts davon, wie der Hund aufgezogen

wurde, und da die «Kinderstube» entscheidend für die Wesensbildung ist, können uns in dieser Beziehung böse Überraschungen erwarten. Es ist durchaus möglich, daß der im Augenblick so ruhige Kerl uns später nur unter Zittern und Beben in die verkehrsreichen Stadtteile folgen wird. Er ist kaum in ein Verkehrsmittel zu bringen und neigt im privaten Wagen ständig zum Erbrechen. Auch gesundheitlich können beim erwachsenen Bastard Störungen auftreten, die eine Folge unzweckmäßiger Ernährung in den ersten Lebenswochen sind. Oft sind auch Impfungen, zum Beispiel gegen Staupe, entgegen der erhaltenen Angabe nicht durchgeführt worden, und der Hund erkrankt später schwer. Sehr schnell wird dann in solchen Fällen dem Tierarzt bezahlt, was man beim Kauf zu sparen gedachte.

Es soll nicht bestritten werden, daß es viele Leute gibt, die mit ihrem Bastard zufrieden und glücklich sind. Aber es ist nun wohl klar geworden, daß diese Leute entweder Glück hatten oder aber klug genug waren, einen Mischling zu kaufen, über dessen Herkunft sie genau im Bild waren. Sind wir dagegen nicht darüber informiert, wo und unter welchen Verhältnissen ein Bastardwelpe aufgezogen wurde, kaufen wir besser ein älteres Tier. Hat es ein Alter von eineinhalb Jahren erreicht, wird es sich nicht mehr grundlegend verändern. Dennoch dürfen wir uns vom ersten Eindruck, den ein solches Tier auf uns macht, nicht täuschen lassen. In einer neuen Umgebung sind die meisten Hunde zuerst recht brav. Die ihnen allenfalls innewohnenden Untugenden zeigen sich oft erst, wenn sie sich eingewöhnt haben und sicherer fühlen. Das kann Wochen oder Monate dauern. Darum prüfe man nach Möglichkeit, wie sich der Hund am früheren Platz benahm, und man versuche auch festzustellen, weshalb er eigentlich weggegeben wurde. Seriöse Tierschutzvereine werden uns darüber nach Möglichkeit Auskunft geben, uns später auch beraten und, wenn nötig, ein Tier zurücknehmen. Vom Hundehändler wird das wohl niemand erwarten.

Der Rassehund ohne Stammbaum
Besondere Bedenken sind bei Hunden angezeigt, die zwar als reinrassig angeboten werden, aber keine gültigen Papiere haben. Es handelt sich vorwiegend um sogenannte Überzählige. Zum Schutz der Hündinnen haben einige Rassenvereine die Wurfzahl beschränkt; meist darf der Züchter nur sechs oder acht Welpen aus einem Wurf aufziehen. Um doch zu mehr Geld zu kommen, verschieben verantwortungslose Züchter die überzähligen Welpen zu einem Vermittler oder Händler, der sie schlecht und recht aufzieht und dann feilbietet. Was das für die Wesens-

bildung bedeutet, wird im nachfolgenden Kapitel erläutert. Die mit Sicherheit zu erwartende Wesenseinbuße läßt sich oft nicht sofort feststellen. Der Hund kann im Alter von drei bis sechs Monaten oder auch noch etwas länger einen ganz ordentlichen Eindruck machen. Erst während und nach der Pubertät tritt jenes Verhalten auf, das den erwachsenen Hund kennzeichnet. Dies ist ein häufig vorkommender Vorgang. Wer sich mit schwierigen Hunden befaßt, kennt diese unsicheren, oft schnappenden oder andere Unarten zeigenden Tiere nur all zu gut. Er kennt auch die Enttäuschung der düpierten Besitzer, die den Hund an und für sich lieb gewannen und ihn behalten möchten und sich nun doch so oder anders entscheiden müssen. Wenn wir bedenken, daß nur jene Rassewelpen als überzählige Tiere verschoben werden und in den Handel kommen, die vom Züchter als die schlechtesten betrachtet wurden, verstehen wir, warum überzählige Rassehunde ohne Stammbaum so oft Problemhunde sind.

Warum ein Rassehund?
Ein Rassehund ist für gewöhnlich ein im Hundestammbuch eingetragenes Tier, und zwar hat dies von einer kynologischen Organisation zu geschehen, die der FCI (Fédération Cynologique International – Abkürzungen siehe jeweils Seite 286) angeschlossen ist. Es gibt einige wenige Zuchtvereine, die außerhalb der FCI arbeiten, und dennoch auf seriöse Weise züchten. Sie haben ihre eigenen, von der FCI jedoch nicht anerkannten Stammbäume. Daneben gibt es eine ganze Anzahl von unseriösen Gruppen oder Privatleuten, welche mit dem Vergeben von schön gedruckten, aber wertlosen Stammbäumen mit Phantasienamen recht gut Geld verdienen. Prüfen wir also vor dem Kauf, was für ein Stammbaum uns da angeboten wird. Am besten erkundigen wir uns bei einem der zuständigen Rassezuchtvereine.
Auch beim Kauf eines Rassehundes im Welpenalter gehen wir in bezug auf Gesundheit und Wesensart des erwachsenen Tieres gewisse Risiken ein. Das sei keineswegs verschwiegen. Schließlich kann niemand dafür garantieren, daß später keine Veränderung des Hüftgelenks oder der Wirbelsäule oder eine andere krankhafte Erscheinung auftreten wird. Hingegen kann bewiesen und vom Käufer auch kontrolliert werden, wo und unter welchen Bedingungen der Hund aufwuchs. Zudem wissen wir, was für ein Hund aus unserem Welpen später entstehen wird. Größe und Wesensart sind ungefähr vorauszusehen. Und nicht zuletzt haben wir im guten Züchter einen Berater, der uns später zur Seite stehen wird. Er fühlt sich verantwortlich für den Hund, den er geliefert

hat. Er würde ihn allenfalls auch wieder zurücknehmen, doch dazu kommt es selten, da man einen Hund, an den man sich gewöhnt hat, nur im äußersten Notfall wieder hergibt. Mit dem Rassehund ist die Möglichkeit gegeben, offiziellen Hundevereinen beizutreten und Prüfungen abzulegen, also Hundesport zu treiben. Wir können unser Tier auch ausstellen, sofern uns das am Herzen liegt.

Abschließend noch einige Bemerkungen zum Preis. Ein Rassehund kostet in der Regel mehr als ein Bastard, und dennoch ist es erstaunlich, welche Summen oft für ein Tier, das sich auf den ersten Blick als minderwertig erkennen läßt, von Händlern verlangt und auch einkassiert werden. Es gibt zudem viele Leute, die einen Hund auf eine Zeitungs- oder Zeitschriftenanzeige hin erwerben, ohne sich auch nur zuerst nach den Preisen von Rassehunden zu erkundigen. Bei den verschiedenen Rassen unterscheiden sich die Preise zum Teil erheblich. Natürlich wird ein Hund mit acht Wochen etwas billiger sein als einer mit zwölf Wochen. Weniger plausibel ist der Umstand, daß kleine Hunde oft mehr kosten als große. Daß gerade in Mode gekommene Hunde etwas teurer sind, läßt sich etwas besser verstehen. Da uns ein Hund pro Jahr ungefähr gleichviel kosten wird, wie wir für seine Anschaffung bezahlen, dürften die Preisunterschiede eigentlich wenig ins Gewicht fallen. Müssen wir uns hierüber allzuschwere Gedanken machen, sollten wir besser gar keinen Hund kaufen. Eines ist sicher: wer sich beim Kauf eines Hundes aus finanziellen Gründen nicht an den offiziellen Züchter wendet, wird später nicht selten entdecken, daß er sich arg verrechnete.

Allen Hundefreunden, für die unsere Hinweise auf die Merkmale und Eigenheiten der verschiedenen Rassen vielleicht etwas zu knapp ausgefallen sind, seien folgende Werke aus der Müller Rüschlikon Verlags AG empfohlen. In erster Linie das Standardwerk zu diesem Thema: Professor Eugen Seiferles «Neue Hundekunde», die über Eigenschaften, Kennzeichen und Verwendungsmöglichkeiten der wichtigsten Hunderassen Aufschluß erteilt. Über Rassekunde und vieles andere informiert ferner das reich illustrierte und preisgünstige Werk von Brigitte Korn und Hagen Treutmann: «Das große farbige Hundelexikon».

Abb. 1. Der gute Züchter beschäftigt sich mit seinen Welpen und gestaltet ihre Umwelt abwechslungsreich.

Kapitel 2

Wo und wie kaufe ich meinen Hund?

Wie wir gesehen haben, lohnt es sich darüber nachzudenken, was für einen Hund man sich erwirbt, wird er doch für Jahre unser vierbeiniger Partner sein. Am besten sprechen wir mit einem Züchter, dem wir vertrauen, und erklären ihm, wozu wir den Hund zu verwenden gedenken. Nun gibt es – wie überall, wo Menschen am Werk sind – gute Züchter und weniger gute. Wie erkennt man nun den Mann, der sich für unsere Zwecke am besten eignet? Bevor wir auf diese Frage näher eingehen, versuchen wir darzustellen, welche Verantwortung ein Züchter bei der Aufzucht der Welpen trägt und welche Aufgaben er zu übernehmen hat, damit aus den heranwachsenden Welpen taugliche Familien- und Gebrauchshunde werden. Das ist nicht so selbstverständlich, wie es auf den ersten Blick aussieht, denn wie immer die Welpen erbmäßig veranlagt sind: ihre Wesensmerkmale werden in den ersten zwölf Lebenswochen entwickelt und geprägt. Auf alles, was sie in dieser Zeit nicht in irgendeiner Form erleben und erfahren, werden sie später schreckhaft bis zurückhaltend reagieren, im besten Fall kein Interesse dafür aufbringen. Es hängt eben nicht alles von der Vererbung ab, sehr vieles bedarf erst der Entwicklung. Diese muß vom Züchter begünstigt und gefördert werden, weil sich Versäumnisse nicht so leicht wettmachen lassen. Die jungen Hunde sind in fortgeschrittenem Alter nicht mehr im selben Maße aufnahmefähig. «Was Hündchen nicht lernt, lernt Hund nimmermehr.» Das abgewandelte Sprichwort gilt auch hier. Vor allem geht es darum, den Welpen an seine künftige Umwelt zu gewöhnen, also an Lärm, Innenräume, Treppen sowie Menschen jeglichen Alters und beiderlei Geschlechts. Das ist aber noch nicht alles. Der Welpe sollte auch mit vielerlei Lernvorgängen konfrontiert werden, damit seine Lernfähigkeit entwickelt und gefestigt wird. Auch lernen will nämlich gelernt sein.
Wie nachteilig der Mangel an Umwelterfahrung sich auswirkt, machte das folgende Experiment deutlich (nach Scott/Fuller, siehe Literaturnachweis S. 284). In einem großen Gehege wurde mehrmals ein Wurf Beagles ohne nähere Berührung mit Menschen aufgezogen – eine Rasse, die als kontaktfreudig, gutartig und anhänglich bekannt ist. Nach zwölf Wochen kamen sie in Familien mit großer Erfahrung in der Hun-

dehaltung. Dort gelang es den Beagles ihr Leben lang nicht, normalen Kontakt zu Menschen zu finden. Sie blieben ängstlich, und zwar in einer Weise, die sie nur als nervenaufreibende Problemhunde halten ließ. Man sieht: was nicht in frühester Jugend erworben wird, vermag ein Hund nicht mehr nachzuholen.
Wieviel dagegen eine gute Gewöhnung an Umwelt und Menschen in den ersten zwölf Wochen ausmachen kann, zeigt folgendes Beispiel. Eine Deutsche Bracke, die ebenfalls einer von Natur aus anhänglichen und anpassungsfähigen Rasse angehört, wurde im Alter von drei Monaten aus dem Garten eines sehr erfahrenen Züchters von Jagdhunden gestohlen, in einem kleinen Holzverschlag an die Kette gelegt und in der Absicht gemästet, das Tier nach einiger Zeit zu schlachten. Der verstörte Hund begann zu schnappen und wurde vom Dieb auf bestialische Weise geschlagen und gequält. Auf das Geheul des Hundes hin kam zwei Monate später ein Feriengast der Sache auf die Spur. Er kaufte dem Dieb das Tier für achtzig Franken ab und wollte den völlig verlausten, verwurmten und mit Ekzemen behafteten Hund zum Einschläfern bringen. Da der Tierarzt an jenem Freitag nicht im Dorf und auch übers Wochenende abwesend war, versuchte der Feriengast, den verängstigten und wild um sich schnappenden Vierbeiner in der Waschküche notdürftig zu reinigen und desinfizieren, was mit großer Mühe schließlich gelang. Nach zwei Tagen der Pflege hatte er das arme Wesen ins Herz geschlossen, und er hoffte, daß es sich nach und nach beruhigen und anpassen werde. Dieser Vorgang dauerte Monate und erforderte viel Überwindung und Nervenkraft. Doch endlich, nach einem halben Jahr etwa, begann sich der Hund wieder normal zu verhalten. Nach einem Jahr war er kontaktfreudig und vertrauensselig zu jedermann, genau wie sich ein gut aufgezogener Bracke eben benimmt. Der Hintergrund der Geschichte ergab sich, als der Züchter der Familie des Feriengastes begegnete und wegen der Seltenheit der Rasse Fragen zu stellen begann. Sie wurden ihm bereitwillig beantwortet. Der Hund durfte bei der Familie bleiben. Trotz der gräßlichen Tortur, der er monatelang ausgesetzt gewesen war, hatte er sich völlig zu erholen vermocht, weil ihm in der ersten Lebenszeit viel Förderung zuteil geworden war und er sich intensiv an Menschen hatte gewöhnen können. Ohne diese Voraussetzung wäre das ganz unmöglich gewesen. Ein als Welpe gut sozialisierter Hund vermag also auch sehr schlechte Erfahrungen zu überwinden und wieder ein normales Wesen anzunehmen.
Was aber hat diese «traurige Geschichte mit Happy-End» für uns zu bedeuten? Mehr, als wir zuerst anzunehmen geneigt sind. Denn obwohl

wir keine Quälgeister sind, wird unser Hund auch mit uns schlechte Erfahrungen machen, ganz besonders bei der Ausbildung, wo selbst dem besten Hundeführer Fehler unterlaufen. Es muß gar nicht eine Strafe sein, die den Hund frustriert; es genügt, wenn wir uns einmal oder mehrmals so verhalten, daß unser Vierbeiner nicht merken kann, was wir eigentlich von ihm wollen. Möchten wir dann einen Hund haben, der verstört ist und uns seine Mitarbeit aus lauter Angst aufkündigt? Besser wäre doch für beide Partner, der Hund würde über das Unangenehme hinwegkommen, das er mit uns erlebt hat, und die Freude an der Zusammenarbeit mit uns nach kurzer Trübung wieder voll und ganz erlangen. Gerade dies hängt indes davon ab, wie gut unser Hund in den ersten Lebenswochen auf seine künftige Umwelt, zu der auch wir gehören, vorbereitet wurde.

Es ist für jeden Hundehalter und Hundeführer von praktischem Nutzen, mehr über diese Dinge zu wissen. Wir werfen deshalb nun einen Blick auf die Erforschung der Entwicklungsphasen der Welpen. Sie stellt in der Geschichte der modernen Kynologie ein spannendes und entscheidendes Kapitel dar.

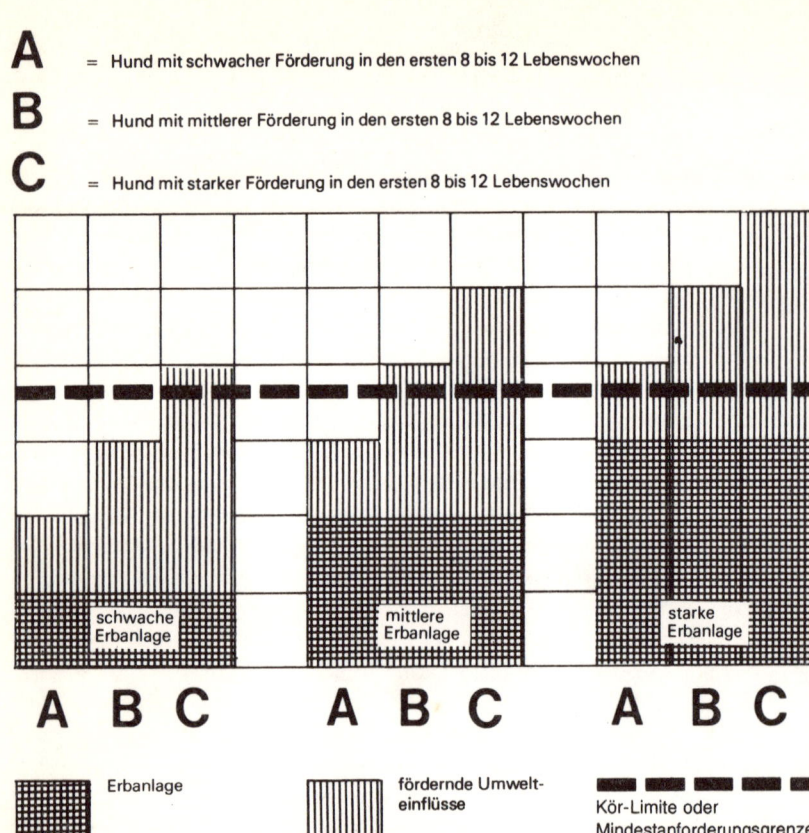

Abb. 2. Schema Förderung

Die Entwicklungsphasen des Welpen

Anfang der fünfziger Jahre erhielt der Kynologe Clarence J. Pfaffenberger, Mitarbeiter der Blindenführhundeschule «Guide Dogs for the Blind Inc.» in San Rafael (Kalifornien/USA) den Auftrag, die Möglichkeit zu prüfen, ob sich ein Test schaffen ließe, der schon beim Welpen über die spätere Eignung zum Blindenführhund Auskunft gäbe. Damals konnten nur wenige der in Ausbildung begriffenen Hunde am Ende als Blindenführhunde verwendet werden. Die hohe Ausschußrate bedeutete eine Menge verlorener Arbeitszeit und war zu einem finanziellen Problem geworden. Jeder Hundeführer weiß von sich oder andern, daß man das Pech haben kann, mit einem Hund zu arbeiten, der beim besten Willen nicht über einen gewissen Ausbildungsstand hinauszubringen ist. Sehr oft liegt allerdings der Fehler eher beim Führer, und ein guter Übungsleiter vermag ihm zu helfen. Aber nicht selten haben wir es mit einem im Welpenalter zu wenig geförderten Hund zu tun, und dann kommen wir einfach nicht weiter. Genau darin lagen auch die Schwierigkeiten, denen sich Pfaffenberger gegenübersah, nur daß er damals noch nicht wissen konnte, daß sie zum großen Teil von der Art und Weise der Aufzucht und nicht – wie er annahm – allein von der ererbten Veranlagung abhingen. Auf der andern Seite des amerikanischen Kontinents, im 5600 Kilometer von San Rafael entfernten Flekken Bar Harbor (Maine/USA), befaßten sich die Professoren J. P. Scott und J. L. Fuller zu dieser Zeit mit der Beziehung der genetischen Grundlagen des Hundes zu seinem Sozialverhalten. Es war ein Glücksfall, daß es zwischen diesen Wissenschaftlern und der mehr aufs Praktische ausgerichteten Blindenführhundeschule zu einer Zusammenarbeit kam. In den großen Zuchtanlagen von San Rafael standen nicht nur viele Welpen zur Verfügung; sie boten überdies den Vorteil, daß sie alle für dieselbe Aufgabe trainiert wurden und bis an ihr Lebensende unter Kontrolle standen. Während zehn Jahren wurde mit 450 Tieren eine Testform entwickelt, die schließlich das frühe Erkennen der Eignung zum Blindenführhund erlaubte, gleichzeitig aber auch die Erkenntnisse von Scott und Fuller mit aller Deutlichkeit bestätigte. Wie sehr die Welpen in den ersten zwölf Lebenswochen durch ein gezieltes Vermitteln von Umwelterfahrung und Sozialisierung gefördert werden, bei deren Ausfall jedoch mit ihrem Verhalten hoffnungslos in Rückstand geraten, war nun in diesem auf die Praxis bezogenen Großversuch evident geworden. Man sah, daß auch der bestveranlagte Welpe ohne diese Förderung später zur Arbeit nicht taugte, daß hingegen mittelmäßig veranlagte Welpen dank dieser Förderung zu vorzüglichen Arbeitsleistungen befähigt wurden. Die im folgenden geschilderten Entwicklungsphasen verdeutlichen dies. Dabei muß erwähnt werden, daß ein gut geförderter und damit wesensfesterer Hund nicht nur den besseren Gebrauchshund abgibt, sondern auch als einfacher Haushund leichter zu halten ist. Somit gehen die erwähnten Forschungsergebnisse jeden Hundehalter und in vermehrtem Maße auch jeden Züchter an. Und wenn wir es mit einem Züchter zu tun bekommen, der davon nichts weiß, tun wir gut daran, ihn zu informieren. Mancher Züchter wird uns dann erklären können, daß er seine Welpen bisher aus reinem Interesse und aus Freude genau so gefördert hat, ohne von der Erforschung dieser Dinge etwas gewußt zu haben. In der Regel wird dies bei Züchtern der Fall sein, die mit einer oder zwei Hündinnen arbeiten, seltener bei größeren Zuchtbetrieben. Da nun jene Förderung, ohne die ein Welpe nicht zur vollen Entfaltung seines Wesens gelangt, der frühen Entwicklung anzupassen ist, sollte jedermann, der Hunde züchtet oder einen Hund kaufen, halten und vielleicht auch ausbilden will, über die erforschten Entwicklungsphasen Bescheid wissen. Sie finden sich deshalb hier zusammengefaßt.

Erste Entwicklungsphase
Wochen 1, 2 und 3 – Tage 1 bis 21
In dieser ersten Zeit nach der Geburt ist die Tätigkeit der Welpen aufs Schlafen, Trinken und Kotabsetzen beschränkt. Sie ist aber auch aufs Suchen von Wärme ausgerichtet, was sie mit dem bekannten Kopfpendeln tun und indem sie sich krabbelnd im Kreise bewegen. Im übrigen befinden sie sich mit der Umwelt nicht in Kontakt. Das Gehirn ist noch nicht imstande, mehr als das zum Überleben Notwendige zu leisten. Ein Lernen auch sehr einfacher Art ist praktisch unmöglich. Das Kotabsetzen erfolgt am Anfang fast ausschließlich durch die Massage der

Abb. 3. Kontaktliegen eines Wurfs von drei Tage alten Labradorwelpen.

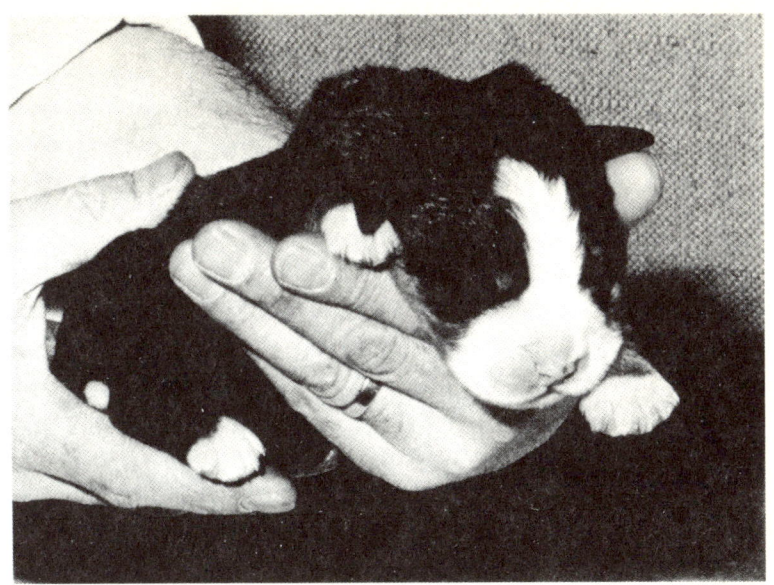

Abb. 4. Fünf Minuten ist dieser Berner Sennenhund alt. Zwischen der fünften und zwölften Lebenswoche sollte er sich an Umwelterscheinungen gewöhnen können, denen er später ausgesetzt sein wird.

leckenden Hündin. Wärme, Nahrung, Massage und Schlaf sind somit alles, was die Welpen in den ersten drei Wochen brauchen. All dies wird ihnen in der Regel von ihrer Mutter gegeben, die den Wurf nur selten und nur für kurze Zeit verläßt.
Wie sehr dieser Zustand eine Art verlängerter Tragzeit außerhalb des Mutterleibes darstellt (neonatale Phase), geht daraus hervor, daß diese erste Entwicklungsphase bei länger als 63 Tage getragenen Welpen entsprechend früher aufhört, bei weniger lang getragenen später. Der Züchter kann in dieser Periode nur dafür sorgen, daß die Hündin alles erhält, was sie benötigt, womit grundsätzlich auch für die Welpen gesorgt ist.

Zweite Entwicklungsphase
Wochen 4, 5, 6 und 7 – Tage 22 bis 48

a) Die kritische vierte Lebenswoche (22. bis 28. Tag)
Fast schlagartig und beinahe als zweite Geburt zu bezeichnen, setzt um

den 21. Tag herum (je nach Tragzeit etwas früher oder später) ein neuer Lebensabschnitt ein. Das Hirn ist jetzt funktionsfähig und wird am Ende der siebten Lebenswoche ausgewachsen sein. Die Sinnesorgane arbeiten normal, leiten die von ihnen aufgenommenen Reize durch die Nervenbahnen weiter und lösen Reaktionen aus. Der Welpe weicht zurück, wenn man einen Gegenstand rasch auf ihn zu bewegt, er drückt sich auf den Boden bei einem starken Geräusch oder wendet sich ihm interessiert zu. Er bewegt sich mehr, und nicht robbend wie zuvor. Auch gibt er öfters Laute von sich und schläft weniger. Da nun von einer Stunde auf die andere alle Umwelterscheinungen auf den Welpen einzuwirken beginnen, ist er ungeheuer beeindruckt und benötigt einige Zeit, bis er sie mit einer gewissen Gelassenheit aufzunehmen in der Lage ist. Diese Zeit umfaßt ziemlich genau eine Woche. Der Welpe ist dabei außerordentlich sensibel. Entsprechend reagiert er auch auf einschneidende Ereignisse. Um Dauerschäden an seinem Wesen zu verhindern, sollte er vom Wurf und von der Mutter nicht für längere Zeit entfernt werden. Irgendwelche Versuche, auf ihn einzuwirken oder ihm gar etwas beizubringen, sollten unterlassen werden. Der Züchter hat darauf zu achten, daß die Welpen nicht von Kindern, die mit ihnen spielen, überfordert werden. Sollte er sich aus irgendeinem Grunde gezwungen sehen, den Welpen aus dem Wurf zu nehmen, geschieht dies besser vor oder nach der vierten Lebenswoche, wobei man sich bis zur siebten Lebenswoche intensiv um das Tier kümmern muß, und zwar im Sinne des Mutter- und Geschwisterverhaltens.

b) Von der fünften bis zur siebten Lebenswoche (29. bis 42. Tag)
Fast so abrupt, wie am 21. Tag ungefähr die zweite nachgeburtliche Lebensphase beginnt, setzt mit dem 28. Tag etwa eine Periode der erwachenden und ständig sich erhöhenden Aufmerksamkeit allen Erscheinungen der Umwelt gegenüber ein. Das Hirn hat sich soweit entwickelt, daß seine Lernfähigkeit etabliert ist. Die Lernbereitschaft ist groß, und alle Eindrücke prägen sich tief in das Gedächtnis ein. Wohl nie mehr in seinem ganzen späteren Leben wird der Hund derart aufnahmebereit sein, wie gerade jetzt. Woran er sich in diesen Wochen gewöhnt, wird ihm immer vertraut bleiben. Was er dagegen nicht erfährt, wird ihm später bedeutend mehr zu schaffen geben und ihm schwerer fallen; jedenfalls wird er sich nicht so grundlegend daran gewöhnen.
Mit Beginn dieser Lebensphase gilt der Satz, daß der Welpe von sich aus irgend etwas lernen wird, sofern nicht *wir* ihm Gelegenheit geben,

bestimmte Dinge zu lernen. Es können sich folglich unerwünschte Gewohnheiten bilden und zäh festsetzen. Diese treten oft erst viel später als unangenehme Haltungsschwierigkeiten in Erscheinung. So werden jetzt Welpen, denen im Zwinger Böden verschiedener Struktur – wenn möglich auch Torfmull, Erde oder ein Eckchen Wiesland – zur Verfügung stehen, ihrem natürlichen Hang zur Sauberkeit nachleben und bei der nachherigen Gewöhnung zur Stubenreinheit keine Schwierigkeiten machen. Welpen, die in derselben Zeit nur einen Hartbelag im Zwinger vorfinden, geben in dieser Beziehung später oft Probleme auf.
Lernlust und Lernfähigkeit scheinen sich bis zur siebten Woche ständig zu steigern. Dazu gehört die beginnende Sozialisierung mit den Geschwisterwelpen. Die Vorentscheidungen für künftig gute oder weniger gute Verträglichkeit mit den Artgenossen fallen jetzt. Mit der fünften Lebenswoche hat auch die Sozialisierung mit dem Menschen ihren Anfang zu nehmen, und zwar nicht allein mit dem Züchter oder dessen Gehilfen, sondern mit möglichst vielen und unterschiedlichen

Abb. 5. Im oft derben Spiel mit Mutter und Geschwistern gewöhnen sich die Welpen an ein soziales Verhalten gegenüber Artgenossen.

Leuten. Kinder dürfen und sollen nun mit den kleinen Hunden spielen, sie auch etwa aus dem Zwinger auf die Wiese nehmen und sie mit allen möglichen Dingen bekanntmachen, dies natürlich in angemessener Weise und nie zu lange. Man beschäftige sich auf jeden Fall regelmäßig mit den Welpen im Wurf, aber auch zunehmend mit den einzelnen Welpen, wobei sie von Mutter und Geschwistern entfernt und an einen Ort gebracht werden, der wenig Ablenkungsreize aufweist. Bei dieser Beschäftigung stellen wir ganz unbewußt Anforderungen an den Welpen. Irgend etwas wird zu tun verlangt, dies selbstverständlich ohne jeden Zwang. Aus dem Spiel mit einem alten Handschuh ergeben sich zum Beispiel viele Möglichkeiten. Was geschieht, wenn man ihn wegwirft? Was, wenn man ihn zuerst an diesem Ort und dann an jenem versteckt? Die Spielobjekte sollten oft gewechselt werden, was stets zu einer neuen Erfahrung führt. Fast mit jeder derartigen Beschäftigung ist ein einfacher Lernvorgang verbunden. Und gerade das braucht ein Hund: die Gewöhnung ans Lernen. Und er braucht es jetzt, wenn man später von ihm Lernlust und Ansprechbarkeit erwartet. Hier wird die Grundlage zum künftigen Zusammenwirken mit dem Menschen gelegt. In diesem Spiel mit dem Menschen wächst dem Hund seine Sicherheit gegenüber dem andersartigen Partner zu und seine lustbetonte Einstel-

Abb. 6. Im Spiel mit dem Züchter und Helfern (auch Kindern) sozialisiert sich der Welpe mit Menschen. Dabei gewöhnt er sich gleichzeitig schon an Lernvorgänge.
a: *Vertrautmachen mit dem Gegenstand*

b: Anreizen zum Holen des Gegenstandes

lung zur Zusammenarbeit mit ihm, was viele Monate später dann als Arbeitsfreude bezeichnet wird.
Bei der Begutachtung schwieriger Hunde stößt man nicht von ungefähr sehr oft auf Tiere, die in einem abgelegenen Zwinger aufgewachsen sind und nur mit ganz wenigen Personen in Berührung kamen. Das heißt

c: Indem er dem Reiz folgt, lernt der Welpe nebenbei das Treppensteigen.

nun allerdings nicht, daß jeder Hund aus einem abgelegenen Zwinger ein schwieriger Hund sein wird. Aber es bedeutet, daß sich der Züchter in diesem Falle ganz besonders darum bemühen muß, daß die Umwelt der Welpen nicht durchwegs ereignisarm bleibt. Es sollen deshalb gezielt Personen, auch Kinder, in der bereits angedeuteten Weise zur Kontaktnahme mit den Welpen herbeigezogen werden. Natürlich kann es sich dabei auch um angehende Besitzer und ihre Familie handeln. In der Blindenführhundeschule von San Rafael, wo jährlich 190 Hunde aus eigener Zucht ausgebildet und abgegeben werden, hat man das Problem mit einer eigens dazu geschaffenen Organisation aus freiwilligen Helfern gelöst, welche sich regelmäßig mit den heranwachsenden Welpen beschäftigen und dazu auch ausgebildet werden. Daraus geht hervor, wie ernst die Beschäftigung mit den Welpen von der fünften bis und mit der siebten Lebenswoche gerade von jenen Fachleuten genommen wird, die sich seit über zwanzig Jahren mit der Beziehung der frühen Entwicklung zur späteren praktischen Haltung und Ausbildung des Hundes befaßten. Natürlich muß eine solche Beschäftigung dem Entwicklungsstand der Welpen angepaßt und in keiner Weise übertrieben werden. Hier seien einige Grundsätze angeführt, die einzuhalten sind:

Regeln für die Beschäftigung mit Welpen
- Nur Personen (Erwachsene und Kinder), die vom Züchter angeleitet und solange nötig auch überwacht werden, dürfen sich mit einzelnen Welpen beschäftigen.
- Der Welpe soll sich außer Hör- und Sichtweite von Mutter und Geschwistern in einer reizarmen Umgebung befinden, damit er vom Zusammenspiel mit dem einzelnen Menschen und den Gegenständen nicht abgelenkt wird. Nach Möglichkeit sind verschiedene «Spielplätze» zu benützen, wozu der Wurf auch in einem Fahrzeug disloziert werden kann.
- Die «Beschäftigungs-Lektionen» werden nicht vor Beginn der fünften Lebenswoche durchgeführt. Sie können täglich stattfinden. Es hat sich aber gezeigt, daß auch bei zweimaliger Durchführung in der Woche sehr gute Ergebnisse erzielt werden. Von Vorteil ist dabei eine gewisse zeitliche Regelmäßigkeit.
- Das Spiel soll nicht länger als fünfzehn bis dreißig Minuten dauern; danach gehört der Welpe in den Wurf zurück. Es darf keinerlei Zwang ausgeübt werden. Was nicht gelingt oder kein Interesse findet, lassen wir bleiben. Ist der Welpe nicht in Stimmung, wird das Spiel sofort abgebrochen und der Züchter informiert.

- Es ist dafür zu sorgen, daß die zum Spielen verwendeten Objekte dem Welpen unter keinen Umständen Schmerz verursachen oder ihn gar verletzen. Sie sollten oft ausgewechselt werden und außer optischen und taktilen auch akustische Reize hervorrufen. Mit fortschreitender Gewöhnung können auch Halsband und Leine verwendet werden, wobei wir darauf achten, daß die Leine nicht in den Fang genommen, sondern nur im Sinne einer Vorübung der Leinenführigkeit angewandt wird (Führen ohne grobe Einwirkung).
- Die «Beschäftigungs-Lektionen» werden bis zur Abgabe des Welpen an den Besitzer fortgeführt.

Dritte Entwicklungsphase
Wochen 8, 9, 10, 11 und 12 – Tage 49 bis 84
Am Anfang oder am Ende dieser Phase vollzieht sich in der Regel die Übergabe des Welpen an den Besitzer. Dabei stellt sich die Frage, ob man einen Welpen mit acht oder mit zwölf Wochen übernehmen soll. Da die Welpen nach etwa sieben bis acht Lebenswochen von der Muttermilch entwöhnt werden, scheint hier ein günstiger Moment gekommen. Tatsächlich werden viele Welpen jetzt ihren Besitzern zugeführt, während andere Züchter die vollendete zwölfte Woche als Übergangszeit ihrer Welpen in den neuen Lebenskreis wählen. Beides ist vertretbar, doch sind immerhin einige Punkte zu beachten, will man allfällige Schwierigkeiten abwenden.
Bleiben die Welpen bis zur zwölften Woche im Wurf, so setzen sie ihre Sozialisierungsbestrebungen untereinander fort; sie werden sogar von Tag zu Tag intensiver. Das führt besonders mit dem Eintritt in die elfte Lebenswoche zu Rangordnungskämpfen und damit zu vermehrten Lautäußerungen, was allein manchen Züchter veranlaßt, die Hunde früher abzugeben. Die Rangordnungskämpfe haben keine negativen Wesensveränderungen zur Folge, vorausgesetzt, daß die individuelle Beschäftigung mit den einzelnen Welpen regelmäßig fortgeführt wird. Im Gegenteil, solche Balgereien festigen das Sicherheitsgefühl im Verkehr mit den Artgenossen. Der Welpe gewöhnt sich daran, daß auch im größten Krawall bei scheinbar wildestem gegenseitigem Packen nichts passiert. Schlimmes wird durch die naturgegebene Beißhemmung verhütet. Es ist also nicht mit einer hieraus entstehenden Neigung zum Raufen zu rechnen, sondern eher damit, daß auch bei späteren Balgereien ein auf diese Weise sozialisierter Hund nicht aus lauter Angst richtig zu beißen beginnt. Aber wie gesagt, die gezielten Kontaktübungen mit Menschen sollten unbedingt bis zur Abgabe an den Besitzer fortge-

setzt werden. Dabei wird sich auch der stärkste Welpe ganz von selbst an die Autorität des menschlichen Partners gewöhnen. In dieser Zeit soll zwar kein Zwang dem Tier gegenüber angewandt werden, doch es dürfen und sollen gewisse Grenzen konsequent gezogen werden, wenn der Welpe frech wird. Dafür sorgen übrigens bei den frei lebenden Caniden auch die Elterntiere. Die Belastung, die dem Züchter aus diesen Aufgaben erwächst, kann ein Grund mehr sein, die Welpen mit acht Wochen abzugeben. Auch der Preis wird da und dort eine Rolle

Abb. 7. Mit acht bis zwölf Wochen wird der Welpe gewöhnlich vom Besitzer übernommen. Hier wird ein Laekenois (wenig bekannte Form des Belgischen Schäferhundes) abgeholt.

spielen; schließlich verursacht ein weiterer Monat der Pflege und Fütterung zusätzliche Kosten. Übernimmt man einen Welpen mit acht Wochen, ist man dafür besorgt, daß er oft mit andern Hunden spielen und herumtollen und seinen Hang zum Dominieren üben und abreagieren kann. Sicher ist es besser, einen Welpen mit acht Wochen zu übernehmen, wenn zu dieser Zeit alle seine Geschwister zu ihren Besitzern kommen und er als einziger mit der Mutter im Zwinger verbliebe. Das Argument, daß der achtwöchige Welpe sich enger an einen einzelnen

Besitzer anschließt, ist gerade wegen seines Wahrheitsgehalts recht zwiespältiger Natur, weiß man doch nie, ob man nicht eines Tages den Hund abgeben oder für einige Zeit verlassen muß. Dann wäre dem Tier besser gedient, nicht allzusehr auf *eine* Person eingestellt zu sein.
Um die üblichen Wurmkuren und Pflichtimpfungen vornehmen zu können, bei einigen Rassen auch wegen der Pflege der kupierten Ohren, gelangen manche Welpen erst am Ende der zwölften Lebenswoche zu ihren Besitzern. Auch das schadet, wie dargelegt wurde, nicht. Hingegen dürfte ein weiteres Verbleiben im Wurf oder im Zwinger die Wesensbildung des künftigen Gebrauchshundes mit der Zeit beeinträchtigen. Schlimm kann sich dies nach der vierzehnten Woche auswirken. Oft sind Unverträglichkeit und überaggressives Verhalten eine Folge davon. Bei Tieren, die gar neben älteren Hunden noch monatelang im Zwinger gehalten werden, ist mit Sicherheit mit einer Wesensveränderung zu rechnen. Ganz abgesehen davon, daß sie zeitlebens beim Zusammenwirken mit dem Menschen weniger ansprechbar sind.

Vierte Entwicklungsphase
Wochen 13, 14, 15 und 16 – Tage 85 bis 112
Auch der Welpe, der jetzt noch im Zwinger bleibt, beginnt sich zu Anfang dieser Periode ganz deutlich von der Mutter zu lösen und sucht allein oder mit einem Kumpan eigene Wege. Der Hang zur Dominanz verstärkt sich erneut und führt zu ernsthaften Rangordnungskämpfen, sofern dies nicht von älteren Tieren oder der Mutter unterdrückt wird. Gleichzeitig ist beim Vorhandensein mehrerer Geschwister oder Kumpane eine Art Bandenbildung als beginnendes Meuteverhalten zu erkennen. Wird jetzt ein Welpe nicht oft und regelmäßig einzeln ausgeführt und beschäftigt, beraubt man ihn erwiesenermaßen dessen, was er hätte werden können.
Normalerweise lebt jedoch der Welpe nun in seinem neuen Lebenskreis. Es besteht noch eine allerletzte Möglichkeit, Sozialisierungslücken durch intensive und verständnisvolle Beschäftigung auszufüllen, wenn auch nicht mehr vollständig. Bei seinem Besitzer versucht der Welpe natürlich auch, dominant zu sein, und daher müssen jetzt Tabus gesetzt werden. Sollen später nicht unliebsame Schwierigkeiten entstehen, muß der Welpe nun erfahren, wer Meister im Haus ist.

Zusammenfassung
Die ersten drei Lebenswochen verbringt der Welpe in einem Dämmerzustand, der ihm kaum Kontakt zur Umwelt erlaubt. Fast schlagartig

erwachen dann seine Lebensgeister, und er benötigt eine volle Woche, um sich an die auf ihn einstürmenden Eindrücke zu gewöhnen. Zu Beginn der fünften Lebenswoche fängt seine Auseinandersetzung mit der Umwelt an. Dazu gehört auch seine Mutter, gehören seine Wurfgeschwister. Jetzt sollte auch der Mensch beginnen, sich gezielt mit dem Welpen zu beschäftigen. Mit sieben Wochen verfügt der Hund zwar über ein ausgereiftes Hirn, aber nicht über genügend Erfahrungen. Mit der Entwöhnung von der Muttermilch ist eine erste günstige Gelegenheit für die Übernahme durch den Besitzer gegeben. Diese kann auch nach weiteren vier Wochen eingehender Sozialisierung im Alter von zwölf Wochen erfolgen. Jede weitere Verzögerung sollte nur bei intensiver individueller Beschäftigung des Züchters mit dem Hund hingenommen werden, damit dieser keine Einbuße an sicherem Verhalten gegenüber dem Menschen erleidet. Mit sechzehn Wochen ist die Grundlage zum Wesen des Hundes endgültig gelegt. Fehlendes kann nur noch teilweise nachgeholt werden.
Soweit der dramatische Verlauf des Welpendaseins.
Die Erforschung der Entwicklungsphasen des Welpen hat verdeutlicht, wie wichtig das Vertrautwerden des Einzeltieres nicht nur mit seinen Artgenossen, sondern auch mit dem Menschen ist. Selbstverständlich ist die Sozialisierung innerhalb des Wurfes für die gesunde Entwicklung unerläßlich, aber sie schafft noch nicht das «Rudelgefühl» gegenüber dem Partner Mensch. Sie bringt allein auch nicht das nötige Selbstvertrauen des Hundes als Einzelwesen in Gesellschaft mit dem Menschen hervor. Beides ist aber Voraussetzung für ein angenehmes künftiges Verhalten des Haushundes und für seine «Brauchbarkeit» bei der Ausbildung.
Gerade der Gebrauchshund sollte überdies in seiner frühen Entwicklung im vergnüglichen Beisammensein mit dem Menschen mit einfachen Lernvorgängen vertraut gemacht werden, damit ihn dieses später so wichtige Beginnen nicht beunruhigt, sondern anregt.
Um abschließend nochmals die Bedeutung der Sozialisierung mit dem Partner Mensch zu betonen, seien die 1961 von den Forschern Freedman, King und Elliot angestellten *Versuche mit Welpen* erwähnt, die in sehr großen Ausläufen unter minimalem menschlichem Kontakt aufwuchsen. Aus den verschiedenen Würfen wurden einzelne Tiere verschiedenen Alters für jeweils nur zehn Minuten in einen Raum gebracht, wo sich ein Beobachter befand, der sich völlig passiv verhielt. Das Ergebnis dieser Versuche fassen die drei folgenden Punkte zusammen:

- Welpen im Alter von drei bis vier Wochen näherten sich spontan dem Beobachter.
- Welpen im Alter von sieben Wochen brauchten durchschnittlich zwei Tage (bei täglich einmaligem Aufenthalt von zehn Minuten im Versuchsraum), bis sie einen ersten sozialen Kontakt zum Beobachter aufnahmen.
- Welpen im Alter von vierzehn Wochen waren noch nach einer Woche täglicher Versuche zu ängstlich, um sich dem Beobachter zu nähern.

Als Züchter wie als Hundehalter oder Ausbilder sollten wir uns vor Augen halten, in welch kurzer Zeit sich das endgültig bildet, was wir später Wesensveranlagung nennen: vom 21. bis zum 112. Tag oder von der vierten bis zur sechzehnten Lebenswoche. Es verbleiben also lediglich dreizehn Wochen, um Einfluß auf die grundlegende Wesensbildung zu nehmen. Nützen wir sie aus! Unser Hund wird sonst nie das sein, was er hätte werden können. Daran ändert auch die beste Erbanlage nichts.

Wie erkenne ich den verantwortungsbewußten Züchter?

Nachdem uns nun bekannt ist, welcher Förderung der Welpe in den ersten zwölf Lebenswochen bedarf, um sich bestmöglich entwickeln zu können, werden wir von einem Züchter erwarten, daß er sich eben um diese Förderung bemüht. Das heißt nicht, daß unser Züchter in der Theorie bewandert sein muß; wichtig ist allein, was er in der Praxis tut, um den Welpen eine Umwelt zu schaffen, in der sie sich wohl und angeregt fühlen. Wir sollten uns daher nicht von gescheiten Ausführungen, sondern von praktischen Maßnahmen überzeugen. Schauen wir uns also den Zwinger an, in welchem unser Welpe großgezogen wird. Der Wurfzwinger ist die Visitenkarte des Züchters. Hier läßt sich erkennen, ob er Verständnis für seine Aufgabe hat. Schlimm sind jene wunderschön gekachelten, mit Spülung versehenen, aber völlig leeren, kaum je von Besuchern betretenen Zwingerbuchten eines Großzüchters und Warenhauslieferanten mit eigener Versandabteilung. Auf die technische Ausrüstung und Raffinesse kommt es nicht an. Wichtig allein ist, ob die Welpen genügend Umweltreizen ausgesetzt sind oder nicht. Ein etwas improvisiert gebauter Zwinger hinter dem Haus, der dafür einen Holz-, einen Kies- und einen Sandboden aufweist, ist in dieser Beziehung bedeutend sympathischer. Finden sich darin auch einige Gegenstände, wie Bälle, Kübel, Stoffetzen und ein Stück Holztreppe, und beschäftigt sich die Familie des Züchters regelmäßig mit den Welpen, dürfen wir mit der Situation zufrieden sein. In der Schweiz verleiht die SKG auf Grund einer freiwilligen Zwingerkontrolle ein Gütezeichen. Damit kann sich der Züchter als seriös ausweisen. Als Käufer vergewissern wir uns aber doch, ob die Welpen auch die für ihre wesensmäßige Entwicklung unerläßliche Betreuung erfahren.

Gerade wenn ein Zwinger technisch hervorragend ausgerüstet und gebaut ist, müssen wir darauf achten, daß nicht die Hauptsache, nämlich die Beschäftigung mit den Welpen, zu kurz kommt. Dienen diese technischen Einrichtungen nur dazu, so wenig Arbeit mit den Hunden wie möglich zu haben, sind wir am falschen Ort. Keine noch so großen Ausläufe und keine bei Wärme automatisch einsetzende Berieselung der Dachpartien vermag den Welpen das zu ersetzen, was sie viel dringender brauchen: fachgerechte Betreuung in den ersten zwölf Lebenswochen. Dazu muß man sich viel Zeit nehmen. Wer nun mehrere Würfe nebeneinander aufzieht, gelangt nur selten über die notwendigsten Fütterungs- und Reinigungsarbeiten hinaus, es sei denn, er nehme zusätzliche Hilfe in Anspruch. Das wiederum kostet Geld, und schon ein mittlerer Zuchtbetrieb ist zwangsläufig mehr von der Wirtschaftlichkeit als von der Qualität seiner «Produkte» her motiviert. Ob diese qualitativ hochwertig sind oder nicht, wird sich ja ohnehin erst nach dem Verlauf eines Jahres erweisen. Mit dem kleinen Züchter, dem Amateur sozusagen, fahren wir deshalb in der Regel nicht schlecht. Er hat ein natürliches Interesse an den Welpen und pflegt – meist von seiner Familie unterstützt – den persönlichen Kontakt zu jedem einzelnen Jungtier. Eine belebte Umwelt ist so von selbst gegeben. Über das, was in dieser Beziehung noch fehlt, können wir mit dem Hobbyzüchter sprechen, und er wird eher geneigt sein, Anregungen entgegenzunehmen, als seine professionelleren und profitbewußteren Kollegen. Damit sei nichts gegen mittelgroße Zuchtbetriebe gesagt, die in jeder Beziehung gut geführt werden.

In den ersten drei Lebenswochen sorgt ja die Hündin praktisch allein für den Wurf, so daß es von Zwinger zu Zwinger weniger wirklich entscheidende Unterschiede gibt, immer unter der Voraussetzung freilich, daß die Hündin ein normales Mutterverhalten an den Tag legt. Immerhin weist eine exakt durchgeführte Gewichtskontrolle darauf hin, ob man es mit einem geregelten Betrieb zu tun hat. Es ist deshalb nicht uninteressant, den Züchter einmal nach dieser Kontrolle zu fragen und sie mit ihm durchzusprechen. Wie wir wissen, kommt der Haltung von der fünften Lebenswoche an entscheidende Bedeutung zu. Um nun zu erfahren, was ein Züchter in dieser Beziehung unternimmt, besuchen wir ihn am besten. Der gute Züchter wird uns gerne empfangen. Wir sind für ihn eine willkommene Belebung der Zwingeratmosphäre. Im Gespräch mit ihm erfahren wir manches über seine Hunde und ihn selbst. Wir haben Zeit, Vertrauen zu fassen. Prüfen wir unseren ersten Eindruck später durch Besuche bei anderen Züchtern, können wir sogar vergleichen. Jetzt sind wir schon um einiges sicherer geworden, zwar noch nicht in der Wahl des Hundes, aber in der Wahl unseres Züchters. Diese Reihenfolge des Vorgehens bewahrt uns (hoffentlich) davor, unser Gefühl so spontan und uneingeschränkt an irgendeinen Welpen zu binden, daß wir von diesem Augenblick an gegenüber Argumenten, die eindeutig gegen dieses Tier sprächen, blind und taub bleiben. In einem solchen Zustand würde uns nichts mehr von unserer Wahl abbringen, nicht einmal die Tatsache, daß sich der in Aussicht gestellte Stammbaum schließlich als gar nicht existierend oder wertlos herausstellte. Gerade dies wird von unseriösen Züchtern oft ausgenützt. Man sollte eben wirklich vorher wissen, mit was für einem Züchter man es zu tun hat. Haben wir uns einmal für eine bestimmte Rasse entschieden und zu einem guten Züchter Vertrauen gefaßt, ist noch die Wahl des Welpen zu treffen, sofern überhaupt eine Anzahl der Tiere ihre Abnehmer noch nicht gefunden hat. Es werden manche Methoden empfohlen, wie der beste Welpe aus seinem Wurf zu erkennen sei, aber im Grunde lassen sie sich alle auf ein paar *einfache Überlegungen* zurückführen.

- Die einzelnen Welpen zeigen sich nicht immer in gleicher Stimmung. Eine kleine Blähung kann zum Beispiel ein sonst aktives Tier vorübergehend zum Langweiler machen. Es ist deshalb ratsam, den Wurf mehrmals zu besuchen.
- Schon jetzt darf unser künftiger Vierbeiner auf akustische und optische Erscheinungen nicht mehr schreckhaft reagieren.
- Der Welpe soll sich nicht in einer offensichtlich ständigen Abwehrstellung gegenüber seinen Geschwister-Welpen befinden. Er darf ruhig auch einmal angreifen, braucht aber nicht unbedingt stets der frechste und dominierendste Welpe zu sein.
- Wir nehmen den Kleinen auch einmal oder mehrmals aus dem Zwingerbereich heraus an einen ihm ungewohnten Ort, spielen dort mit ihm und beobachten, wie er jetzt auf Geräusche und optische Erscheinungen reagiert.

- Erforderlich ist auch die Gewißheit, daß uns gerade dieser eine Welpe sympathisch ist, daß er gesund ist, einen munteren Eindruck erweckt und vom Züchter vorbehaltlos empfohlen wird.

Hat uns der Züchter außerdem anhand der Röntgenbefunde bewiesen, daß bei den Elterntieren keine oder nur geringe Hüftgelenksdeformationen festzustellen sind, stehen wir vorläufig am Ende unserer Weisheit. Mehr läßt sich nicht vorkehren. Es bleibt einzig noch zu hoffen, daß uns das Glück beisteht, vor allem auch hinsichtlich der gesundheitlichen Entwicklung, welche ja nie vorauszusehen ist.
Wir haben anhand der Entwicklungsphasen des Welpen die Vor- und Nachteile der Übernahme mit acht oder zwölf Wochen kennengelernt. Hierbei werden wir uns wohl der Empfehlung des Züchters fügen müssen, wenn nicht schwerwiegende Gründe dagegen sprechen. So etwa, wenn der Züchter keine Zeit hat, sich mit dem Wurf und den einzelnen Welpen genügend zu beschäftigen. Dann allerdings sollten wir auf eine frühzeitige Übernahme dringen oder uns zusichern lassen, daß wir jederzeit Zugang zum Wurf haben, damit wir selber uns dem Welpen unserer Wahl regelmäßig «zwei- bis dreimal wöchentlich» widmen können.
Was läßt sich eigentlich einem Stammbaum oder einer Ahnentafel, wie man das auch nennt, entnehmen? Für uns Laien ist diese Frage schnell beantwortet. Man sieht daraus, ob unser Welpe einer von der Fédération Cynologique Internationale (FCI) anerkannten Zucht entstammt. Ist dies der Fall, dürfen wir später mit unserem Vierbeiner hundesportliche Veranstaltungen besuchen und ihn ausstellen. Mehr nicht.
Alle die schönen Namen und alle Siegerehren der im Stammbaum angeführten Deckrüden und Hündinnen haben für uns praktisch keinen Aussagewert. Wenn es nämlich um Fragen der Vererbung geht, lassen sich aus einem einzigen Stammbaum keine Folgerungen ziehen. Man müßte dazu schon die Zuchtlinien der beteiligten Vorfahren kennen, und so weit gelangen nur erfahrene und besonders bewanderte Züchter. Also lassen wir uns von der Ahnentafel nicht weiter beeindrucken. Wir prüfen nur, ob sie ein offizielles Schriftstück im Rahmen der FCI ist, und legen sie dann getrost beiseite. Dafür wenden wir uns voll und ganz dem erwählten Welpen zu, denn was nun geschieht, liegt ganz allein in unserer Verantwortung. Vergessen wir nicht: Was in den kommenden Tagen und Wochen der Angewöhnung versäumt wird, ist später nicht mehr ganz nachzuholen. Das würde allerdings noch keine Katastrophe bedeuten, aber doch sehr viel mehr Mühe und Arbeit verursachen.

Kapitel 3

Richtige Haltung fördert den Hund

Die Angewöhnung in den ersten vierzehn Tagen

Wie wir uns erinnern, erwacht der Welpe um den 21. Lebenstag herum aus einem Dämmerzustand und nimmt mit allen Sinnen eine für ihn ganz neue Umgebung wahr. Er braucht eine ganze Woche, um sich daran zu gewöhnen, und es ist gut, ihn während dieser Zeit möglichst in Ruhe zu lassen. Ganz ähnlich ergeht es dem acht oder zwölf Wochen alten Welpen, der plötzlich aus dem Zwinger genommen und in eine völlig andersartige Umgebung gebracht wird. Hier sieht er nun nie zuvor erblickte Dinge, ist ungeahnten Gerüchen ausgesetzt, und fremdartige Geräusche dringen auf ihn ein. Auch der ganze Tagesablauf ist auf den Kopf gestellt. Er frißt nun anderes Futter zu einer anderen Zeit aus einem anderen Topf, in einem anderen Raum. Und er schläft nicht mehr in der vertrauten Zwingerecke in Gesellschaft von Mutter und Geschwistern, sondern allein. All dies bringt einen fachgerecht aufgezogenen Welpen nicht aus der Fassung, aber es stellt doch eine große Belastung für ihn dar. Man sollte deshalb das junge, unerfahrene Tier vor jeder Überforderung bewahren. Genau dies ist die Hauptregel, die wir fortan bei allem, was wir mit dem Welpen tun, zu beachten haben. Sie gilt von dem Augenblick an, da wir den Welpen vom Züchter nach Hause bringen. Um ihm den heimatlichen Geruch zu erhalten, nehmen wir ein Stück Stoff vom Welpenlager mit oder einen anderen weichen Gegenstand, der ihn besonders beim Schlafen im neuen Korb beruhigen wird. Der Züchter wird uns auch etwas Futter mitgeben oder zumindest genau erklären, womit, wie oft und wann der Welpe bisher gefüttert wurde. Werden die Freßgewohnheiten beibehalten, wird die Verdauung des Welpen durch den Wechsel kaum gestört werden. Auf der Fahrt nach Hause setzt sich eine Person mit dem Kleinen hinten in den Wagen, wo er sich auch später immer aufhalten wird. Sie beruhigt den Kleinen spielend, wobei sie mit Vorteil jenen Stoffetzen aus dem Zwinger benützt. Und nun geht die Reise los. Aber nur für kurze Zeit. Nach spätestens fünf Minuten halten wir an und spazieren mit dem Welpen eine Weile umher, bis er sein Wasser absetzt. Zwar wird ihm der Züchter nicht kurz vor der Fahrt noch Futter vorgesetzt haben, aber der längere Unterbruch nach kurzer Fahrt verhindert, daß der Welpe sich im Wagen schlecht zu fühlen beginnt und erbricht. Geschieht dies, kann es nämlich zu einer schlechten Gewohnheit werden, die unter Umständen lebenslang andauert. Auch die weitere Fahrt wird mehrmals unterbrochen. Daheim angelangt, begeben wir uns noch nicht ins Haus, sondern an jene Stelle im Garten oder an einem anderen Ort, wo sich der Welpe künftig tagsüber und wenn nötig auch nachts versäubern soll. Es lohnt sich, hier solange zu warten, bis das Tier seinen Kot oder Harn absetzt. Erst jetzt gehen wir mit ihm ins Haus hinein.

Es empfiehlt sich, vor dem Abholen des Welpen in einem Familienrat zu beschließen, welche Räume der Welpe betreten darf und welche nicht, und wer welche Pflicht dem Welpen gegenüber zu übernehmen hat. Tun wir das erst jetzt, sind wir uneinig und unaufmerksam, und schon ist der erste Fehler passiert. Haben wir also beispielsweise Küche und Badezimmer als nicht zu betretende Räumlichkeiten bezeichnet, darf der Welpe hier von allem Anfang an nicht hinein. Mit anderen Worten: Das erste Tabu wird gesetzt. Da dies ein überaus wichtiger Vorgang ist, der sich künftig je nach Ausführung mehr oder weniger positiv auswirken wird, sei kurz erklärt, wie wir uns dabei zu verhalten haben.

Will man einem Hund etwas verbieten, muß man ihm das so deutlich mitteilen, daß er es sofort zur Kenntnis nimmt. Dies gilt für erwachsene Hunde wie für Welpen. Auch der Zeitpunkt unseres Eingreifens muß richtig gewählt werden. Krabbelt nun unser Kleiner über die Schwelle der Küchentür, schieben wir ihn nicht sanft unter langen Erklärungen zurück, sondern werfen ihn buchstäblich mit einem blitzschnellen Klaps 'raus, wobei wir entweder gar nichts sagen oder kurz und laut «Pfui!» rufen. Der Welpe wird daraufhin etwas erstaunt sein, aber keinesfalls erschrocken, denn ähnliches ist ihm von seiner Mutter schon mehrmals widerfahren. Es wäre jetzt ganz falsch und stellte den Erfolg unserer Aktion in Frage, gingen wir mit Worten im Tone einer Entschuldigung (weil er doch so klein ist) auf ihn ein oder tätschelten und streichelten ihn gar. Wir können uns gerade hier darin üben, uns im Gegenteil nach einer Korrektur so unbeteiligt zu verhalten, als gehe uns die Sache überhaupt nichts an. Das hat den großen Vorteil, daß der Welpe die schroffe Zurückweisung nicht auf uns bezieht, sondern als ein Geschehen aus heiterem Himmel registriert und mit seinem Versuch, die Schwelle zu überqueren, in Zusammenhang bringt. Es handelt sich dabei um ein erstes Beispiel einer Verknüpfung. Wir werden diese Methode im Verkehr mit dem jungen und alten Hund immer wieder anwenden. Wenn wir wissen, wie man eine Verknüpfung zustande bringt, was dabei zu tun, was zu unterlassen ist, sind wir auf dem besten Weg, uns dem Hund klar verständlich machen zu können. Und darin besteht ja eigentlich die ganze Kunst, einen Hund zu erziehen und ihn später auch auszubilden (Richtiges Loben, «Strafen», Korrigieren siehe Kapitel 7, Seiten 106–112).

Wer nun findet, ein solches Vorgehen sei grob, ja brutal, man dürfe nicht auf diese Weise auf ein so zartes kleines Lebewesen einwirken, hat uns und den Welpen falsch verstanden. Wir schlagen ja den Kleinen nicht, sondern greifen rasch, kompromißlos und kräftig im rechten Moment ein. Der Welpe dagegen erfährt, was er schon oft erfahren hat. Man beobachte einmal eine Hündin mit ihren Jungen. Sie ist ein Wunder an Geduld. Doch wird es ihr zuviel oder befürchtet sie, es könne dem Welpen etwas zustoßen, greift sie schnell, robust und mit großer Sicherheit ein. Gleich darauf verhält sie sich wieder, als wäre nichts geschehen, und der Welpe zeigt nicht die geringste Angst vor ihr. Er scheut nur davor zurück, das zu wiederholen, was er tat, als das Donnerwetter erfolgte. Mit anderen Worten: Er hat etwas gelernt.

In der Wohnung gibt es nun für den Welpen unendlich viel zu beschnüffeln. Hindern wir ihn nicht daran; es ist seine Art, sich mit einer neuen Situation auseinanderzusetzen. Doch beobachten wir ihn dabei, sprechen wir zu ihm und passen wir auf, daß er sich nicht zu eingehend mit einem Teppich oder einem Stuhlbein befaßt. Tut er das, gehen wir ähnlich wie schon beschrieben vor. Bei alledem sollten wir nicht vergessen, den Welpen jede halbe Stunde an die ihm zugewiesene Versäuberungsstelle im Garten hinauszutragen. Dies gilt zumindest für den ersten Tag zu Hause. Am besten wählt man dazu ein Stück Wiese oder lockere Erde neben einigem Buschwerk, das ihm das Gefühl der Geborgenheit gibt. Das Örtchen sollte etwas abseits liegen, damit der Welpe bei dem für ihn so wichtigen Geschäft nicht abgelenkt wird. Und damit wir nicht vergessen, ihn regelmäßig hinauszubringen, stellen wir beispielsweise den Küchenwecker auf dreißig Minuten ein. Um einer Verknüpfung des Klingelns mit dem nachfolgenden Versäubern vorzubeugen, warten wir aber jedesmal mehr oder weniger lang, bevor wir ihn hinausbringen.

Solche Details, wie sie hier beschrieben sind, machen jetzt und später die erfolgreiche Haltung und Erziehung aus. Nur Regelmäßigkeit führt sicher dazu, daß sich unser Welpe an jenes Verhalten gewöhnt, das wir von ihm wünschen. Gleichzeitig gewöhnen auch wir uns eine gewisse Exaktheit und Konsequenz im Umgang mit dem Hund an, und das wird uns später zugute kommen. Ist uns nämlich ein solches Verhalten, das sich durch Klarheit und Bestimmtheit auszeichnet, zur Gewohnheit geworden, merkt der Hund viel eher, was wir von ihm wollen, als wenn er sich einem Besitzer gegenübersieht, der bald so und bald anders mit ihm umgeht. Das will indessen nicht heißen, daß wir uns ständig auf den Hund zu konzentrieren hätten. Im Gegenteil, man sollte ihn zeitweise auch sich selbst überlassen. Doch wenn wir schon mit ihm etwas unternehmen, sollten wir uns dazu auch wirklich Zeit nehmen und genau überlegen, was zu tun ist. Bei der Durchführung sollten wir zudem die nötige Geduld aufbringen. Mit jedem neuen jungen Hund hebt eben auch für uns eine Zeit des Lernens an.

Wir sprachen vorhin von einer Verknüpfung. Mit der Küchenschwelle, die er überqueren wollte, hat der Welpe unseren Klaps, der ihn zurückbeförderte, und unser «Pfui» verknüpft. Vielleicht nicht beim erstenmal, da wir ihn rechtzeitig ertappten, ganz bestimmt jedoch beim zweiten oder dritten konsequenten Eingreifen. Er wird diese Schwelle vorläufig meiden. Eine andere sinnvolle Verknüpfung können wir dadurch erreichen, daß wir auf dem Versäuberungsplatz stets einschmeichelnd und lobend «Brunni machen» oder ähnliche Wendungen ertönen lassen – dies von dem Augenblick an, da der Welpe sein Wasser zu lösen oder den Kot abzusetzen beginnt, bis er damit fertig ist. Er ist dabei in einer ganz speziellen und sehr positiven Stimmung und nimmt gleichzeitig die angenehmen Laute wahr. Ist dies einige Male auf dieselbe Weise geschehen und lassen wir nun irgendwann und irgendwo dieselben Laute ertönen, werden sie ihn an jene Stimmung erinnern und ihn zum gewünschten Verhalten anregen. Wir besitzen dann bald einen Hund, der sich zeit seines Lebens auf unser «Kommando» hin versäubern wird.

Es gibt freilich auch Verknüpfungen, die der Hund von selbst vornimmt oder die wir ihm durch unverständiges Verhalten geradezu aufdrängen. Das führt dann zu kaum mehr wegzubringenden Untugenden. Zu ihnen gehört das Betteln. Die Gefahr ist groß, daß wir oder unsere Kinder dem Hund zur Unzeit etwas zu essen geben, da er doch so lieb und hübsch ist und so große, erwartungsvolle Augen macht. Zur Unzeit heißt, zu jeder anderen Zeit als den üblichen Fressenszeiten. Daß der Hund nur dann und nur aus der gewohnten Schüssel etwas erhält, ist in mancher Beziehung wichtig. Hält man sich daran, wird man nie einen Bettelsack aus ihm machen. Beim Essen gehört er weg vom Tisch. Am besten bringt man ihn in einen anderen Raum, bindet ihn in seinem Korb an oder läßt ihn auf dem Balkon oder im Garten spielen. Beim Picknick im Freien ist er ebenfalls wegzubinden oder im Wagen unterzubringen. Abgesehen davon, daß es nichts Unangenehmeres gibt als einen notorisch betteln-

den Hund, hat die Angelegenheit noch einen bedeutenderen Aspekt: der Hund gewöhnt sich daran, daß er nicht alles zu jeder Zeit vom Menschen haben kann. Das ist eine sehr wichtige Grunderfahrung.
Die erste Nacht, die der Welpe bei uns weilt, bringt oft besondere Probleme mit sich. In der Regel werden wir an diesem besonderen Tag nicht früh ins Bett gehen und den Hund ganz zuletzt nochmals zum Versäubern in den Garten tragen. Daß man ihn übrigens hinträgt und nicht hinlaufen läßt, dient der Absicht, ihn von Anfang daran zu gewöhnen, genau dort sein Geschäft zu verrichten, wo wir es wünschen.
Nun wird der Kleine rechtschaffen müde sein und sich ganz gern im Korb zusammenrollen. Das Stoffstück aus dem Zwinger legen wir neben ihn hin. Ziehen wir uns nun ins Schlafzimmer zurück, und lassen wir die Tür einen Spalt offen. Sollte der Hund zu winseln anfangen, warten wir zuerst ab, ob er von selber wieder damit aufhört. Tut er das nicht, versuchen wir, ihn mit einigen Worten zu beruhigen. Drängt der Welpe daraufhin durch die angelehnte Tür ins Schlafzimmer, lassen wir ihn gewähren, können ihn auch – im Bette liegenbleibend – mit der Hand berühren und beruhigen. Er wird sich dann auf die Bettvorlage legen und dort schlafen, vielleicht aber auch gleich oder später zum vertrauten Geruch des Stoffetzens in seinem Korb zurückkehren. Wie immer er sich verhält – jetzt zu schimpfen oder Druck auszuüben, wäre falsch. Ebenso falsch wäre es, ihn im Keller unterzubringen. Gerade deswegen könnte sich diese üble Gewohnheit festsetzen. Im übrigen würde sein Geheul ohnehin durch die Mauern dringen. Man darf also ruhig etwas nachgiebig sein, denn meistens wird sich der Hund bald an sein Lager gewöhnen. Sollte dies wider Erwarten in den kommenden Tagen nicht der Fall sein, wäre zu überlegen, ob ihn irgend etwas an seinem Lager stört. Es kann ja sein, daß es dort zieht, oder dann verursacht eine Apparatur ein für uns kaum hörbares Geräusch. Vielleicht entspricht der ausgewählte Platz auch nicht den Bedürfnissen unseres neuen Familiengenossen, der sich lieber im Zentrum der Wohnung niederließe, an einer Stelle, wo er das Geschehen überwachen kann. Am liebsten schliefe er womöglich im Flur, in den alle Türen münden, auch jene so wichtige Türe, die hinaus in den Garten führt.
Auf jeden Fall sollten wir in der ersten Nacht Geduld und Langmut üben, auch wenn es sehr früh wieder aufzustehen gilt, um als erstes den Kleinen zum Versäubern zu tragen. Verhalten wir uns so, wird uns ein fachgerecht aufgezogener Welpe praktisch keine Schwierigkeiten bereiten, und wir dürfen unserem Züchter ein erstes Mal für seine Bemühungen dankbar sein.

Geschieht es trotz aller Anstrengungen doch einmal, daß der Hund einen Teppich benetzt oder gar in der Wohnung Kot absetzt, ist es völlig sinnlos, seine Nase auf die verunreinigte Stelle zu drücken, ihn zu schelten oder gar zu schlagen. Was wir mit einem solchen Gehabe meinen, versteht ein Hund ohnehin nicht. Er wäre nur erschrocken und verwirrt, zumal unsere Reaktion viel zu spät kommt. Viel besser gehen wir über das Malheur hinweg, als wäre nichts geschehen, bringen den Hund hinaus und versuchen dann, die Stelle so gut wie möglich zu säubern und vielleicht zusätzlich mit einem Deodorant zu besprühen. Mehr läßt sich nicht tun. Der Hund wollte uns natürlich mit dem Fauxpas nicht ärgern, sondern hatte irgendeinen Grund, das an sich Erwünschte an unerwünschter Stelle zu verrichten. Es kommt übrigens nicht selten vor, daß wir ein derartiges Mißgeschick durch unsere eigene Unachtsamkeit mit verursachen. Vergessen wir es also und sorgen wir dafür, daß der Welpe nicht mehr unbeobachtet über die zwar gereinigte, aber für eine Hundnase dennoch wieder zu erkennende Stelle geht. Im Welpengehirn hat sich natürlich der bewußte Geruch schon längst mit jenem letzten Akt der Verdauung verknüpft und er droht nun, diesen neuerdings in Gang zu bringen. Das beste, was wir für die Stubenreinheit tun können, ist und bleibt, dem Hund den ausgewählten Versäuberungsplatz angenehm und vertraut werden zu lassen.

Beschäftigung und Bewegung

Nicht von ungefähr haben wir unter dem Titel «Angewöhnung in den ersten vierzehn Tagen» vorwiegend vom Fressen, Verdauen und Schlafen gesprochen, sind dies doch Dinge, die den Welpen in diesem Alter in erster Linie beschäftigen. Was er darüber hinaus noch braucht, ist Gesellschaft und Bewegung. Dabei wollen wir Überforderungen vermeiden. Das ist recht einfach, denn aus dem Verhalten des kleinen Hundes ist leicht ersichtlich, ob er noch mehr möchte oder genug hat. Wenn unsere Kinder im Eifer das Spiel mit dem Welpen so lange ausdehnen, daß seine Reaktion schwächer wird, ja daß er gar Unlust zeigt, ist es Zeit, es abzubrechen. Grundsätzlich aber ist dieses Spiel zu begrüßen. Gut wäre es, täglich zur selben Zeit eine Spielstunde abzuhalten, aber nicht nach einer Fütterung, sondern vorher. Auch sollten wir dem Welpen, der ja in Kürze ein Junghund sein wird (mit sechzehn Wochen), täglich Gelegenheit geben, frei mit anderen Hunden herumzutollen. Es besteht keine Gefahr, daß ihm dabei etwas passiert. Die Gefahr liegt anderswo, nämlich in unserem eigenen Verhalten. Rufen wir den Hund zu uns, weil wir Angst haben, wenn sich ein größerer Hund nähert oder wenn er irgend etwas beriecht, das für unsere Begriffe nicht gerade appetitlich aussieht, ist das grundfalsch. Denn jetzt ist er so abgelenkt, daß er bestimmt nicht herbeikommt. Unsere Laute nimmt er zwar als zu uns gehörig wahr, aber sie haben keine weitere Bedeutung für ihn. Es kann sich somit keine Verknüpfung unserer Rufe mit der Handlung des Herbeikommens einstellen. Vielmehr tritt die Verknüpfung ein, daß bei Rufen des Meisters nichts anderes unternommen wird als das, was man gerade tut. Dies wird künftig das Herankommen des Hundes auf unser Rufen hin noch erschweren. Doch davon später.

In den ersten vierzehn Tagen sollten wir den Welpen also nicht rufen oder nur dann, wenn er sowieso herbeikommt. Natürlich wird jedes Herbeikommen mit einem überaus herzlichen Empfang belohnt. Ansonsten holen wir ihn einfach und bringen ihn etwas abseits, wo er weniger abgelenkt wird und uns, solange wir in Bewegung bleiben, gerne von sich aus nachfolgt. Es gibt auch Leute, die es geradezu verabscheuen, wenn andere Menschen sich mit dem Welpen beschäftigen. Das ist natürlich Unsinn. Wir sollten über jede neue Erfahrung, die der Hund jetzt macht, froh sein. Will ihn allerdings jemand füttern, schreiten wir energisch ein. Mit einem über acht Wochen alten Welpen kann man schon ganz ordentlich spazieren gehen, mit einem über zwölf Wochen alten noch bedeutend besser. Aber auch hier werden wir ihn genau beobachten und erkennen, wenn unser Hund genug hat und nach Hause gehört. Für das Spiel mit anderen Hunden gilt das gleiche. Wird der Hund sehr unsicher in seinen Bewegungen und hechelt er andauernd, so nimmt man ihn besser weg.

Wie gut auch der Welpe vom Züchter an Halsband und Leine gewöhnt wurde, so ist es doch klüger, in den ersten vierzehn Tagen in dieser Beziehung vom Hund nichts weiter zu verlangen, als daß er sich nicht dagegen sträubt. Aber er darf sich vorläufig noch in die Leine stemmen. Nur packen und benagen darf er sie nicht. Tut er dies, verfahren wir wie in jedem anderen Fall, wo ein Tabu zu setzen ist, nämlich schnell, klar und deutlich unter gleichzeitigem lautem «Pfui».

Fütterung und Pflege

Es gibt Bücher, die sich eingehend mit der Fütterung, der Pflege und den Krankheiten des Hundes befassen. Manche Erziehungsbücher enthalten auch vielseitige Orientierungen darüber. Was uns Hundehaltern jedoch meist fehlt, ist eine kurze und übersichtliche Zusammenfassung darüber, worauf es beim Füttern, bei der Pflege und bei deutlich erkennbaren Krankheitserscheinungen ankommt.

Fütterung und Pflege des Welpen im Zwinger
Hundemilch ist die ideale Ernährung für den Welpen. Sie kann nicht vollwertig ersetzt werden. Es ist deshalb gut, wenn die Hündin die Jungen lange säugt. Die Hündin ist es auch, welche die Welpen pflegt. Das Mutterverhalten der Hündin ist also für die Entwicklung der Welpen sehr entscheidend. Daß sie selbst in punkto Fütterung und Pflege richtig gehalten ist, dafür ist der Züchter verantwortlich. Je nach der Milchleistung der Hündin erhalten die Welpen früher oder später eine Zufütterung. Diese Angaben dienen uns dazu, uns beim Besuch von Zwingern ein Bild zu machen und zu beurteilen, ob normale Verhältnisse vorliegen. Sehen wir eine muntere, gesunde Hündin vor uns, welche ihre Welpen lange säugt, darf uns dies genügen.

Zu beachten bei der Übernahme des Hundes
Schauen wir uns den Welpen noch genauer an, bevor wir ihn endgültig nach Hause nehmen. Sein Fell soll glänzen und keine wunden Stellen und haarlose, stumpfe Flächen aufweisen, die etwa auf ein Ekzem oder eine Räude schließen lassen. Die Augen dürfen nicht entzündet (gerötet) sein und keinerlei Ausfluß haben. Auch die Nase muß sauber, feucht und durchgängig sein und darf weder verkrustet noch verschleimt sein. Wichtig ist ferner nach dem Zahnwechsel die regelmäßige Stellung und Beschaffenheit der Zähne. Rauhe Stellen oder gar Abbröckelungen, die auf eine durchgemachte Staupe schließen lassen (Staupegebiß), dürfen ebenfalls nicht vorkommen. Vom Züchter wollen wir zudem wissen, ob der Welpe entwurmt wurde und wann allenfalls die nächste Wurmkur stattzufinden hat. Er wird uns anhand der tierärztlichen Bescheinigungen auch darüber Auskunft geben, welche Impfungen vorgenommen wurden (Staupe, Hepatitis, Leptospirose und Tollwut) und wann diese zu wiederholen sind. Allzu früh vorgenommene Impfungen bieten nur mangelhaften Schutz. Bei Rüden kontrolliert man auch, ob beide Hoden vorhanden sind. Handelt es sich um eine kupierte Rasse, muß man sich orientieren, was vorzukehren ist, wenn ein Ohr oder beide später wieder zu kippen oder zu hängen beginnen. Der Stammbaum ist jetzt entgegenzunehmen und eine allfällige Tätowierung mit der eingetragenen Nummer zu vergleichen. Nicht aus Mißtrauen, sondern um Verwechslungen vorzubeugen.

Fütterung zu Hause
Am besten lassen wir uns vom Züchter beraten, der uns meist den Menüplan schriftlich übergibt. Halten wir uns daran, werden sich kaum Schwierigkeiten ergeben. Und wenn welche auftreten, lassen wir uns telefonisch vom Züchter Anweisungen geben. Frisches Wasser soll für den Welpen immer bereitstehen. Anfangs erhält der Hund drei- bis viermal täglich Futter. Wie man das verteilt, hängt von der Gestaltung des eigenen Tagesablaufes ab. Unmittelbar vor dem Spazierengehen sollte man nicht füttern und abends nicht zuviel Flüssigkeit verabreichen.

Bei der Fütterung lassen sich nun einige Verhaltensregeln üben, die sich dem Hund tief einprägen, da er im Bereich der Futterschüssel lustvoll erregt ist. Schon am ersten Tag hat er gelernt, daß er die Küche nicht betreten darf. Wir können ihn gleichwohl dort füttern, aber er muß vor der Türe warten. Die ersten paar Tage tragen wir ihn dann am besten zur Schüssel, später darf er auf unseren Ruf hin hereinkommen. So lernt der Hund, auch ein Tabu einzuhalten, das zu bestimmten Zeiten oder Zwecken vom Meister aufgehoben wird. Gleichzeitig verknüpft er unseren Ruf mit dem Hineilen zu uns und zur Schüssel; er wird deshalb bald sehr aufmerksam auf unser Rufen reagieren, wo immer wir uns auch befinden. Wie wir schon erwähnt haben, muß die Wasserschüssel stets für ihn erreichbar sein.

Man merkt es dem Junghund an, wenn ihm zweimaliges Füttern genügt. Auch der Übergang zum einmaligen Füttern kann dann geschehen, wenn die Schüssel das eine oder andere Mal nicht mehr leer geleckt wird. Das gilt jedoch nicht für ausgesprochen schlechte Fresser, die stets einen Rest in der Schüssel lassen.

Zusammensetzung des Futters
Das Angebot des industriell hergestellten Hundefutters ist groß und sicher recht gut. Dennoch ist zu bedenken, daß Büchsenfleisch Konservierungsmittel enthält, und das vertragen auf die Dauer nicht alle Hunde. Da es außerdem Nahrungsbestandteile gibt, die nur im Muskelfleisch vorkommen, tun wir gut daran, mit einer gewissen Regelmäßigkeit Frischfleisch zu füttern. Solange der Welpe noch wächst, ist er sogar dringend auf genügend Frischfleisch angewiesen. Als Zugaben eignen sich für den jungen wie den erwachsenen Hund Karotten, Gemüse, Salat und Lebertran. Mit Vitaminbeigaben sollte man vorsichtig sein und sich genau an die Dosierung halten. Auch für den erwachsenen Hund wäre Frischfleisch mit einer Flockenbeigabe ideal, aber nicht

jedermann kann sich das so günstig beschaffen, daß er es sich auf die Dauer zu leisten vermag. Üblich ist deshalb vielerorts, dem Hund jedes dritte Mal Frischfleisch zu geben. Für den älteren Hund gibt es Diätbüchsenfutter, das ihn bedeutend weniger belastet. Man muß sich auch überlegen, ob es gut ist, dem Hund Trockenfutter zu geben und es ihm selbst zu überlassen, sich die Flüssigkeit aus der Wasserschüssel zu verschaffen. Auch bei längerer Gewöhnung ist dies nicht für jeden Hund bekömmlich. Gute Erfahrungen macht man mit dem abwechselnden Verfüttern von Büchsen- und Frischfleisch und einer Zugabe von Flokken, welche mit Wasser und Milch angerührt werden. Auf diese Weise lassen sich allfällige Vitamine, auch Medikamente und Saucen- und Speisereste aus der Küche beigeben. Die Flocken bekommen übrigens nicht jedem Hund gleich gut. Bei chronischem Durchfall oder Ekzembildung tut man gut daran, die Flocken zu wechseln. Anstelle von Flocken kann man natürlich auch Hirse, Mais, Reis oder gelegentlich Teigwaren verabreichen. Reste aus der Küche sind als Abwechslung willkommen. Auch wenn sie gewürzt sind, beeinträchtigen sie – wie etwa angenommen wird – die Nasenleistung keineswegs.

Das Futter sollte nie zu warm und nie zu kalt (also nicht direkt aus dem Kühlschrank) vorgesetzt werden. Man achte darauf, daß regelmäßig zur gleichen Zeit gefüttert wird, beim erwachsenen Hund am besten gegen Abend, jedenfalls nicht kurz vor dem Ausführen zum Spaziergang und freien Herumtollen, wie schon erwähnt worden ist. Bei Hunden, die eher zu Übergewicht neigen, schalte man wöchentlich einen Fastentag ein.

Knochen verträgt nicht jeder Hund. Sie sollten nach Möglichkeit in Form von weichen und nicht zu kleinen Kalbs- oder Rinderknochen vorgesetzt werden. Sehr gut ist es, wenn der Hund im Garten Knochen vergraben darf. Er legt dann mehrere Depots an, die nicht stören, weil sie unter Büschen versteckt sind. Ab und zu buddelt er dann einen der deponierten Leckerbissen wieder aus und benagt ihn. Nach unserer Erfahrung neigen solche Hunde nicht dazu, Pferde- oder Schafmist zu fressen, was offenbar doch durch eine Art «Vitamininstinkt» bedingt ist. Hunde, die in den ersten Jahren eher mager, aber sonst munter, gesund und leistungsfähig sind, auffüttern zu wollen, wäre falsch. Die meisten Hunde werden ohnehin überfüttert. Ein junger Hund darf schlank sein; man darf seine Rippen ruhig sehen. Hingegen sollte der Nährwert des Futters bei Junghunden stets optimal sein. Hier darf nicht gespart werden. Was vorher investiert wird, zahlt sich später durch die gute Entwicklung und Widerstandsfähigkeit aus.

Pflege zu Hause
Wildhunde und andere wildlebende Caniden wie Wölfe und Schakale pflegen sich selbst. Das tun auch die meisten Haushunde. Langhaarigen Rassen mit dichter Unterwolle muß man allerdings etwas nachhelfen. Mit Striegel, Bürste und Lappen läßt sich dies in bekannter Weise tun. Die Fellpflege ermöglicht gerade beim Junghund zusätzliche Kontakte; bei richtigem Vorgehen hat er an der «Pflegeübung» ganz offensichtlich Spaß. Aber man darf dabei nicht übertreiben und muß aufpassen, daß man nicht mit dem Striegel oder einer allzuharten Bürste die Haut verletzt. Sie ist nämlich beim Hund besonders empfindlich. Mit Shampoo behandeln wir das Fell nur dann, wenn es wirklich anders nicht mehr geht. Auch milde Waschmittel können Juckreiz und in der Folge eine Entzündung oder gar ein Ekzem auslösen. Zudem stößt ein shampooniertes Fell den Schmutz für längere Zeit weniger leicht ab. Regenwasser dringt dann vor allem bei langhaarigen Hunden tiefer ein, als es sollte. Nicht zuletzt verspürt der Hund nach solchen Reinigungsprozeduren auch ein verstärktes Bedürfnis, sich in irgendwelchen Substanzen (Klärschlamm, Mist oder Aas) zu wälzen.
Über das Trimmen oder Scheren geben Züchter und Vereine Auskunft. Das Hundelager versehen wir stets mit einem auswechselbaren Überzug, der sich waschen läßt. Das Korbgeflecht reinigen wir ab und zu mit Wasser oder mit dem Staubsauger, da der darin befindliche Staub ideale Vermehrungsmöglichkeiten für Flöhe bietet. Gegen diese Parasiten hilft am besten ein Flohhalsband, das der Hund aber nur bei trockenem Wetter tragen sollte.

Krankheitserscheinungen
Wann immer wir eine auffallende Veränderung im Verhalten unseres Hundes bemerken, warten wir nicht zu lange und suchen den Tierarzt lieber einmal zu früh als zu spät auf. Hier einige Hinweise auf Krankheitserscheinungen, die auch vom Laien zu erkennen sind.

- Dauerndes *Kopfschütteln* oder Schräghalten des Kopfes kann eine Folge der Entzündung der Gehörgänge sein.
- Ein Symptom, dem besondere Beachtung zu schenken ist, äußert sich im vermehrten *Trinken* des Hundes. Damit kann zum Beispiel eine ernstzunehmende Nierenerkrankung oder die Störung eines anderen inneren Organs in Zusammenhang stehen.
- *Husten* ist beim Hund viel folgenschwerer als beim Menschen und ruft dringend nach tierärztlicher Behandlung.

- Leichter *Durchfall,* zuweilen von Erbrechen begleitet, kann mit einem einfachen Kohlepräparat kuriert werden, nie jedoch mit Mexaform oder Enterovioform, die beim Hund tödlich wirken können. Bei hartnäckigem Durchfall ist der Tierarzt zu konsultieren. Bei Erbrechen und Durchfall ist dafür zu sorgen, daß der Hund den entstandenen Flüssigkeitsverlust nach und nach wieder mit Wasser oder Schwarztee ausgleichen kann.
- Ein Hund, der nach dem Fressen plötzlich zu *würgen* beginnt, als wolle er erbrechen, jedoch nichts hervorbringt, und dessen Bauchregion infolge Blähung gespannt ist, könnte sich eine Magendrehung zugezogen haben und bedarf unverzüglich tierärztlicher Hilfe.
- Die vieldiskutierte *Hüftgelenkdysplasie* kann bei jedem noch so gut gezüchteten und ernährten Hund auftreten. Dennoch empfiehlt es sich, wie zuvor erwähnt, den Befund bei den Elterntieren zu prüfen, bevor man einen Welpen auswählt. Diese krankhafte Veränderung des Hüftgelenks läßt sich beim Welpen noch nicht anhand von Röntgenbildern erkennen. Sie geben beim Junghund erst im Alter von etwa neun Monaten Aufschluß über den Zustand der Hüftgelenke. Wird eine Dysplasie festgestellt, hat es keinen Sinn, ein Tier, das sich dennoch ohne Schmerzen gut bewegt, übermäßig zu schonen. Sprünge und andere harte Beanspruchungen (Mitnehmen zum Radfahren oder auf Tagesmärsche) sind jedoch zu vermeiden. Empfehlenswert ist regelmäßiges Training beim Spiel mit anderen Hunden und Spaziergänge, da eine gute Bemuskelung der Oberschenkel die Gelenke zu entlasten vermag. Vor Zugluft, Nässe beim Liegen und kalten Böden sollten besonders solche Tiere bewahrt werden.
- Leider wird heutzutage ein Dysplasiebefund von Hundehaltern oft geradezu hysterisch aufgenommen. Solange aber der Hund schmerzfrei und beweglich bleibt, besteht kein Grund zur Verzweiflung. Wir kennen Beispiele, bei denen Hunde mit Dysplasie I und II noch mit zehn Jahren in schwerem Gelände einsatzfähig waren.

Ist unser Junghund gesund, so darf und soll er mit zunehmendem Alter stärker bewegt werden. Er kommt bei jedem Wetter ohne irgendwelchen Schutz aus. Der erwachsene Hund schließlich kann nicht genug Bewegung bekommen. Was ihm allein schadet, wäre zu wenig Bewegung. Leider kommen die meisten Haushunde und auch viele Gebrauchshunde in Sachen Bewegung tatsächlich zu kurz. Man benötigt eben doch etwa eineinhalb Stunden täglich, um dem Hund zu geben, was er braucht, ist er doch von Natur aus ein Bewegungstier.

Zweiter Teil
Grundlagen der Ausbildung

Kapitel 4
Was muß ich vom Verhalten meines Hundes wissen?

Als ehemaliges Rudeltier bringt der Haushund die Fähigkeit mit, sich in eine Gemeinschaft, zum Beispiel in eine Familie, einzuordnen. Dieses Grundverhalten ermöglicht das Jahrtausende währende Zusammenleben von Mensch und Hund. Da der Hund als ehemaliges Laufraubtier im Rudel jagte, ist er noch heute imstande, mit Artgenossen in einfacher Weise zusammenzuarbeiten und sich zu verständigen. Diese Begabung zur Kooperation zeigt der Haushund ebenfalls bei der Partnerschaft mit Menschen, allerdings nur dann, wenn der Mensch ihm die Verständigung erleichtert. Es kommt demnach darauf an, wieviel der menschliche Partner von den Verständigungsmöglichkeiten des Hundes versteht und inwieweit er selber lernt, sich so zu verhalten, daß der Hund merkt, was er von ihm will. Gelingt es ihm, sozusagen die «Sprache des Hundes» zu verstehen und zu sprechen, dann steht einer Zusammenarbeit nichts mehr im Wege. Die Arbeitsweise des Hundes hängt hauptsächlich von *zwei Faktoren* ab:

- Von seiner Sozialisierung mit dem Partner Mensch in den ersten zwölf Lebenswochen. Ist diese gut verlaufen, bringt er jenes Vertrauen zum Menschen mit, ohne das es zu keiner zuverlässigen Zusammenarbeit kommt.
- Von der Art und Weise, wie der Junghund in die Gemeinschaft mit dem Menschen eingeordnet wird. Je aktiver und wesenssicherer ein Junghund ist, desto eher wird er es immer wieder versuchen, in der Familie oder auch gegenüber seinem alleinstehenden Meister die führende Rolle zu übernehmen, also den Rudelführer zu spielen. Hindert man ihn früh genug und auf geschickte Weise daran, zu dominieren, nimmt er das keineswegs übel und fühlt sich deswegen nicht frustriert.

Er ist eben anpassungsfähig, und er ordnet sich so ein, wie wir es haben wollen. Er ist dann ein Hund, der sich wohlfühlt, weil er weiß, was er darf und was nicht. Wenn aber der Mensch als beherrschender Teil den Junghund grob und verständnislos unterordnet, geht ein guter Teil des Vertrauens des Hundes zu ihm für immer verloren. Wird der Hund dagegen nicht auf grobe Art *unter*geordnet, sondern verständnisvoll und konsequent *ein*geordnet in Familie und Arbeitsteam, wächst das Vertrauen zum Partner Mensch und dient nun als feste Grundlage bei der künftigen Arbeit, die auch unter erschwerten Bedingungen erfolgreich sein wird. Tatsächlich brauchen wir nicht – wie vielfach angenommen wird – einen besonders «intelligenten» Hund, um gute Arbeit zu leisten, sondern einen Hund, der zur Zusammenarbeit mit dem Partner freudig bereit ist. Diese Bereitschaft kommt nicht von ungefähr. Wir müssen sie durch gute Sozialisierung und verständnisvolles Einordnen des Junghundes in seinen neuen Lebensbereich solide aufbauen. Und die Frage, wann man eigentlich mit der Ausbildung des Hundes beginnen solle, muß logischerweise so beantwortet werden: Erst dann, wenn dem Hundeführer das Verhalten des Hundes soweit bekannt ist, daß er dessen Bereitschaft zur Zusammenarbeit zu gewinnen vermag. Es geht somit in erster Linie um die Orientierung und Ausbildung des Führers.

Was ist anders beim Hund?

Die Verständigung von Mensch zu Mensch ist deshalb ohne weiteres möglich, weil der Bau des Hirns derselbe ist. Auch die Sinnesorgane arbeiten gleich und geben Eindrücke in gleicher Weise an die entsprechende Zentrale weiter, wo sie verarbeitet werden. Mensch bleibt in diesem Sinne Mensch, ob er nun Afrikaner, Mitteleuropäer oder Asiate sei. Im Hund jedoch haben wir ein ganz anders konzipiertes Wesen vor uns, als wir selber es sind. Die Struktur des Hundehirns ist im Vergleich zu dem unsrigen ganz verschieden, und ebenso sind seine Sinnesorgane und deren rückwärtige Verarbeitungszentren anders angelegt und für andere Aufgaben disponiert. Das zeigt die folgende Aufstellung.

Hirn
Mensch: Das Verhältnis zwischen Hirngewicht und Rückenmarksgewicht beträgt bei uns 48:1.
Hund: Hirngewicht und Rückenmarksgewicht verhalten sich zueinander wie 5:1.
Mensch: Gehirngewicht und Gesamtkörpergewicht entsprechen einem Verhältnis von 1:52.

Hund: Gehirngewicht und Gesamtkörpergewicht stehen in einem Verhältnis von 1:235.
Mensch: Das Riechhirn besteht aus zwei kleinen, nur wenige Gramm schweren Läppchen.
Hund: Das Riechhirn umfaßt ein Siebentel des gesamten Hirnvolumens.
Aus dieser Zusammenstellung geht hervor, daß das Nervensystem des Hundes in viel geringerem Maße zentralisiert ist als das des Menschen. Daraus folgt, daß sich der Hund der Umwelt und seiner selbst nie in ähnlichem Sinne bewußt sein kann, wie dies beim Menschen der Fall ist. Die Leistung des Hundehirns und damit auch die Lernfähigkeit des Hundes sind beschränkt; von Intelligenz kann nur bedingt gesprochen werden. Hingegen ist der Hund besonders in bezug auf die Verwertung von Geruchsreizen in hohem Maße spezialisiert und dem Menschen darin ganz enorm überlegen.

Auge
Mensch: Er sieht ausgezeichnet, auch Farben, und vermag auf kleine und größere Distanzen räumlich zu sehen, also «distanzbewußt» Dinge zu erkennen.
Hund: Er erkennt den Meister, der in einigen Metern Entfernung bewegungslos dasitzt, nicht. Was sich in der Nähe oder Ferne nicht bewegt, nimmt er nur im Umriß wahr, ohne den Gegenstand zu erkennen. Auf größere Entfernungen wird er sich der Distanz eines unbewegten Objektes nicht bewußt. Farbsehen scheint beim Hund anders und abgeschwächt möglich.
Mensch: Er erkennt auch unbewegte Objekte in seiner Nähe gut; was sich jedoch in einiger Distanz rasch bewegt, nur schwer.
Hund: Er erkennt auf kurze und große Distanz sich schnell oder langsam bewegende Objekte sofort an der Charakteristik ihrer Bewegung. So vermag er bis zu 300 Meter Entfernung seinen Meister, eine andere ihm bekannte Person oder ein spezielles Tier auszumachen. Dies aber nur, wenn sich das Objekt vom Hintergrund genügend abhebt, also etwa über eine Hügelkante geht. Er erkennt aber auch an der Haltung des Meisters oder einer anderen Person deren Stimmung und ist in dieser Beziehung äußerst sensibel.

Gehör
Mensch: Er nimmt Töne bis zu 20 000 Schwingungen in der Sekunde wahr. Seine Ohrmuscheln sind praktisch unbeweglich. Den Ursprungs-

ort einer Schallquelle vermag er mit einer Abweichung von durchschnittlich sechzehn Grad zu bestimmen.
Hund: Er kann Töne bis zu 40 000 Schwingungen je Sekunde wahrnehmen. Er hat beweglich angeordnete Ohrmuscheln. Bei der Ortung einer Schallquelle beträgt die Abweichung lediglich ein bis zwei Grad.

Nase
Mensch: Das Riechfeld der Nase dehnt sich über fünf Quadratzentimeter aus. Die Dicke der Riechschleimhaut mißt etwa 0,006 Millimeter (siehe Seiferle, Literaturnachweis).
Hund: Das Riechfeld der Nase dehnt sich über 140 bis 170 Quadratzentimeter aus (mittelgroßer Hund). Die Riechschleimhaut ist etwa ein Zehntelmillimeter dick (ebenfalls nach Seiferle).

Tastsinn
Mensch: Nicht ausgeprägt, bei Blinden oft leistungsfähig.
Hund: Vorzüglich, besonders in der Nasenregion und den Pfotenballen.

Aus diesen Gegenüberstellungen dürfte klar werden, daß der Hund seine Umwelt anders erlebt als wir. Unsere menschliche Erkennungsweise dürfen wir folglich nicht auf den Hund übertragen. Wenden wir menschliche Begriffe für die Ausdrucksweise des Hundes an, ziehen wir falsche Schlüsse. Wir müssen uns deshalb darauf beschränken, das Verhalten des Hundes zu beobachten, um dann zu überlegen: Was tut er? Und warum tut er das? Genau so arbeitet seit einigen Jahrzehnten die Verhaltensforschung. Ihre Ergebnisse sind freilich noch nicht in das Bewußtsein der Öffentlichkeit gedrungen. Statt dessen macht sich ein Populärwissen über psychologische Vorgänge beim Menschen breit. Und dieses Wissen wird dann oft bedenkenlos auf den Hund angewandt. Auf diese Weise wird aber sein Verhalten völlig unbedacht vermenschlicht, und eben diese Vermenschlichung ist es, die es uns verunmöglicht, den Vierbeiner wirklich zu verstehen. Wir messen ihn mit den gleichen Maßstäben wie uns und unseresgleichen, obschon er ganz anders ist.

Vermenschlichung des Verhaltens

Das sogenannte schlechte Gewissen
Viele Hundehalter sind nicht von der Überzeugung abzubringen, der Hund habe, wie der Mensch, oft ein schlechtes Gewissen, dann zum

Beispiel, wenn er auf unser Rufen lange nicht herbeikommt. Nähere er sich endlich dem Meister doch, sehe man ihm genau an, daß er ein schlechtes Gewissen habe.
Tatsächlich erweckt ein solcher Hund ganz den Eindruck, als hätte er ein schlechtes Gewissen: die Ohren sind zurückgelegt, die Rute ist zwischen die Beine geklemmt und die geduckte Haltung eher kriechend als gehend. Und warum tut er das? Ganz einfach aus Angst. Als guter Beobachter erkennt er die Stimmung seines wütenden Meisters schon allein aus dessen drohender Haltung so klar und deutlich, wie wir eine große Plakatschrift zu lesen und deuten vermögen. Die vorausgegangenen Rufe verstand er dagegen kaum, doch dies wird später noch zur Sprache kommen.

Trotzverhalten
Wenn man beim Hund überhaupt von einer geistigen Basis reden kann – sie ist auf jeden Fall zu schmal, als daß er zu einem wirklichen Trotzverhalten fähig wäre. Aber oft sieht es für den Menschen genau danach aus. Da kann es geschehen, daß er an einer Prüfung auf ein Kommando, das er an vielen Übungen genau befolgte, plötzlich gar nicht oder falsch reagiert. Nun gibt es Hundeführer, die überzeugt sind, der Hund halte sie in solchen Situationen absichtlich zum Narren, weil er genau wisse, daß er, der Führer, ihn an einer solchen Prüfung nicht entsprechend hart korrigieren dürfe. Armer Hundeführer und armer Hund, wenn er vielleicht im Nachhinein noch gestraft wird. Dabei liegt doch die Ursache eines so unerwarteten Verhaltens ganz anderswo, sicher am häufigsten in der Art und Weise, *wie* das Kommando gegeben wurde. Weil nämlich der Führer an der Prüfung aufgeregt ist, verändert sich seine Stimme sehr merklich. Für den außerordentlich differenziert und gut hörenden Hund jedenfalls entstellt eine solche Veränderung das Kommando oft bis zur Unkenntlichkeit. Er reagiert ja nicht auf den Sinn des Wortes, den er gar nicht zu erfassen vermag, sondern auf ein bestimmtes Lautbild und den Ton, die sich nun eben drastisch veränderten, ohne daß dies dem Führer bewußt geworden ist.

Mißverständnisse um die «Intelligenz»
Wenn ein Hund einem Hundeführer gut gehorcht, so ist man zu sagen versucht, er sei besonders intelligent. In Tat und Wahrheit handelt es sich in erster Linie darum, daß es dem Hundeführer gelungen ist, sich seinem Hund verständlich zu machen. Es gibt viele solche Mißverständnisse, die bei näherem Zusehen ohne weiteres geklärt werden können.

Intelligenz im menschlichen Sinne ist dem Hund nun einmal nicht gegeben. Ein hübsches Exempel einer derartigen Fehlbeurteilung ergab der Versuch, sich ein Bild von den optischen Orientierungsmöglichkeiten des Hundes zu machen. Er fand in einer Fabrikhalle statt, deren Grundriß und Aufriß ihrer Rückwand auf Abbildung 8a und b dargestellt

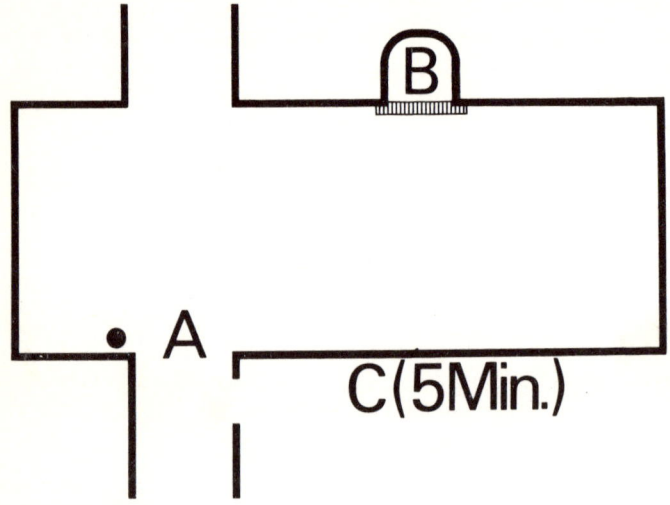

Abb. 8a: Grundriß. Bei A sieht der Hund, wie sein Besitzer ins Versteck B gebracht und abgedeckt wird. Bei C wartet der Hund bis zum Suchen außer Sicht des Versteckes.

b: Aufriß. Das Versteck B ist die einzige optisch markante Stelle in der gleichförmigen Hallenwand.

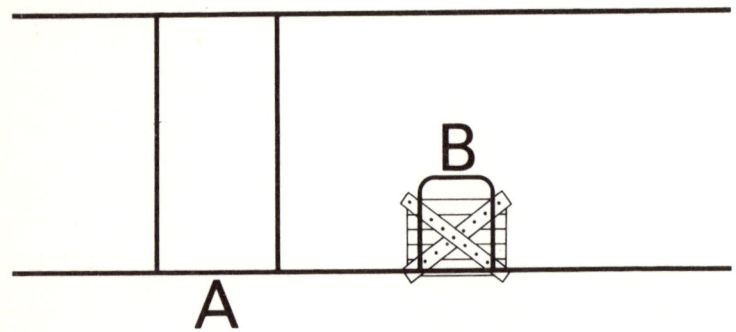

sind. Bei Punkt A nun wurde der Hund festgehalten, bis der Meister vor seinen Augen in der Öffnung B Platz genommen hatte und mit Material völlig abgedeckt worden war. Darauf wurde der Hund zu Punkt C geführt, und damit außer Sicht der Wand, die neben der genannten Öffnung keine markante Stelle aufwies. Nach fünf Minuten forderte man dann den Hund von Punkt A aus auf, seinen Meister zu suchen. Es wurden Deutsche Schäfer, Riesenschnauzer, Boxer, Spaniels, Bassets, Dobermänner und Berner Sennenhunde getestet, und ihnen allen bedeutete die so markante Stelle in der Wand gar nichts. Sie rannten eine Zeitlang mit den Augen suchend umher, begannen früher oder später zu stöbern und prüften schließlich jeden Winkel und jede Stelle der Halle genau mit der Nase, bis sie endlich die Witterung ihres Besitzers entdeckten. Als wir jedoch die erste Deutsche Dogge testeten, strebte diese zielbewußt auf jene markante Stelle zu und fand ihren Meister unverzüglich. Ein Helfer, der dabeistand, meinte spontan: «Das ist der intelligenteste Hund von allen!» Die Zuschauer stimmten ihm bei. Die ungewöhnliche Leistung der Dogge beruhte indes nicht auf ihrer höheren Intelligenz, sondern einzig auf dem Umstand, daß einige Hunderassen eben mehr mit dem Auge als mit der Nase jagen und darin geübt sind, sich optisch zu orientieren. Zu diesen Hunden gehört dank ihrer Verwandtschaft mit den Windhunden auch die Deutsche Dogge.

Begriffsähnliche Vorstellungen beim Hund
Mit einem Boxer, der sämtliche Prüfungsarten nach der Prüfungsordnung für Gebrauchshunde der Schweizerischen Kynologischen Gesellschaft (PO-SKG) bestanden hatte und als Lawinen- und Katastrophenhund zum Einsatz gekommen war, wurden die folgenden Versuche unternommen.
Von Punkt A aus wurde der Hund beim «Brückentest» (Abbildung 9a) daran gewöhnt, zum Brücklein hinunterzulaufen, am gegenüberliegenden Ufer nach rechts abzuschwenken und über das zweite Brücklein an Punkt B vorbei zum Hundeführer zurückzurennen. Etwa in drei Wochen war der Hund soweit, er löste die Aufgabe unter normalen Bedingungen (ohne Ablenkung) zuverlässig. Nun wurde versucht, den Hund von B aus linksherum zu schicken. Dazu war mehr als der doppelte Zeitaufwand erforderlich. Es zeigte sich, daß der Hund nur «gelernt» hatte, nach dem Überschreiten des Brückleins bei A am jenseitigen Ufer eine Rechtswendung zu vollziehen. Alles andere ergab sich dann von selbst. Eine begriffsähnliche Vorstellung vom «Herumrennen um ein Viereck» hatte der Hund nicht gebildet und den Vorgang somit auch

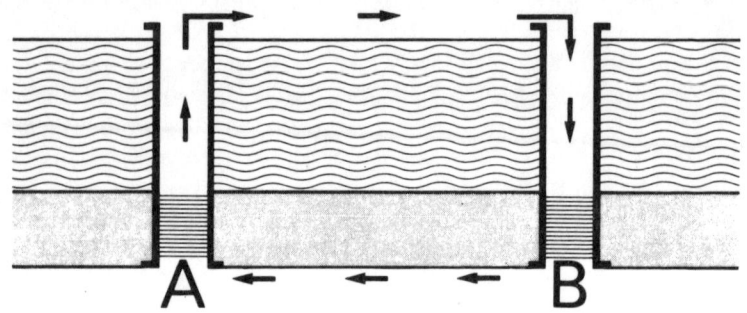

Abb. 9. Versuche über die Bildung begriffsähnlicher Vorstellungen.
a: «Brückentest»

b: Umgehungsversuch mit Gehege

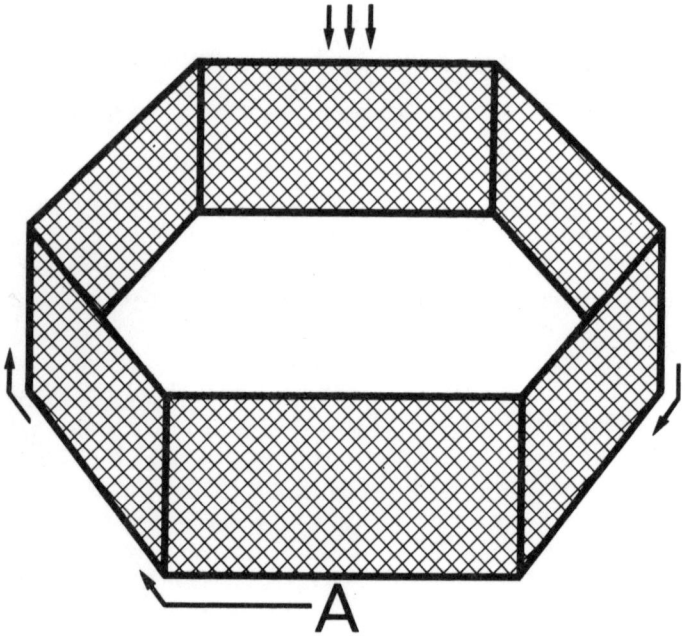

nicht mit den gewählten Hör- und Sichtzeichen verknüpft. Man mußte ihn konsequent an die Linkswendung nach dem Überqueren des Brückleins von B aus gewöhnen, wonach er schließlich die Aufgabe zu lösen vermochte. Als er jedoch mit denselben Hör- und Sichtzeichen um ein Schafgehege (Abbildung 9b) herumgeschickt wurde, versagte er aufs neue. Er übersprang die Schafhürde, als er auf der Gegenseite außer Sicht geraten war, und kehrte geradlinig mitten durch die Schafe zum Führer zurück, nachdem er die Hürde bei A nochmals im Sprung genommen hatte.

Nach etwa einjährigem Training in den verschiedensten Situationen hatte sich aber doch so etwas wie ein Begriff gebildet. Er umging nun auf Hör- und Sichtzeichen hin alle möglichen Geländekomplexe, ob es sich nun um Vertiefungen (Kiesgruben, Teiche) oder Erhöhungen (Gebäude, Waldstücke, eingefriedete Parzellen) handelte. Dies tat er links- und rechtsherum, je nach Wunsch des Führers. Das Beispiel zeigt, daß auch ein erfahrener Arbeitshund, der nach landläufigen Begriffen sicher als «intelligent» bezeichnet würde, sehr vieler Übung und Angewöhnung bedarf, bevor er Aufgaben zu erfüllen vermag, die nach menschlichem Ermessen recht einfach sind.

Lernen des Hundes

Obwohl wir feststellen, der Hund sei nicht in menschlichem Sinne intelligent, bedeutet das keineswegs, der Hund sei schlichtweg dumm. Das ist er bestimmt nicht, er ist nur anders. Er vermag zu lernen, doch auf andere Weise als wir. Wir haben gesehen, wie ein oder zwei schlechte Erfahrungen das Betreten der Küche für unseren Hund zum Tabu machten. Was er also nicht tun soll, wird er bald gelernt haben, wenn wir es ihm deutlich und für ihn verständlich zu merken geben. Das Gedächtnis des Hundes ist ausgezeichnet, er wird sich an solche Erfahrungen lange Zeit erinnern. Aber je aktiver und wesenssicherer ein Hund ist, desto früher wird er doch einen weiteren Versuch wagen, jene verbotene Sache dennoch zu tun. Da ist es nun wichtig, daß wir sofort einschreiten, damit das Tabu erneut vertieft wird. Durch Gewöhnung wird sich mit der Zeit eine nachhaltige Hemmung ergeben.

Um einen ganz anderen Lernvorgang geht es, wenn wir vom Hund verlangen, etwas Bestimmtes zu tun, beispielsweise einen Gegenstand zu tragen, ohne ihn fallen zu lassen. In diesem Fall müssen wir den Vorgang für den Hund so interessant gestalten, daß er sich von selbst richtig

verhält. Sein Verhalten begleiten wir deshalb nun mit einem speziellen Hörzeichen, und zwar so oft und so lange, bis sich eine Verknüpfung ergibt. Zeigen wir dem Hund später irgendeinen Gegenstand und geben das entsprechende Hörzeichen, ist nicht sicher, ob der Hund merkt, was wir meinen. Oft findet die Verknüpfung nur mit dem vertrauten ersten Gegenstand statt, mit dem sie aufgebaut wurde. Man muß deshalb beim neuen Gegenstand von vorn beginnen, mit dem Tragen, und erneut eine Verknüpfung herbeiführen. Hat man dies mit verschiedenen Gegenständen getan, bildet sich beim Hund allmählich so etwas wie ein Begriff. Dann kann jeder Gegenstand, der ihm mit dem bestimmten Hörzeichen gezeigt wird, den Vorgang des Tragens bei ihm auslösen. Dieses stufenweise Innewerden einer erwünschten Handlung ist für das Lernen des Hundes typisch.
Bei konsequentem Aufbau und ständiger Angewöhnung wird der Hund den verlangten Vorgang sicher ausführen. Bis eines Tages überraschend etwas buchstäblich dazwischengerät und die Verknüpfung wieder einmal nicht zustande kommt. Ursache dafür kann ein ungewohnter Geruch im Raum sein oder ein Detail des Gegenstandes, das vielleicht eine andere Verknüpfung auslöst. Wir dürfen in einem solchen Augenblick überrascht, aber niemals böse auf den Hund sein. Je besser es uns gelingt, über eine solche vermeintliche Fehlleistung gleichmütig hinwegzugehen und den Vorgang erneut und von Anfang an so zu wiederholen, daß schließlich die erwünschte Handlung wieder perfekt durchgeführt wird, desto schneller gelangen wir wiederum zum Ziel. Es ist ganz zwecklos, darüber nachzugrübeln, warum der Hund etwas, das er doch zu wissen schien, nun auf einmal nicht mehr tut. Wir werden es kaum je herausfinden. Viel besser stellen wir uns sozusagen wieder an die unterste Stufe und kommen nach und nach wieder zum vollen Erfolg. Schelten wir oder strafen wir in einem solchen Moment unerwarteten Versagens den Hund, so besteht die Gefahr, daß der ganze Vorgang vom Hund mißverstanden und mit Unlustgefühlen verbunden wird. Richtig und wichtig ist hingegen, daß der Hund immer dann gelobt wird, wenn er etwas tut, das unseren Wünschen entspricht. Aber auch dieses Loben ist nicht ganz einfach. Wir werden später darauf zurückkommen.
Hier noch ein Beispiel, das verdeutlicht, wie eine Verknüpfung – in diesem Falle eine unerwünschte – zustande kommt. Ein Blinder, geführt von einem Hund, stieß auf seinem täglich begangenen Weg mit dem Kopf an etwas, das er sonst dort nicht bemerkt hatte. Der Hund hatte ihn nicht um dieses in der Höhe befindliche Hindernis herumgeführt. Der Blinde tat, was er tun mußte: er schüttelte den Hund kurz

und ging dann seines Weges. Zuvor hatte ihm ein Arbeiter erklärt, er sei gegen eine Gerüststange gestoßen, welche für kurze Zeit auf den Zaun gelegt worden war und aufs Trottoir hinausragte. Eigenartigerweise blieb nun am nächsten Tag der Führhund genau am selben Ort stehen, obschon die Stange inzwischen verschwunden war. Doch damit nicht genug. Der Hund blieb jetzt öfter in der Stadt plötzlich stehen, ohne daß ein Hindernis im Weg gewesen wäre. Der Leiter der Schule ging der Sache nach. Er beobachtete die beiden und fand schließlich heraus, daß sich überall, wo der Hund scheinbar grundlos anhielt, ein Fleisch- und Wurstladen befand. Auch dort, wo der Hund nicht auf die Gerüststange geachtet hatte, hatte sich ein solcher Laden befunden.
Folgendes war damals geschehen: Weil er vom Geruch der Metzgerei abgelenkt war, hatte der Hund damals versagt. Die ihm erteilte Zurechtweisung hatte er aber nicht mit dem mißachteten Höhenhindernis, sondern mit dem Fleischgeruch verknüpft. Deshalb war er in der Folge immer stehengeblieben, wenn ihm jener Geruch in die Nase stieg. Natürlich konnte diese falsche Reaktion mit einigen Übungen wieder in Ordnung gebracht werden. Immerhin beweist diese Episode, daß auch wir Sehenden nicht ohne weiteres erkennen können, was einen Hund veranlaßt, plötzlich anders als gewohnt zu reagieren. Auch auf die Lernweise des Hundes, die, wie wir hier feststellen konnten, nicht nach Menschenart vor sich geht, werden wir später noch einmal zu sprechen kommen.
Was können wir nun aus alledem auf den praktischen Umgang mit unserem Hund übertragen und anwenden? Eigentlich nur wenige, jedoch außerordentlich wichtige Dinge, ohne die es oft nicht geht. Dinge, die wir einfach wissen müssen, wollen wir bei der Ausbildung nicht grundlegende Fehler begehen.
Entscheidend ist in diesem Sinne unsere Grundeinstellung zum Hund. Wir sollten ihn als einen andersartigen Partner sehen, nicht als eine Art Kind ohne Sprache, dem man schimpfend bedeutet, was es zu tun hat. Unser Hund ist erwachsen, und er besitzt zum Teil Fähigkeiten, die weit über unser Vermögen hinausgehen. In mancher Beziehung wieder ist er uns weit unterlegen. Das sollten wir nicht dazu ausnützen, den Herrn zu spielen. Machen wir uns im Gegenteil einen Sport daraus, den Hund in seiner oft großartigen Einfalt zu verstehen, und vergessen wir nie, daß eine Verständigung nur von unserer Seite her kommen kann. Dieser Tatsache sollten wir uns stets bewußt bleiben.
Der Hund ist weder in diesem noch in jenem Sinne intelligent. Aber er ist lernfähig, wenn er mit Geduld an ein Verhalten gewöhnt wird.

Geduld, Exaktheit und Konsequenz sind unsere Mittel, um das erwünschte Verhalten beim Hund zu erreichen. Und wenn der Hund einmal von diesem erwünschten Verhalten unerwarteterweise abweicht, müssen wir wissen, daß dies weder aus Trotz noch aus Bösartigkeit oder aus irgendeiner anderen negativen Einstellung heraus geschieht. Der Hund steht mit seiner ganzen Persönlichkeit jenseits von Gut und Böse. Ein vermeintliches Fehlverhalten wird stets von konkreten Veränderungen der Umwelt und nicht von vagen Gefühlen des Hundes ausgelöst. Es ist seine Reaktion auf etwas, das wir selbst nicht bemerkten. Oft beging man unbewußt einen Fehler und darf sich getrost selber bei der Nase nehmen. Nicht selten ist auch etwas anderes die Ursache, wie das Beispiel des Blindenführhundes es bewies. Wir können demnach annehmen, daß es sinnlos ist, dem Hund böse zu sein oder ihn gar wegen moralischen Fehlverhaltens zu strafen. Was wir in einem Falle unerwarteten Versagens zu tun haben, ist einzig dies: uns erneut verständlich zu machen. Das erfordert freilich ab und zu eine Korrektur, die aber nicht aus Ärger, sondern aus unserem Wissen um die Verhaltensweise des Hundes heraus zu geschehen hat.

«Pfui» und «Nein»
Es gibt Vorgänge, die dem Hund zu verbieten sind, und solche, zu denen er aufgefordert wird. Im ersten Fall – wenn beispielsweise unser Hund eben daran ist, die Würstchen aus der Einkaufstasche zu zerren – reagieren wir mit einem lauten *«Pfui»* und einem gleichzeitig erfolgen-

Abb. 10. Pfui und Nein

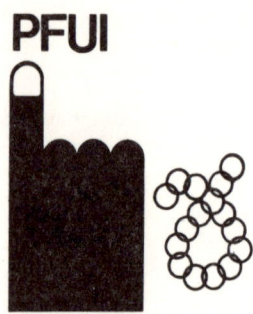

Alternative
Liegen statt Sitzen
Kommen statt Bleiben
Korrektur!

Keine Alternative
Dreck fressen
Wurst stehlen
Definitives Verbot

den Klaps. Es wird also eine Art Bestrafung vorgenommen. Dem Wesen des Hundes entspräche es freilich besser, wenn wir dies als definitives Verbot bezeichneten.
Nun gibt es bei der Ausbildung oft Fehlverhalten, die nur im Augenblick oder nur gerade an jener Stelle oder nach dem gegebenen Hörzeichen falsch sind, sonst aber zu den erwünschten Handlungen gehören. So etwa, wenn der frei abgelegte Hund auf unser Hörzeichen «Sitz» hin nicht nur aufsitzt, sondern auch gleich herbeikommt. Herbeikommen ist uns ja an sich sehr erwünscht, und es wäre falsch, jetzt einfach «Pfui» zu rufen und womöglich noch die Wurfkette nach dem Hund zu schleudern. Wir sollten für solche Fälle ein anderes, sozusagen ein relatives Verbotsignal geben. Dazu wählen wir am besten «Nein», ein Hörzeichen, dessen Eindringlichkeit sich sehr gut je nach der Lage der Dinge modulieren läßt.
Die Abbildung 10 erläutert den Unterschied zwischen «Pfui» und «Nein». Für unsere spätere Ausbildungsarbeit ist es wichtig, daß wir schon jetzt die Bedeutung dieses Unterschiedes kennen und die Hörzeichen richtig anzuwenden wissen.

Kapitel 5

Vorbereitung des Junghundes (Grundausbildung)

Befindet sich der Hund zwei bis drei Wochen beim Besitzer, hat er sich schon so gut eingewöhnt, daß mit der Vorbereitung für seine spätere Tätigkeit begonnen werden kann. Dies natürlich mit aller Vorsicht. Der Welpe wird nun endgültig zum Junghund. Ist er gesund, steckt er voller Unternehmungslust. Da ihm die Verhältnisse zu Hause und in der näheren Umgebung bis ins Detail vertraut sind – das Ergebnis lang andauernder Schnüffeleien –, beginnt er nun dies oder das anzustellen, wenn wir ihm nicht zuvorkommen. Dies tun wir, indem wir uns mit ihm beschäftigen. Das muß nicht den ganzen Tag über sein, aber es sollte mit einer gewissen Regelmäßigkeit geschehen und einmal täglich auch länger dauern, eine Stunde ungefähr. Als ideale Beschäftigungsform bietet sich der Spaziergang an. Damit meinen wir nicht, im Wagen die Zeitung zu lesen, während Fido draußen die Wiese verunreinigt. Vielmehr sollte man wirklich spazieren, am besten in einem Gelände, wo auch andere Hunde ausgeführt werden. Nichts bietet ein so umfassendes körperliches und verhaltensmäßiges Training, wie die Begegnung und das Spiel mit anderen Hunden. Wie wir uns beim Ausführen unseres Hundes verhalten, ist dabei keineswegs gleichgültig. Benehmen wir uns ungeschickt, drängen wir dem Hund in kurzer Zeit schlechte Gewohnheiten geradezu auf. Mit einigem Geschick jedoch ist es möglich, für den Hund und uns eine gute Grundlage für die spätere gezielte Ausbildung zu schaffen.

Der tägliche Spaziergang

Führen wir unseren Junghund täglich etwa um die gleiche Zeit in dasselbe Gelände, wo er gefahrlos und ohne selbst Schaden anzurichten frei laufen kann und dabei anderen Hunden begegnet, ergeben sich von selbst Vorteile. Unser Kleiner wird dann bald seine Verdauung auf den Beginn dieser großen Stunde ausrichten und sich hauptsächlich bei dieser Gelegenheit versäubern. Die Gewißheit, daß die heiß erwartete Spazierstunde wirklich Tag für Tag stattfindet, beruhigt den Hund, und er wird sich deshalb oft schon Stunden zuvor sehr friedlich verhalten.

Nach dem Spaziergang ruht er sich gerne und längere Zeit aus. Er träumt dabei einem anderen Tagesziel entgegen, zum Beispiel dem Fressen. Ein so eingestellter Hund wird kaum je zum Streunen oder zu anderen Untugenden neigen. Er ist viel zu sehr erpicht darauf, in der entscheidenden Stunde dabeizusein. Er kommt auf seine Rechnung und ist daher zutiefst befriedigt.

Begegnungen
Die Begegnung mit verschiedensten Hunden läßt ihn gegenüber Artgenossen sicher werden. Dies allerdings nur, wenn wir uns dabei richtig verhalten. Wie wir gesehen haben, reagiert der Hund auf Stimmungen äußerst sensibel, und unsere Stimmung überträgt sich sofort auf den vierbeinigen Begleiter. Zeigen wir Angst, indem wir ihn zurückhalten, wenn sich ein anderer Hund nähert, so machen wir ihn unsicher und nervös. Bald beginnt er in solchen Situationen zu knurren und gibt damit kund, daß er die erste Lektion des Lehrgangs «Wie mache ich meinen Hund zum Raufer» bereits kapierte. Wenn unser Hund bei solchen Begegnungen frei umherläuft, sollten wir ihn nicht aufgeregt rufen. Der

Abb. 11a: Zwei selbstbewußte Rüden begegnen sich zum erstenmal. Man ruft sie besser nicht zurück, sondern geht weiter.

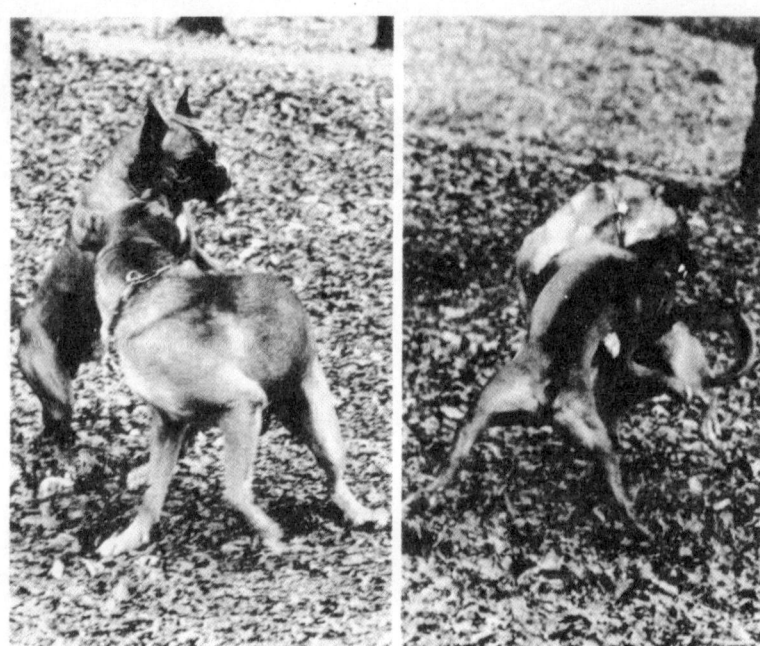

Abb. 11b und c: Sich selbst überlassen, verletzen sich die Hunde bei einem solchen Kampf nur ausnahmsweise. Hier floß kein Tropfen Blut.

Effekt ist sonst genau derselbe wie vorhin, auch wenn er sich nicht so unmittelbar auswirkt. Also bewahren wir besser unsere Ruhe und gehen nicht auf unseren Hund zu; vielmehr entfernen wir uns in einer anderen Richtung. Derart gewöhnt sich der Hund von allem Anfang an daran, daß er Begegnungen mit Artgenossen selber zu bestehen hat, und er wird dies auch künftig auf friedliche Weise erledigen. Wer dennoch Befürchtungen hegt, seinem Liebling geschehe etwas, der wende sich einfach ab oder konzentriere sich auf das Verhalten der beiden sich begegnenden Tiere. Seine Beobachtungen werden ihn bald davon überzeugen, daß die allermeisten Hunde ein sehr korrektes und gutartiges Verhalten an den Tag legen. Ein Welpe, der von einem andern Hund recht grob untergeordnet wird (zu Boden gedrückt), erleidet deswegen keinen Schock und erholt sich schnell. Das Unterordnen gehört zu den Verhaltensweisen des Hundes. Jeder Hund ist somit innerlich darauf vorbereitet. Bösartig sind nur Hunde, die vom Menschen verdorben wurden. Normalerweise kommt es auch bei einer Rauferei nicht zu Verletzungen, sofern sich die Hundebesitzer nicht scheltend und schlagend einmischen. Man sieht, der Unverstand liegt stets auf der menschlichen Seite.

Herbeikommen
Je weniger wir den Junghund rufen, desto aufmerksamer wird er von sich aus immer wieder unsere Position feststellen und desto öfter wird er ganz von selbst wieder herbeigerannt kommen. Rufen wir ständig, ist es, als würden wir uns eine Glocke um den Hals hängen, deren Gebimmel dem Hund etwa sagt: «Da bin ich, da bin ich, da bin ich ...» Warum sollte er denn herbeikommen, wenn ihm der Meister dauernd seinen Standort meldet? Natürlich bleibt er, wo er ist, und folgt unbekümmert seinen Neigungen. Auf diese Weise kann sich also die Verknüpfung unseres Rufes mit der Bewegung des Herbeikommens gar nicht einstellen. Wir sollten daher höchstens dann «Hier» oder «Komm» rufen, wenn

Abb. 12a: Ständiges Rufen wirkt auf den Hund wie eine Glocke, deren Gebimmel ihm bestätigt, daß der Besitzer in der Nähe ist. Wozu also herbeikommen?
b: Versteckt man sich gelegentlich auf dem Spaziergang ohne zu rufen, beginnt sich der Hund für den jeweiligen Standort des Besitzers zu interessieren. Er läßt ihn künftig kaum mehr aus den Augen und folgt ihm von selbst.

der Hund ohnehin schon am Herbeirennen ist. Dann wird ihn später unser Ruf an diesen Vorgang erinnern und zum erwünschten Verhalten veranlassen.

Nicht jeder Welpe spricht im gleichen Alter auf das Weggehen seines Meisters oder seiner Familie so stark an, daß er unweigerlich folgt. In dieser Beziehung muß man mit gewissen Tieren Geduld haben, und oft ist es besser, sie selber zu holen, als sie wiederholt erfolglos zu rufen. Irgendwann wird das Zusammengehörigkeitsgefühl stark genug sein, daß der Hund uns auch bei größter Ablenkung folgt. Dann läßt sich das Herbeikommen auf einfache Weise festigen. Wir rufen nun den Hund, und wenn er nicht kommt, marschieren wir ohne das geringste Zögern in der Gegenrichtung weg. Folgt er uns, bleiben wir stehen und nehmen ihn wortlos in Empfang, setzen ihn sanft neben unseren linken Fuß, erheben uns und loben ihn nun aus dieser Endposition der «Übung Herbeikommen» sehr herzlich. Dabei verlangen wir vom Hund zunehmend deutlicher, daß er auch während des Lobes bei Fuß sitzen bleibt. Sobald er Anstalten macht, sich zu erheben, ist das Lob abzubrechen und die Sitzübung zu wiederholen. Auch wenn das nicht von Anfang an klappt, werden wir dennoch sehr bald einen Hund haben, der auf einen einzigen Ruf herbeikommt. Verstärken läßt sich dies noch dadurch, daß wir uns zu verstecken beginnen, wenn der Hund unseren einmaligen Ruf nicht beachtet. So macht der Vierbeiner die Erfahrung, daß sein Meister stets kurz nach dem Ertönen des «Komm» zu verschwinden pflegt, und lenkt seine Aufmerksamkeit sofort auf das Suchen und Finden seines Rudelführers. Dieses Verhalten kann, wie wir sehen werden, noch durch Übungen gefördert werden, die den Kontakt verstärken.

Aufgaben stellen, Erlebnisse vermitteln
Ein Junghund gehört, wie wir zeigten, unter die Leute und unter die

---

Tafeln 1 und 2
Wird der Junghund konsequent daran gewöhnt, das Trottoir nur nach einem Zwischenhalt zu verlassen, wird er auch später Hemmungen haben, auf die Straße hinauszurennen. Nebenbei lernt er schon jetzt bei Fuß sitzen (s. Seite 84).

Tafel 3
Verständigungstest: Wie bringe ich den Hund dazu, durch das Faß zu gehen, ohne Zwang anzuwenden? Wer die Aufgabe löst, hat ein gutes Verhältnis zu seinem Hund.

Hunde. Angst um das Wohlergehen unseres Lieblings brauchen wir nicht zu haben. Das wäre nicht nur überflüssig, sondern könnte den Hund durch Stimmungsübertragung negativ beeinflussen. Ebensowenig ist zu befürchten, der Hund werde durch viel Bewegung überfordert. Es ist im Gegenteil unerläßlich, daß der Hund im freien Spiel mit Artgenossen herumtollen kann und dabei ganz sich selbst überlassen bleibt.

Es gehört aber auch dazu, daß wir auf dem Spaziergang zuweilen mit dem Hund allein sind und mit ihm eigene Wege gehen. Dabei gewöhnt er sich daran, sich ganz auf den Partner Mensch einzustellen. Wir gestalten solches Zusammensein dadurch spannend, daß wir ihm Aufgaben stellen. Dazu gehört das Abrufen, das ohne allzugroße Ablenkung bald gut klappen wird. Wir können aber auch einmal einen Stoffetzen oder einen anderen ihm bekannten Gegenstand mitnehmen, ihn plötzlich hervorziehen und dem Hund zeigen. Dann werfen wir ihn ins hohe Gras oder ins Gebüsch und lassen den Hund danach suchen. Wir benützen dies, eine wertvolle Verknüpfung herzustellen, indem wir leise und eindringlich-aufmunternd das Hörzeichen «Such – such – such!» geben, solange der Hund noch sucht. Findet er den Gegenstand, empfangen wir ihn mit lauten und deutlichen Zeichen der Freude. Gleichzeitig entfernen wir uns ein paar Schritte, was den Hund mit großer Wahrscheinlichkeit dazu veranlassen wird, uns den Gegenstand nachzutragen. Er wird nun gelobt, und der Gegenstand verschwindet wieder in unserer Tasche. Ein zu langes Ausdehnen dieser und anderer Übungen würde die Neugier und Aufmerksamkeit dämpfen. Ein Suchobjekt kann auf dem Spaziergang auch stets an der gleichen Stelle versteckt werden, indem man es vorauswirft, ohne daß der Hund es merkt. Es läßt sich zudem im Vorbeigehen in einem Versteck deponieren, wobei dann auf dem Rückweg danach gesucht wird. Die Stelle wird dem Hund stets hochinteressant erscheinen und seine Suchlust anregen.

Auch Objekte, denen wir auf dem Weg begegnen, lassen sich spielerisch zum Gegenstand von Übungen machen. Ein Findling etwa mag dazu dienen, hinaufzuklettern und etwas sitzen zu bleiben. Die Zementröhre benützen wir dazu, den Hund durchschlüpfen zu lassen, den Bach oder Fluß zum Durchwaten. Dann gilt es, langsam über ein altes Blech zu ge-

---

Tafeln 4, 5 und 6
Die Bleib-Übung sieht einfach aus, aber sie vermittelt dem Hundeführer die grundlegenden Kenntnisse über die Verständigungsmöglichkeiten mit dem Hund (siehe auch Seiten 113–115, 149).

Abb. 13. Gemeinsam etwas unternehmen, fördert den Kontakt.

hen, ohne zu erschrecken, oder einen Holzstoß zu erklettern. Ein großes Stück Plastik schwingen wir hin und her, daß es knattert und in der Sonne reflektiert. Eine mit Steinen gefüllt Büchse wird als Lärminstrument verwendet, eine steile Böschung als Rutsch- und Klettergelegenheit. All dies vermittelt dem jungen Hund immer wieder neue und unerwartete Erlebnisse. Zeigt er vor irgend etwas Angst, werden wir ihn nicht drängen, sondern warten, bis er sich soweit daran gewöhnt hat, daß die Neugier stärker als die Angst ist. Er wird sich dann ganz von selbst vorsichtig nähern, endlich die Angst ganz verlieren, das frühere Schreckgespenst ausgiebig beriechen und schließlich mit einigen Spritzern Urin markieren. Damit hat er das Ding dann sozusagen in Besitz genommen.

Ausflüge

Der täglich am gleichen Ort durchgeführte Spaziergang läßt das Gelände dem Hund zum Revier werden, das er mit großem Eifer stets erneut nach Veränderungen absucht. Er fühlt sich hier bald recht sicher. Anders verhält er sich auf einem Ausflug in unbekanntes Gelände. Dort ist er bedeutend vorsichtiger. Aber auch jetzt hilft ihm seine Neugier, die Scheu vor Objekten verlieren, die ihm zuerst unheimlich waren. Nun suchen wir eine Gelegenheit, um mit dem Hund eine erste *Führersuche* zu veranstalten. Dazu benötigen wir einen dem Hund möglichst unbekannten Helfer. Er hält den Hund an einer Schnur zurück, die unterm Halsband durchgezogen wird. Wir, das heißt sämtliche anwesenden Familienmitglieder, entfernen uns im Gänsemarsch durch ein nicht zu trockenes Grasgelände unter mehrmaligem Rufen. Sind wir etwa fünfzig Meter weit gegangen, bringt der Helfer den Hund außer Sicht. Wir setzen unseren Weg geradlinig fort, schlagen nach insgesamt hundert bis hundertfünfzig Meter einen rechten Winkel nach rechts oder links, gehen in gerader Richtung weitere hundert oder hundertfünfzig Meter, treten in ein Versteck und verhalten uns hier völlig ruhig und unbeweglich, bis der etwas später auf die Spur gebrachte Hund uns findet und mit der Nase anstupst. Vorher wäre jeder Ton und jede Bewegung zu früh. Diese Führersuche ist für den Hund ein großes Erlebnis, das ihn in seiner Entwicklung stark fördert. Sie sollte aber nur dann unternommen werden, wenn wir für exakte Arbeit genügend Zeit haben. Sind wir mit dem Auto unterwegs, darf es nicht jenseits einer befahrenen Straße parkiert werden, weil sich der Hund, wenn er aus irgendeinem Grunde unsicher wird, zum Wagen zurückbegeben könnte. Das Auto ist für ihn ja eine Art mobile Zweitwohnung. Meist wird ein junger Hund mit der Spur keine Schwierigkeiten haben. Eine weitere Bedingung für die fachgerechte Durchführung der Führersuche besteht darin, daß man das Gelände stets wieder wechselt. Zudem ist darauf zu achten, daß der Winkel nicht mehrmals in derselben Richtung geschlagen wird. Auf diese Weise würde sich nämlich im Hund der Trend festsetzen, beim Verlassen des geradlinig verlaufenden Fährtenschenkels stets nach der gleichen Seite hin weiterzusuchen, statt sich mit der Nase genau zu orientieren. Eine solche «Unart» wäre später fast nicht mehr zu korrigieren. Auch bei der Führersuche sollte man vor dem Ansetzen des Hundes eine Wartezeit einschalten. Die Führersuche zeitigt übrigens eine sehr willkommene Nebenwirkung. Wir erkennen jetzt nämlich, zu welcher Leistung der kleine Kerl fähig ist, und beginnen Achtung vor ihm zu empfinden. Das ist ein guter Anfang, um später unser volles Vertrauen in die Spürfähigkeit unseres Hundes setzen zu können. Gewöhnt man einen Hund schon mit vier Monaten an die Führersuche, wird er später stets lebhafte Freude und entsprechende Konzentration bei der Fährtenarbeit zeigen.

Vorteile früher Gewöhnung

Der Tagesablauf bietet manche Gelegenheit, unseren Hund schon jetzt an ein bestimmtes Verhalten zu gewöhnen. Immer noch ist der Hund bedeutend aufnahmefähiger als später; alles was ihm jetzt zur Gewohnheit wird, setzt sich tief in ihm fest.
Es wäre deshalb schade, bliebe die Chance zu früher Angewöhnung ungenutzt. Zeit brauchen wir dazu fast keine. Wir dürfen es nur nicht vergessen, diese Übungen im richtigen Augenblick einzuschalten, beim Verlassen des Hauses zum Beispiel, was wir ja täglich mehrmals tun. Wir nehmen zuerst Leine und Halsband vom Haken. Bald kennt der Hund die Bedeutung dieser Handlung. Er drängt zur Tür. Aber wir warten und ziehen uns sogar etwas zurück. Nun kommt er plötzlich herbei, und wir versuchen, ihn festzuhalten und ihm das Halsband überzustreifen. In wenigen Tagen wird der Hund sehr brav zu uns kommen, wenn wir Leine und Halsband ergreifen.
Auf Abbildung 14 ist eine Situation dargestellt, die wir beim Verlassen des Hauses vorfinden und ausnützen können.

Liste der Übungsmöglichkeiten
1. Anleinen des Hundes vor dem Öffnen des Tores (X).
2. Setzen des Hundes am Trottoirrand (A). Die in der rechten Hand geführte Leine wird senkrecht hochgezogen, bis der Hals etwas angeho-

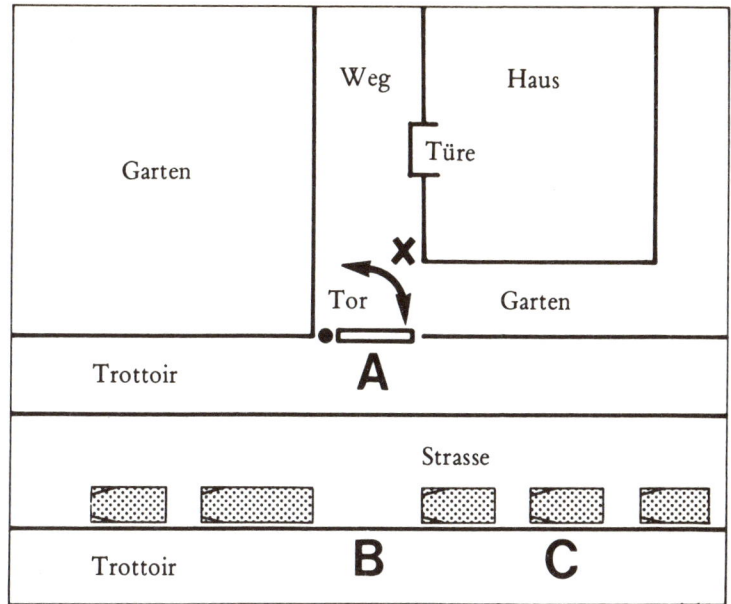

Abb. 14. Straßenstück

ben wird. Mit der linken Hand, besser nur mit zwei Fingerspitzen, wird die Kruppe leicht belastet. Bei der nötigen Ruhe und Umsicht wird sich der Junghund auf diese Weise bald gut hinsetzen. Erst wenn er sitzt, wird das Hörzeichen «*Sitz*» gegeben. Es folgt ein kurzes Lob, sofern nicht zu befürchten ist, der Hund verlasse deswegen seine Sitzposition. Dieses Lob darf nur erteilt werden, nachdem man sich aufgerichtet hat, Meister und Hund sich folglich in der korrekten Schlußphase der Sitzübung befinden.

3. Unter «*Hinüber*» verlassen wir den Trottoirrand und überqueren die Straße geradlinig, den Hund an der linken Seite führend.
4. Auf dem gegenüberliegenden Trottoir angekommen, halten wir unter «*Warten*» an und setzen den Hund nochmals wie unter Punkt 1 beschrieben (B).
5. Wir machen eine Links- oder Rechtswendung (je nachdem, wo unser Wagen steht) und setzen den Hund erneut.
6. Wir marschieren zu unserem Auto (C) und setzen den Hund so, daß sich der Schlag öffnen läßt.
7. Die Wagentür wird geöffnet, der Hund muß sitzen bleiben. Erhebt er sich, schließen wir die Tür und beginnen die Übung erneut.

8. Bleibt der Hund sitzen, wird er unter «*Hinein*» zum Einsteigen aufgefordert und an den für ihn im Wagen vorgesehenen Platz geführt.
9. Jetzt wird die Wagentür geschlossen, und wir fahren weg. Dabei ist darauf zu achten, daß der Hund am zugewiesenen Platz bleibt.
10. Bei der Heimkehr wird umgekehrt verfahren. Obschon wir die Türe öffnen, muß der Hund im Wagen bleiben. Wir schließen sie nochmals, und auch beim zweiten Öffnen hat der Hund im Wagen sitzen zu bleiben. Erst auf unser «*Heraus*» darf er den Wagen verlassen. Natürlich haben wir ihn zuvor an die Leine genommen und lassen ihn nun auf dem Trottoir sitzen, bis der Wagen abgeschlossen ist.
11. Vor dem Übergang bei B bleiben wir an der Grenze der Parkierungsfläche unter «*Warten*» nochmals stehen. Wenn wir Glück haben, kommt bald ein Wagen, den wir passieren lassen. Sonst überqueren wir die Straße nach zehn Sekunden Wartezeit. Im übrigen verläuft alles – wie erwähnt – in umgekehrter Reihenfolge.
12. Bei X im Garten den Hund nochmals setzen lassen, dann Ableinen, ohne daß er aufsteht, sich aufrichten und ihn nach zwei Sekunden Wartezeit mit «*Frei*» laufen lassen.

Der eine oder andere Leser wird nun vermutlich die Stirn runzeln und meinen, dieses Vorgehen sei doch sture Schulmeisterei und passe nicht für einen fröhlichen jungen Hund. Wir können diese Reaktion verstehen, sind aber überzeugt, daß auch der kritischste Hundehalter genau diese Methode anwenden wird, wenn er sich überlegt, was wir alles in kurzer Zeit damit erreichen.
Der Gang aus dem Haus (mit Einsteigen in den Wagen) dauert ohne jede Einwirkung auf den Hund etwa eine Minute. Spielen wir das vorgeschlagene Programm durch, benötigen wir anfangs etwa sechs Minuten, später höchstens noch zwei Minuten. In diesen wenigen Minuten jedoch erreichen wir einiges, das sich im Hund mit großer Sicherheit und Nachwirkung festsetzt.

Liste dessen, was erreicht wird
1. Bei X gewöhnt sich der Hund daran, das Tor nicht unangeleint zu verlassen.
2. Der Sitzvorgang wird dem Hund ohne großen Aufwand zur Selbstverständlichkeit. Gewöhnung an das Hörzeichen «*Sitz*» und ans Verharren bis zu einem weiteren Hörzeichen. Das Verlassen des Trottoirrandes, welches nie ohne vorheriges Sitzen und Hörzeichen «*Hinüber*» erfolgt, etabliert ein sicher wirkendes Tabu in bezug auf die Straße. Ein so

gewöhnter Hund wird später auch freilaufend das Trottoir nicht verlassen. Zudem gewöhnt sich der Hund daran, auf ein Hörzeichen hin eine Überquerung vorzunehmen.
3. Gute Gewöhnung an das Gehen bei Fuß an der Leine.
4. Gewöhnung an geradliniges Überqueren einer Straße im rechten Winkel, das heißt, auf dem kürzesten Weg.
5. Gewöhnung an das Hörzeichen «*Warten*» und an den Wartevorgang selbst nach jeder Straßenüberquerung.
6. Gewöhnung an Links- oder Rechtswendung und nachfolgendes Parallelsetzen beim Fuß des Meisters.
7. Warten vor dem Wagen (Hund springt den Wagen nicht an). Dies bedeutet auch die Gewöhnung ans Sitzenbleiben bei Ablenkung (aufgehende Wagentür).
8. Gewöhnung an das Hörzeichen «*Hinein*» als Aufforderung zum Betreten jeden Raumes, auch eines sehr kleinen.
9. Gewöhnung an das Verbleiben am zugewiesenen Platz im Wagen und an das Hörzeichen «*Heraus*» sowie das Abwarten dieses Hörzeichens vor dem Verlassen des Wagens (Hinausdrängen und Hinausspringen sind höchst gefährlich).
10. Gewöhnung an das nochmalige Warten beim Überqueren einer Straße, wenn man dies bei parkierten Wagen tut. Gewöhnung daran, daß hier ab und zu ein Fahrzeug passiert.
11. Gewöhnung an das Hörzeichen «*Frei*» und an das vorherige Warten und Sitzenbleiben beim Ableinen.

Da alle diese kleinen Detailübungen bei positiver Grundstimmung des Hundes erfolgen – er freut sich auf die Ausfahrt, später auf das Heimkehren ins Haus –, setzen sie sich um so besser fest. Die Verständigung umfaßt eine ganze Anzahl auch später bedeutsamer und nötiger Vorgänge mit den entsprechenden Hörzeichen. Das «Tabu Straße» wird tief eingeprägt. Mit alledem wird auf dem Wege der Gewöhnung sehr vieles mit Sicherheit erreicht, das sonst später im Grundprogramm mit einiger Mühe beigebracht werden müßte und sich weniger tief einprägen ließe. Nicht zuletzt gewöhnt sich bei diesem Vorgehen der Hundeführer selbst an ein exaktes, konsequentes Arbeiten, ohne das der Hund nie merken wird, was man von ihm wünscht.
Voraussetzung für gutes Gelingen ist auch, daß nie grob, sondern immer sanft, aber bestimmt und unmißverständlich mit dem Hund umgegangen wird. Bei der Kürze der ganzen Übung kann der Hund nicht überfordert werden. Überdies nützen wir das noch sehr jugendliche Al-

ter des Hundes (ab ungefähr vier Monaten) und die damit verbundene sehr gute Aufnahmebereitschaft aus. Wenn die Pubertät und damit eine Phase weniger aufmerksamer Lernbereitschaft einsetzt, ist ein so gewöhnter Hund in jedem Falle gut zu halten und für eine spätere Ausbildung ausgezeichnet vorbereitet.

Einkaufen
Zu Hause sollte man den Hund nicht ständig anbinden oder wegsperren. Es ist für ihn höchst anregend, immer und überall dabeizusein. Er wird nach einiger Zeit von selbst zwischendurch Erholung von den Anstrengungen suchen und sich zu diesem Zwecke in sein Lager oder an eine sonnige Ecke, etwa auf den Balkon, legen. Natürlich darf und soll man ihn frühzeitig daran gewöhnen, auch allein zu Hause zu bleiben, in der ersten Zeit am besten nach einem ausgedehnten Spaziergang. Besonders zum Einkaufen aber sollte man ihn ab und zu mitnehmen, denn dabei lassen sich für den jungen Hund ganz einmalige Erfahrungen sammeln, beispielsweise das Gehen bei starkem Verkehr. Auch das Überqueren von verkehrsreichen Straßen kann so geübt werden, natürlich systematisch wie zuvor beschrieben. Erschrickt der Hund hie und da, geht man ruhig mit ihm weiter, als wäre nichts geschehen, selbst wenn er an der Leine einen Moment lang rückwärts zerrt. Allein vor einem Geschäft (Achtung vor Hundedieben!) angebunden zu sein, ist für ihn eine wichtige Erfahrung mehr, ebenso das Gehen neben dem ratternden Einkaufswagen. Wenn man auswärts ißt, läßt sich auch diese Möglichkeit nützen. Mit ganz jungen Hunden gibt es dabei nur selten Schwierigkeiten. Sie haben im Restaurant ruhig unter dem Tisch zu liegen – eine Perspektive, an die sie sich jetzt noch schnell gewöhnen.

Die Leine
Der Pferdezügel ist eine Führungshilfe, deren Handhabung wir beim Reiten minuziös lernen und üben müssen. Die Hundeleine ist etwas anderes, nämlich ein Notbehelf, auf den wir später soweit wie möglich verzichten wollen. Immerhin müssen wir lernen, sie richtig zu verwenden. Hauptregel: Nur wenig einsetzen, dann aber mit größtmöglicher Kraft und Deutlichkeit. Im Grunde sollten wir uns schon dem angeleinten Hund gegenüber so verhalten, als wäre er abgeleint. Die Leine ist demnach nicht gestreckt und angespannt zu führen, sondern in der Weise, daß sie durchhängt. Der Hund lehnt sich dann nicht in die Leine oder stemmt sich dagegen, sondern steht und geht frei und befindet sich im eigenen Gleichgewicht. Unser höchstes Ziel ist es, dieses Lederband

schon bald durch ein festeres, inneres Band zu ersetzen, nämlich durch den guten Kontakt zum Hund, der ihn so führig macht, daß wir einer künstlichen Verbindung nicht mehr bedürfen. So weit sind wir aber mit dem Welpen oder Junghund noch lange nicht. Wird es nicht allzu lästig, lassen wir ihn ruhig ziehen und sich in die Leine stemmen. Aber irgendwann müssen wir uns doch entscheiden, dagegen etwas zu unternehmen. Eine Vorentscheidung können wir bereits beim Junghund erreichen, indem wir ihn veranlassen, nicht mehr so weit von uns wegzulaufen, daß sich die Leine strafft. Am Tag unseres Entschlusses reißen wir darum bei der ersten Anspannung der Leine den Hund mit aller Kraft zurück und lassen danach die Leine sofort wieder durchhängen. Im Moment der Einwirkung lassen wir *«Nicht ziehen»* oder ein ähnliches, speziell für diese Situation zu verwendendes Zeichen hören, gehen aber ruhig weiter, als sei nichts geschehen. Der Hund, der bei korrekter Durchführung sozusagen «per Luftpost zurückfliegt», wie dies ein Ausbilder nannte, wird etwas erstaunt sein, aber den Vorgang nicht auf uns persönlich beziehen. Gehen wir klar, deutlich und robust genug vor, so wird der Hund spätestens nach dem dritten Einwirken genau merken, wie weit er gehen darf, damit sich die Leine nicht strafft. Wir erleben dann erstmals, welch sensibles Raumgefühl dem Hund eigen ist. Er wird sich jedenfalls längere Zeit nicht mehr in die Leine stemmen. Kommt es dennoch wieder soweit, kann man versuchen, mit dem Hörzeichen allein auf ihn einzuwirken. Oft hat man damit Erfolg. Wenn nicht, ist eine weitere starke Einwirkung mit gleichzeitigem Hörzeichen fällig, was in den allermeisten Fällen dann genügt.
Damit ist hier nun eine Einwirkung beschrieben worden, die von manchen Leuten als brutal angesehen wird. Das ist an sich verständlich. Wir tun dies jedoch nicht zu unserem Vergnügen, sondern einzig und allein deshalb, weil wir keine andere Wahl haben. Gehen wir nämlich schrittweise vor und nehmen den Hund zuerst sanft, in der Folge aber immer stärker zurück, so gewöhnt sich der Hund daran, verbindet überdies unsere Bemühungen mit unserer Person und beachtet sie immer weniger. Ein derart geradezu auf das Zerren an der Leine dressierter Hund ist gefährlich und nur noch von athletisch gebauten Personen unter Kontrolle zu halten, wenn er in die Leine springt, weil er etwas Aufregendes entdeckt. Der anders ausgebildete Hund hat im Gegensatz dazu eine starke Hemmung, aus dem Leinenbereich auszubrechen. Das ist in mancher Hinsicht ein großer Vorteil. Nicht nur deshalb, weil auch weniger kräftige Personen ohne Schwierigkeiten mit dem angeleinten Hund zurechtkommen, sondern weil jeder Hund an der angespannten

Leine zur Aggression gegenüber anderen Hunden und auch gegenüber Menschen neigt. Der sich im eigenen Gleichgewicht bewegende Hund dagegen ist ungleich verträglicher. Das Gehen an der durchhängenden Leine ist alles, was wir vorläufig vom Junghund erwarten. Wie wir bei der sogenannten Leinenführigkeit vorgehen, wird später erklärt.

Beziehung zum Gegenstand
Wir haben auf dem Spaziergang schon einiges mit Gegenständen unternommen, indem wir sie entweder warfen oder versteckten. Andere Gegenstände haben wir dem Hund zum Spielen gegeben. Unterwegs können wir auch etwa Stöcke fortschleudern und dem Hund dadurch vermehrt Bewegung verschaffen.
Das schadet unter *zwei Bedingungen* nicht:

- Wenn man sich die Stöcke nie bringen läßt, es sei denn, der Hund tue dies ganz von selbst.
- Wenn man später das Apportieren sauber aufbaut und dabei nie Stöcke verwendet.

Was wir jetzt mit bestimmten, dazu geeigneten Gegenständen vorzunehmen gedenken, liegt indessen auf einer anderen Ebene. Es geht darum, schon dem Junghund eine Beziehung zu Gegenständen zu vermitteln, denen der Geruch des Meisters oder der Geruch der Wohnung anhaftet. Man beginnt, indem man so ein Ding – vielleicht ein mit Tuch umwickeltes Stück Holz oder einen alten Skihandschuh – vor den Augen des Hundes ganz feierlich aus einem Schubfach zieht und selber beschnuppert, am besten kurz vor dem Spaziergang mit dem Hund. Ohne es unserem zu Anfang nur mäßig interessierten Vierbeiner zu geben, legen wir das Ding wieder zurück. Diesen Vorgang wiederholen wir in unregelmäßigen Abständen. Einmal kriegt der Hund das Ding auch schnell mal in den Fang, dann verschwindet es aber wieder im Schubfach. Noch später nehmen wir es in die Tasche und klauben es auf dem Spaziergang umständlich hervor, an einem Ort natürlich, wo wir mit dem Hund allein sind. Mehr tun wir nicht. Warum wir dieses Vorgehen empfehlen und was weiter zu geschehen hat, erfahren wir später. Für den Moment sei lediglich festgehalten, daß es sich um eine Vorübung handelt, die beim Apportieren, aber auch beim Bewachen eines Gegenstandes von großem Nutzen sein wird.

Weitere Vorbereitungen
Mit dem Junghund sollte man auch regelmäßig mit einem Lappen, dann mit einem Stück Sackleinen und schließlich auch mit einem Schutzärmel spielen, wenn man Wert auf die Vorbereitung späterer Mann-Arbeit legt. Alle diese Objekte dürfen nicht zerfasert oder ausgefranst sein, da der Hund sonst nicht zum Zupacken, sondern zum spielerischen Zerkleinern angeregt wird. Außerdem kann ihm eine lose Faser in den Hals geraten, was ein negatives Erlebnis bedeuten würde. Diese Übungen werden sich ganz vorzüglich auswirken. Das Hauptgewicht liegt vorläufig noch auf der Freude am Zupacken und darauf, daß der Hund sich wieder beruhigt und sauber ausgibt. Bei alledem ist nur das Spiel und kein eigentliches Kämpfen zu üben (siehe dazu «Arbeit mit der Reizangel», Seite 169).
Schon jetzt wäre es gut, ab und zu mit dem Junghund auf den Übungsplatz zu gehen, damit er sich an die besondere Atmosphäre gewöhnt. Man hüte sich aber vor nicht kompetenten Leuten, die Experimente mit unserem Junghund anstellen möchten. Ein ebenso höfliches wie entschiedenes «Nein» ist hier am Platze. Auch der Besuch eines Erziehungskurses wäre zu empfehlen, doch dies unter demselben Vorbehalt.
Nach einer sorgfältigen Vorbereitung im beschriebenen Sinne ist es der junge Hund gewohnt, daß sein Führer immer wieder etwas ihm schon Bekanntes tut oder etwas Neues unternimmt, und so richtet er schließlich seine ganze Aufmerksamkeit auf ihn. Jede weitere Zusammenarbeit wird dadurch entscheidend erleichtert. Mit der eigentlichen Ausbildung wird nun nicht an einem bestimmten Tag begonnen; vielmehr wird man bald mit der Nasenarbeit anfangen und erst bedeutend später mit jenen Übungen, die landläufig «Gehorsam» genannt werden. All dies wird später im einzelnen dargestellt. Bevor wir dazu übergehen, sollten wir als Hundeführer zuerst noch einige Überlegungen zur sogenannten Wesensprüfung anstellen, dann auch zur eigentlichen Technik der Ausbildung. Die Wesensprüfung wird bei einzelnen Rassen mit sehr jungen Hunden durchgeführt, und wir sollten wissen, was uns dabei erwartet. Die praktische Ausbildung beginnen wir indes nicht, ohne uns zuvor theoretisch einige Grundsätze erarbeitet zu haben. Wir begehen dann in der Praxis bedeutend weniger Fehler, und das wird unserem Hund zugute kommen.

Kapitel 6

Wesensbeurteilung

Mit dem «Wesen» des Hundes ist sein Verhalten in der gegebenen Umwelt gemeint. Zeigt ein Hund eine gewisse Sicherheit und wenig Angst gegenüber Lärm und optischen Erscheinungen, aber auch gegenüber Menschen und Artgenossen, so spricht man von einem wesenssicheren Hund. Läßt er jedoch Nervosität und Ängstlichkeit gegenüber all diesen Umweltfaktoren erkennen, spricht man von einem wesensschwachen Hund. Es ist begreiflich, daß jedermann lieber einen wesensstarken, sicheren Hund als einen wesensschwachen haben möchte. Wesensschwäche führt nämlich in der praktischen Haltung oft zu Problemen und kann sogar die Ausbildung verunmöglichen.
Aus diesem Grunde ist es verständlich, wenn die Rassezuchtvereine Anstrengungen unternehmen, wesensschwache Tiere von der Zucht auszuschließen. Dazu dient die Wesensprüfung, deren heutige Form freilich nicht unproblematisch ist. Sie geht auf die grundlegenden Arbeiten des Forscher-Ehepaares Menzel zurück, das eine Aufgliederung des Verhaltens nach «Trieben» vornahm. Von späteren Autoren wurde dieses Verfahren übernommen. Die Annahme, man könne beobachtete Verhaltensvorgänge einzelnen Trieben oder Triebkategorien zuordnen, ist indessen unrealistisch. In der Praxis kommen nicht einzelne Triebe gesondert zum Ausdruck. Jedes Verhalten eines Hundes setzt sich aus einer Unzahl nebeneinander ablaufender und sich gegenseitig beeinflussender Reaktionen zusammen, die den verschiedensten Trieben zuzuordnen wären. Ein solches Triebgemisch durch Beobachtung in Komponenten zu zerlegen, ist unmöglich. Somit kann eine bestimmte Handlung nicht mit einem Einzeltrieb in Verbindung gebracht werden. Die Theoretiker der Wesensbeurteilung haben dies allerdings auch nie getan. Bei der praktischen Durchführung von Wesensprüfungen neigen aber Laienbegutachter allzuleicht dazu.
Im übrigen vermeidet die Verhaltensforschung den Begriff «Trieb», da er wissenschaftlich ungenügend geklärt ist und deshalb von den Forschern verschieden ausgelegt wird. In diesem Buch wird darum versucht, den Begriff Trieb ebenfalls zu umgehen.
Wie wir aus der Erforschung der Entwicklungsphasen der Welpen erfahren haben, sind nicht einfach alle guten oder schlechten Eigenschaf-

ten eines Hundes auf Vererbung zurückzuführen. Im Gegenteil, auch der bestveranlagte Hund vermag sich bei schwacher Förderung nur knapp zu einem genügend wesenssicheren Tier zu entwickeln. Ein schwach veranlagter Hund kann dagegen bei verständnisvoller Förderung in seiner Welpenzeit etwa das gleiche Erscheinungsbild darbieten, wie der vorhin erwähnte bestveranlagte Hund bei schlechter Förderung (vgl. Abbildung 2, Seite 34).
Es kommen noch weitere Faktoren dazu, welche eine absolut gültige Beurteilung der vererbten Wesensanlage eines Hundes als zweifelhaft

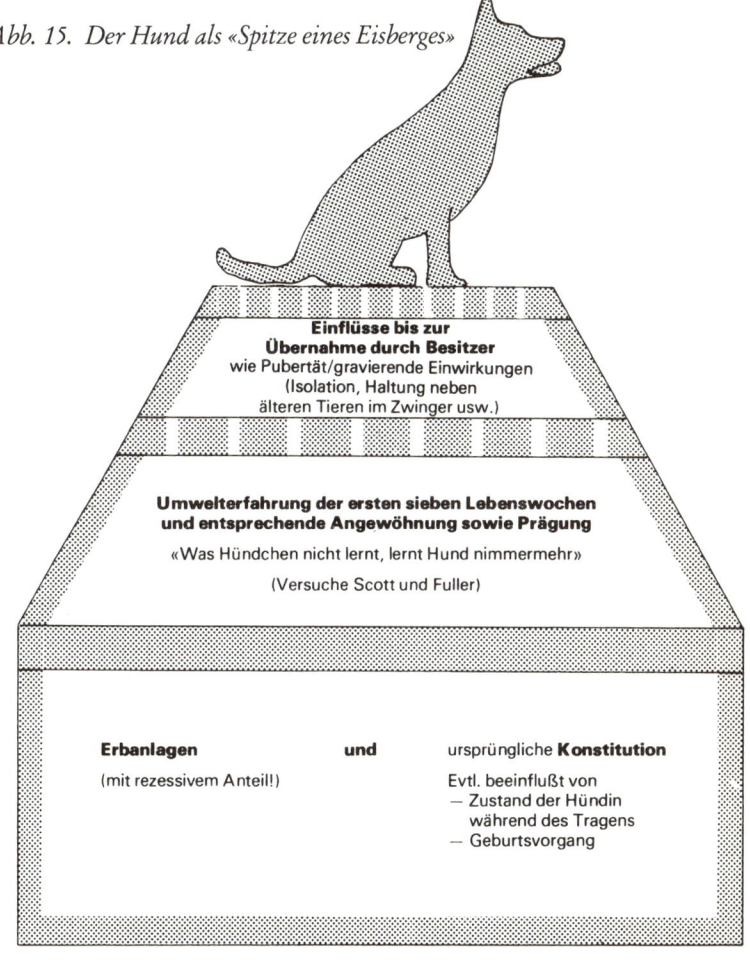

Abb. 15. Der Hund als «Spitze eines Eisberges»

erscheinen lassen. So etwa eine Krankheit der Hündin vor dem Werfen oder ein schwerer Geburtsvorgang, was beides schädigende Auswirkungen nach sich ziehen kann. Dann fällt auch das weitere Jugendschicksal des Hundes in Betracht. Zu langes Verweilen des Hundes bei der Mutter oder anderen, vor allem älteren Tieren kann der Wesensbildung ebenfalls in entscheidender Weise abträglich sein. Auch die Behandlung beim Besitzer – ob dieser sich mit dem Tier beschäftigt oder ob er es isoliert dahinvegetieren läßt – dürfte erhebliche Abweichungen von der Grundanlage zur Folge haben. Und als letztes finden sich in jedem Hund Anlagen, welche zwar in der Erbmasse vorhanden sind, die jedoch beim in Frage stehenden Exemplar überhaupt nicht in Erscheinung treten. Das gilt für anatomische Merkmale wie für Wesensmerkmale. Schon von dieser Seite her wird unsere Beurteilung somit stets ungenau sein.

Was wir beim zu beurteilenden Hund erkennen können, ist stets nur ein Teil seiner tatsächlichen Wesensanlage. In Abbildung 15 ist deshalb das Einzeltier als «Spitze eines Eisbergs» dargestellt, von dem wir nur diesen obersten Teil erkennen können. Man sieht, welche Schwierigkeiten sich der Beurteilung des Wesens eines Hundes entgegenstellen. Dennoch halten wir Wesensprüfungen für sinnvoll, wenn sie unter bestimmten *Voraussetzungen* erfolgen.

- *Wesensrichter sollten Praktiker sein*
  Es kommt darauf an, ob die Beurteiler, auch Wesensrichter genannt, neben den in relativ kurzer Zeit erlernbaren theoretischen Grundlagen auch genügend praktische Erfahrung mitbringen. Solche Erfahrungen erwirbt man sich nicht durch die Mitwirkung an Wesensprüfungen, wo man sich höchstens über die technische Durchführung der Tests orientieren kann. Um wirklich urteilsfähig zu sein, bedarf es einer langjährigen Konfrontation mit dem Lebewesen Hund. Das heißt, daß nur bewährte Ausbilder und bewährte Züchter die nötigen Voraussetzungen mitbringen. Beide haben Erfolge und Mißerfolge in ihrer Tätigkeit erlebt. Beide wissen aus vielen bitteren und weniger bitteren Erfahrungen so viel vom Hund, daß ihnen die Kompetenz für eine fachgerechte Beurteilung zuzubilligen ist. Ihr erfahrenes Auge ergänzt die angewandte Testmethode, auf die allein nicht abgestellt werden kann.

- *Nicht während der Pubertätsphase beurteilen*
  Ein einigermaßen sicheres Urteil darf nur erwartet werden, wenn der Hund die Pubertät hinter sich hat. In dieser Entwicklungsphase

ändert sich erfahrungsgemäß das Verhalten des Hundes ganz erheblich. Schwächen zeigen sich, von denen vorher nichts zu bemerken war. Es scheint deshalb vernünftig zu sein, einen Hund erst im Alter von achtzehn Monaten oder später zu beurteilen, wie dies bei manchen Vereinen üblich ist. Eine andere Sache ist es, wenn ein Junghund vor dem Eintreten der Pubertät, also mit fünf, höchstens sechs Monaten auf seine Eignung zum Gebrauchshund getestet wird, wie dies Bodingbauer (siehe Literaturnachweis) empfiehlt.
Anders sieht das aber zum Teil die Fachliteratur. Hier wird die Meinung vertreten, die günstigste Zeit für eine Beurteilung liege zwischen dem sechsten und zwölften Monat, also in derselben Zeit, da sich die Pubertät abspielt. Begründung: Der Hund sei für den Test noch nicht vorbereitet worden und habe auch weniger Gelegenheit gehabt, selber zuzulernen. Man spricht folglich vom «rohen» Hund, bei dem besser zu unterscheiden sei, was ererbte und was erworbene Eigenschaften wären.
Wir sind der Ansicht, daß es den sogenannt rohen Hund in diesem Sinne gar nicht gibt, da wir von den Entwicklungsphasen der Welpen her wissen, daß sich jeder Hund schon im Alter von sechs Monaten infolge seines bisherigen Schicksals bedeutend vom Phantombild des Genotyps (rein erbmäßige Veranlagung) entfernte. Dieser Umstand macht die Aussonderung von ererbten und erworbenen Eigenschaften im Rahmen einer Wesensprüfung ganz unmöglich (vgl. nochmals Abbildung 15).

- *Der Zuchtwert ist nicht genau erfaßbar*
Selbst wenn wir die ererbten Anlagen eines Hundes gesondert von den erworbenen Eigenschaften erfassen könnten, ließen sie sich nicht ohne Fehlerquote deuten. Was ein Hund als Vererber bringt oder nicht bringt, wäre höchstens in einer die Möglichkeiten der Rassehundzucht übersteigenden Nachzuchtprüfung festzustellen.

Nach alledem ist zuzugeben, daß die Wesensbeurteilung nicht eindeutige Resultate zu liefern vermag. Sie stellt jedoch die einzige praktisch durchführbare Möglichkeit dar, wesensmäßig unzureichende Tiere von der Zucht auszuschließen. Ihr Wert liegt zudem darin, daß sie unmißverständlich darauf hinweist, daß die Zucht sich nicht nur der Form und Konstitution, sondern auch der Wesensveranlagung anzunehmen hat.

Ein prächtiges Tier mit deutlich erkennbarer Wesensschwäche darf einfach nicht zur Zucht zugelassen werden, selbst wenn sich die negativen Aspekte erbmäßig womöglich gar nicht im angenommenen Maße auswirkten. Das Risiko, schwierig zu haltende Hunde in die Welt zu setzen, darf nicht eingegangen werden. Problemhunde sind für den Käufer eine Zumutung, und zudem bringen sie die Rasse in Verruf. Dennoch soll man sich der Problematik der Wesensbeurteilung stets bewußt bleiben.

Dem Hundehalter, der nun im Zweifel ist, ob er mit seinem Hund eine Wesensprüfung ablegen soll oder nicht, möchten wir sehr dazu raten. Es gibt viel zu sehen und zu lernen an solchen Veranstaltungen, und wo Praktiker am Werk sind, halten sich die Ergebnisse in einem Rahmen, der akzeptiert werden kann. Natürlich sollte auch der Hundehalter die nötige Vernunft walten lassen.

Dazu die folgende Geschichte. Ein Züchter hatte sich im Ausland eine teure Hündin gekauft und brachte sie an eine Wesensprüfung. Das Tier war auffallend schön, zugleich aber merkwürdig zurückhaltend.

«Wie lange ist die Hündin schon bei Ihnen?» fragte der Richter.

«Erst zwei Wochen.»

«Dann empfehle ich Ihnen, in einem halben Jahr wieder zu kommen», riet der Richter.

«Das ist ein gutes, teures Tier; sie wird die Prüfung ablegen», beharrte der Züchter.

«Ich habe Sie gewarnt», meinte der Richter, enttäuscht über die Verbohrtheit dieses Züchters, der offenbar bei dem bezahlten Preis an ein Wunder glaubte. Das Wunder ereignete sich nicht. Die Hündin wurde wegen ungenügender Wesenssicherheit nicht angenommen. Und der Züchter beklagte sich laut darüber, daß ein so schönes Tier nicht angekört werde. Er hatte keine Ahnung vom Wesen eines Hundes. Sonst hätte er gewußt, daß ein Hund sich nur dann von seiner guten Seite zeigt, wenn er Vertrauen zum Meister hat.

Tafeln 7, 8 und 9
Bringen oder Apportieren löst im Hund eine Reihe widersprüchlicher Gefühle aus. Rein spielerisch ist diese Übung nicht aufzubauen. Mit rohem Zwang kommt man nicht zum Ziel, ohne das Vertrauen des Hundes teilweise zu verlieren. Teilt man jedoch die Übung in ihre Komponenten auf, apportiert der Hund bald zuverlässig und freudig (siehe auch Seiten 155 bis 163). Hier Vorauswerfen des Gegenstandes und Aufnehmen an der Leine.

Auch dies ist eine «Vorbereitung» für die Wesensprüfung. Ein neu übernommenes Tier braucht gegen sechs Monate, bis es sich an die neuen Verhältnisse gewöhnt hat. Erst mit dieser Gewöhnung zeigt sich auch beim mittelmäßig begabten Tier so viel Sicherheit, daß eine Beurteilung des Wesens positiv verlaufen kann. Man nennt unseren Vierbeiner nicht umsonst Haushund. Er ist im Grunde nur in seiner Gemeinsamkeit mit dem Menschen zu beurteilen, nicht als selbständiges Einzelwesen ohne jede Bindung.

Wer seinen Hund nach diesem Buch aufbaut, wird ihn für die Tests einer Wesensprüfung übrigens sehr gut vorbereitet haben. Denn wir raten ja von der ersten Seite an dazu, den Hund so viel wie möglich erleben zu lassen, sich eingehend und vielseitig mit ihm abzugeben. Nicht weil wir mit ihm eine Wesensprüfung bestehen wollen, sondern in der Gewißheit, daß die Entwicklung jeden Hundes, ganz abgesehen von seiner Veranlagung, nur dann optimal gefördert wird, wenn wir ihn beschäftigen und mit ihm zusammenarbeiten.

Tafel 10
Der Fährtenleger stellt sich vor dem Abgang ein bis zwei Minuten neben das Fähnchen. Dann geht er normalen Schrittes genau auf einen markanten Punkt im Gelände zu. Auf diese Weise vermag er später jede Abweichung des Hundes von der Spur festzustellen und im richtigen Moment auch zu korrigieren (siehe Text auf den Seiten 199–217 und Tafel 14–16, Seite 144).

Tafel 11
Hundeführer sollten ausgebildet werden, bevor sie mit ihrem eigenen Hund Fährtenarbeit machen. Am einfachsten folgen sie beim Spurenlegen und -ausarbeiten einem erfahrenen Kameraden. Hier hat der Hund den Gegenstand apportiert und wird nun vor dem Weiterfährten parallel gestellt. Die fallengelassene Leine zeigt dem Hundeführer den weiteren Verlauf der Spur an.

Tafel 12
Beim Abgang konzentriert sich die Hundeführerin auf den im Hintergrund erkennbaren weißen Markierungspfahl. Im Gelände muß das Gehen in gerader Richtung geübt werden.

Tafel 13
Die Wendung erfolgt hier, wenn das Ende des Dachfirstes sich in der Mitte des weißen Gebäudeteils befindet. Winkel und Richtung des Schenkels der Spur sind damit festgelegt (siehe auch die Tafeln 14–16, Seite 144).

Kapitel 7

Technik der Ausbildung

Wann beginnen?

Es ist nicht sinnvoll, den Beginn der Ausbildung auf diesen oder jenen Zeitpunkt festzulegen. Die Ausbildung im weitesten Sinne hat ja längst schon begonnen, zuerst mit der Förderung des Welpen im Wurfzwinger, dann durch die richtige Haltung in den ersten vierzehn Tagen und schließlich durch die Vorbereitung des Junghundes. In dieser Zeit, also mit vier bis fünf Monaten, kann man bereits mit der eigentlichen Ausbildung der Nasenarbeit beginnen. Hat ein Junghund einige Führersuchen mit Erfolg hinter sich gebracht, ist es angezeigt, nun zur Fährtenarbeit im Geschirr und an der langen Leine überzugehen. Hunde, die so früh auf die Fährte kommen, zeigen zeitlebens eine unerhörte Suchfreude. Selbstverständlich wird dabei der Apportiervorgang konsequent ausgeklammert. Ansonsten aber ist der Hund für die Fährtenarbeit verhaltensmäßig und körperlich reif. Es wurden mit so aufgebauten Hunden in einem Alter von noch nicht eineinhalb Jahren vorzügliche Resultate an Fährtenprüfungen erzielt. Natürlich wird man darauf achten, daß der Hund zu Anfang nicht überfordert wird. Das wäre dann sehr bald der Fall, wenn wir täglich eine Spur machten. Jede Woche einmal genügt.

Im Gegensatz zur Nasenarbeit wäre es jetzt noch zu früh, den Hund schon Schutzarbeit verrichten zu lassen. Dafür ist der Junghund in jeder Beziehung noch zu wenig reif. Diese Ausbildung wird somit zurückgestellt. Dennoch können wir schon bald Vorübungen machen, welche den Junghund auf den späteren Schutzdienst vorbereiten. Das hat den großen Vorteil früher Gewöhnung. Wir werden darauf zurückkommen. Was wir weniger des Hundes als vielmehr der noch ungenügenden Erfahrung des Hundeführers wegen zurückzustellen empfehlen, sind die sogenannten Unterordnungs- oder Gehorsamsübungen, die wir viel lieber Kontaktübungen nennen möchten. Wir meinen das Üben der entsprechenden Prüfungsprogramme auf Perfektion hin. Hier kann es allzuschnell passieren, daß wir zu weit gehen und den Hund frustrieren. Das Ergebnis ist dann ein Tier, das nie mehr Lust am Gehorsam haben wird und sich stets nur widerwillig fügt. Fangen wir damit erst mit einem Jahr an, wirken sich unsere Fehler bedeutend weniger schlimm aus. Dies ganz besonders, wenn wir uns inzwischen mit dem Hund in anderen Bereichen beschäftigt haben. Das Vertrauen des Hundes ist dann einer Belastungsprobe eher gewachsen. Unter kundiger Führung oder genauer Selbstinstruktion anhand des Kapitels 8 (Motivation) kann man mit Kontaktübungen auch schon früh beginnen.

Selbstverständlich gilt es, bei der Frage nach dem Zeitpunkt des Beginns der Ausbildung auch die individuellen Fähigkeiten und Neigungen eines Hundes zu berücksichtigen. Es gibt keinen Grund, mit einem ungemein lauffreudigen und daher bewegungsbedürftigen Hund nicht eine Arbeit, welche dieser Anlage entspricht, früh zu beginnen. Dazu gehört zum Exempel die Revierarbeit des Sanitätshundes. Anders ausgedrückt: Es ist immer gut, mit Arbeiten schon zeitig anzufangen, welche der Eignung und dem Entwicklungsstand des Hundes entsprechen. Dabei versteht es sich wohl von selbst, daß niemals mit mehreren Dingen zugleich anzufangen ist. Jeder muß sich genau überlegen, was für seinen Hund und ihn selbst das richtige ist und was nicht.

Abb. 16. Falsche Einstellung zum Partner Hund: Siegt der Hundeführer bei einer Prüfung, fühlt er sich als großer Mann. Versagt er, ist der Hund an allem schuld.

Die Einstellung des Führers zum Hund

Auf Grund der Andersartigkeit von Mensch und Hund kann das Modell Lehrer – Schüler nicht auf den Meister und seinen Hund angewandt werden. Wie wir gesehen haben, geht es für den Menschen hauptsächlich darum, sich mit einem andersartig konzipierten Partner zu verständigen. Das setzt Einsicht in sein Verhalten, aber auch die entsprechende Einstellung unseres Verhaltens voraus. Jenes Verhalten, das uns am sichersten zum Ausbildungserfolg führt, läßt sich nicht an einem Tag erlernen und gleich auch beherrschen. Wir müssen es uns durch eingehende Beschäftigung mit diesen mehr theoretischen Dingen zu eigen machen und stets wieder neu erarbeiten. Leider neigen wir dazu, immer wieder auf jenes verflixte Podest des Lehrers zu klettern und auf den vermeintlichen Schüler Hund herabzuschimpfen.

Es gibt keinen Hundeführer, der nicht in diesem Sinne stets wieder rückfällig wird, indem er irgendein Verhalten seines Hundes, das ihm nicht paßt, vermenschlicht. In solchen Momenten sollte man genug Selbsterkenntnis und Eigendisziplin aufbringen, um den nutzlosen Vorgang abzubrechen und eine Pause der Besinnung einzuschalten. Wir sind jedoch nicht immer in der richtigen Stimmung, uns eines falschen Vorgehens sofort bewußt zu werden. Oft fahren wir munter auf einem falschen Geleise dahin, ohne es zu merken. Damit wir uns etwas früher jener Weiche erinnern, die grundsätzlich im Umgang mit dem Hund umzustellen wäre, um auf das Geleise gegenseitiger Verständigung zu gelangen, fassen wir das Wesentliche nochmals zusammen.

Abb. 17. Richtige Einstellung zum Partner Hund: Was auch geschieht – der Hundeführer fühlt sich verantwortlich und freut sich über das gemeinsam Erreichte.

Gedanken und Aussprüche, wie «Der Kerl will heute nicht» und «Der Bursche weiß es doch ganz genau», beweisen immer wieder, daß der Ausbilder von den geistigen Möglichkeiten seines Hundes falsche Vorstellungen hegt. In unserem menschlichen Sinn «will» ein Hund gar nichts, und er «weiß» auch nichts. Das «Innenleben» eines Hundes ist so ganz anders gestaltet als unser eigenes, daß es unmöglich ist, sich davon dauernd eine klare Vorstellung zu bilden. Wer sich nicht bemüht, das völlige Anderssein des Hundes zu akzeptieren und bei der Ausbildung in Rechnung zu ziehen, bereitet sich Schwierigkeiten, die zu vermeiden wären. Und wer von seinem Hund menschliche Reaktionen oder gar Intelligenz verlangt und voraussetzt, überfordert ihn. Auf Grund dieser Überforderung entstehen die meisten und die gravierendsten Ausbildungsfehler. Man tut gut daran, sich gegenüber dem Hund nicht als Lehrmeister zu fühlen, denn ein Hund ist des Lernens im menschlichen Sinne nicht fähig. Doch liegt in jedem Hund überaus vieles bereit, das wir für uns nutzbar machen können, wenn wir nur selbst lernen, uns richtig zu verhalten. Durch affektfreies, dafür um so konsequenteres Angewöhnen erreichen wir die meisten Ausbildungsziele schnell und ohne die Arbeitslust des Tieres zu beeinträchtigen. Konsequente Ruhe und Exaktheit steigern im Gegenteil die Arbeitsfreude und die Sicherheit des Hundes. Wer sich durch irgendeine vermeintliche Fehlreaktion seines Vierbeiners persönlich beleidigt fühlt oder ganz einfach die Geduld verliert, ist im Begriffe, zwischen sich und dem Tier ein Mißverständnis zu schaffen, das später nur schwer und nie restlos wieder auszuräumen ist. In diesem Sinne begeht der Hund an sich keine Fehler. Es sind vielmehr unsere Fehler, die sich in ihm festsetzen können und denen wir dann zu unserem Leidwesen immer wieder begegnen. Natürlich sind die Hunde auch verschieden begabt, doch hängt es allein vom Verhalten des Ausbilders ab, wie diese Begabung genutzt werden kann. Ein geschickter Führer holt aus einem durchschnittlich begabten Hund überdurchschnittliche Leistungen heraus, während ein ungeschickter Führer auch mit dem besten Hund keine befriedigenden Ergebnisse erzielt.

Was bringt der Hund mit?

Als wichtigste und erfreulichste Eigenschaft möchten wir des Hundes Neigung und Fähigkeit zur Zusammenarbeit mit einem Partner hervorheben. Diese Eigenschaft war für das ehemalige Lauf-Raubtier lebensnotwendig, da es ihm die Jagd im Rudel erlaubte. Der heutige Haushund vermag, wie wir gesehen haben, seine Fähigkeiten zur Kooperation auf den Partner Mensch zu übertragen. Je besser er mit dem Menschen sozialisiert wurde, desto tiefer gründet diese Neigung und desto leichter fällt es ihm auch, ein für ihn unverständliches Verhalten des Menschen unbeirrt hinzunehmen und auf den Moment zu warten, da die Kommunikation endlich zustande kommt. Wir müssen es anerkennen: Der Hund hat eine enorme Geduld mit uns, und er zeigt eine verblüffende Anpassungsfähigkeit. Wäre dem nicht so, würden wir nicht bei jeder Prüfung und auf jedem Übungsplatz darüber staunen können, wie mangelhaft ausgebildete Hundeführer dank der Unbeirrbarkeit ihrer Hunde dennoch zum Erfolg gelangen. Es gibt im Hund so etwas wie einen «guten Willen», der ihn geduldig auf das erlösende klare Verhalten des Meisters warten läßt. Lassen wir ihn nicht zu lange warten.

In der Literatur zur Ausbildung von Hunden finden sich nur selten Hinweise auf die eben beschriebene Neigung zur Zusammenarbeit. Oft wird der Lernvorgang dargestellt, als gehe es darum, den Hund mit den Erziehungsmitteln von Belohnung und Strafe sozusagen durch den Engpaß seiner Beschränktheit hindurchzuzwingen. Auf der anderen Seite dieses Engpasses wartet dann der Erfolg, denkt man und ist erstaunt, wenn sich statt dessen nur Frustration und Enttäuschung einstellen. Mit Lob und Tadel oder «Zuckerbrot und Peitsche» ist es eben nicht getan. Wir kämen überhaupt zu keinem Ziel, wenn wir allein darauf abstellen müßten und nicht auf die treibende Hauptkraft, auf die Bereitschaft des Hundes zur Mitarbeit, zählen könnten. Es ist klar, daß sie mit dem wachsenden Vertrauen des Hundes zum Führer zunimmt. Erwerben wir uns also dieses Vertrauen, am besten mit verständnisvoller Aufbauarbeit.

Die Neigung des Hundes zur Kooperation

Der beste Weg dazu ist die Beschäftigung mit dem Hund, wie wir sie bei der Vorbereitung des Junghundes beschrieben. Man stellte Aufgaben. Das kann mit dem Pfötchengeben beginnen. Man weiß, daß dies recht bald zu erreichen ist. Viele Hundehalter sind sehr stolz über eine solche Dressurleistung. Was man aber meistens nicht weiß, ist die Tatsache, daß Pfötchengeben eine im Hund tief verankerte Bewegungsform ist. Es handelt sich um den Milchtritt, den der Welpe instinktiv verwendet, um das Gesäuge der Hündin zu halten und zu pressen. Überall wo eine Erwartungsstimmung den Hund erfüllt, findet sich diese Bewegung wieder. Beim Milchtritt erwartet er die Nahrung, beim Pfötchengeben erwartet er das Lob des Meisters. Das führt jedoch weiter bis zu jener Bewegung, die der Rettungshund mit der Pfote genau auf jene Stelle hin macht, wo die Witterung eines Verschütteten austritt. Hier erwartet der Hund, vom Gefangenen gelobt zu werden, wie er es von den Übungen her kennt. Das Pfötchengeben des Haushundes beruht somit auf der gleichen Grundlage wie das Anzeigen des Rettungshundes.

Bei der Ausbildung von Hunden sollten wir grundsätzlich von den Verhaltensweisen ausgehen, die in der Natur des Hundes gelegen sind. Er ist auf solche Verhaltensweisen sozusagen programmiert. In der Tat machen wir uns dies meist zunutze, auch wenn wir uns dessen nicht immer bewußt sind. Bei der Nasenarbeit etwa und auch beim Schutzdienst ist uns der Zusammenhang mit der grundlegenden Anlage und Neigung des Hundes (Suchen, Spüren – Kämpfen, Verteidigen) zwar klar. Beim Aufnehmen des Bringsels des Sanitätshundes jedoch glaubt man oft, es handle sich um ein Apportieren, und man müsse das dem Hund beibringen. Wie wir später noch sehen, ist auch das Bringselverfahren nur möglich, weil dahinter eine erblich festgelegte Verhaltensweise steckt. Streben wir beim Aufbau des Junghundes eine Zusammenarbeit an, sollte folglich wenn immer möglich eine dem Hund angeborene und ihm vertraute Verhaltensweise einbezogen werden. Dann fühlte sich der Hund besonders gut gestimmt und sicher. Denn in diesem Verhalten liegt für ihn gleichzeitig auch ein großes Lob. Lassen wir den Hund irgendwo sitzen und warten, und rufen wir ihn dann aus dreißig Meter Entfernung ab, geht das Warten dem Hund zwar gegen den Strich. Er möchte bei der «Meute» sein. Das Herbeirennen jedoch ist höchster Genuß. Das abschließende spontane Bei-Fuß-Sitzen hingegen würde ihm weniger Spaß machen, wenn nicht mit Sicherheit das erwartete Lob folgte!

Wir sehen schon hier, daß viel mehr als nur Lob und Tadel hinter der Zusammenarbeit des Hundes mit dem Menschen steckt. Die sichere Ausführung hängt keineswegs davon ab, ob der Hund eine Strafe fürchtet, wenn er nicht tut, was verlangt wird. Vielmehr handelt es sich um ein Zusammenspiel von Grundanlage, klarer Verständigung beim Aufbau der Arbeit und ebensolcher Gewöhnung, wobei als wichtigste Triebfeder die Freude des Hundes an der Kooperation wirksam ist. Je öfter wir die verschiedensten Aufgaben stellen und einüben, desto aufmerksamer und konzentrierter wird unser Hund dabei mittun.

Anlegen wirksamer Verknüpfungen

Damit ein Hörzeichen die erwünschte Reaktion beim Hund auslöst, muß zuvor jene Reaktion durch andere Mittel erwirkt und dabei das gewählte Hörzeichen gegeben werden. Beispiel: Wir rennen weg, der Hund rennt uns nach, und während er auf uns zuläuft, geben wir das Hörzeichen *«Komm»*. Das wird solange geübt, bis eines Tages der Hund beim Ertönen des *«Komm»* zu uns herrennt, weil das Hörzeichen die erwünschte Reaktion auslöste. Mit anderen Worten: er hat das Herbeilaufen mit dem *«Komm»* verknüpft.
Es liegt nun aber im Wesen des Hundes, solche Verknüpfungen mit der Zeit wieder aufzulösen, das heißt, nicht mehr wie erwünscht zu reagieren. Darum müssen wir alle Verständigungen immer wieder üben. Reagiert der Hund eines Tages nur noch langsam oder gar nicht mehr, kommen wir am schnellsten und sichersten zum Ziel, wenn wir den genau gleichen Weg nochmals durchlaufen und wieder von vorn beginnen. Also wegrennen und während des Herbeikommens das Hörzeichen geben. Anschließend folgt natürlich ein großes Lob.
Wenn wir die Verknüpfung einer Handlung mit einem Hörzeichen erreichen wollen, ist darauf zu achten, daß wir ein klares Lautbild als Hörzeichen wählen und von da an nur noch dieses Hörzeichen verwenden. Möchten wir, daß unser Hund auch auf Sichtzeichen, also etwa auf eine Handbewegung reagiert, hat dieses Zeichen ebenso deutlich und gleichbleibend zu sein.
Als weitere Voraussetzung für das Gelingen soll vor und nach der Zeichengebung eine Pause eintreten, die lange genug dauert, daß der Hund nicht weitere Worte oder Bewegungen mit der Handlung verknüpft.
Man sieht Hundeführer oft übertriebene große Bewegungen als Sichtzeichen vollführen und hört sie überlaut die Hörzeichen rufen. Da der Hund Bewegungen außerordentlich gut sieht und Töne äußerst scharf wahrnimmt, ist das eine unnötige und überdies oft lächerlich wirkende Art des Verkehrs mit unserem vierbeinigen Partner. Der Hund – es sei nochmals deutlich gesagt – ist nicht dumm. Er ist auch nicht gebrechlich. Wir wollen uns daher nicht wie mit einem Halbblinden oder Schwerhörigen mit ihm verständigen. Ob er uns am Ende versteht, hängt nicht von der *Quantität* der Sicht- und Hörzeichen ab, sondern von ihrer *Qualität*. Später wird es ein vorzügliches Mittel sein, die Aufmerksamkeit des Hundes dadurch zu steigern, daß wir beide Zeichen auf ein Minimum an Bewegung und Lautstärke zurücknehmen. Was zuvor eine Armbewegung war, ist dann nur noch ein kaum merkliches

Abb. 18. Exaktes Vorgehen des Hundeführers ermöglicht die Verständigung mit dem Hund.
Oben links: Der Hund sitzt bei Fuß. Der Hundeführer weckt seine Aufmerksamkeit, indem er ihn mit seinem Namen anspricht.
Oben rechts: Nach kurzer Pause folgt das Hörzeichen «Platz», verbunden mit dem Sichtzeichen von Arm und Hand. Beide Zeichen nur kurz geben.
Unten links: Der Hundeführer steht entspannt und bewegungslos, bis der Hund liegt.
Unten rechts: Erst nach kurzer Pause lobt er den liegenden Hund – sofern nötig – mit «Brav, Platz». Hör- und Sichtzeichen verknüpfen sich für den Hund mit dem Vorgang des Sich-Hinlegens und der Liegendstellung. Später reagiert er entweder auf das Hör- oder das Sichtzeichen allein.

Anheben der Hand. Ein normal gesprochenes Wort wird zum Flüstern.
Es wird auch hier deutlich, wie sehr die Verständigung vom Verhalten des Hundeführers abhängt. Klare und unmißverständliche Zeichen zu geben, ist nicht einfach. Wir müssen dies üben und vor allem auch lernen, uns des eigenen Verhaltens bewußt zu werden. Das setzt voraus, daß wir uns zu entspannen vermögen. Erst dann können wir so konzentriert vorgehen, wie es für die Verständigung mit dem Hund notwendig ist. Sind wir nervös oder auch nur unkonzentriert, sollten wir zwar mit dem Hund dennoch spazieren gehen, aber niemals mit ihm üben.
Manchmal geschieht es doch, daß der Hund unerwünschte Verknüpfungen vornimmt, die wieder gelöst werden müssen. So etwa beim

Apportieren, bei dem wir mit den Händen das Apportierholz erfassen und mit «*Aus*» das Öffnen des Fanges und das Freigeben des Gegenstandes bewirken. Mit großer Wahrscheinlichkeit wird der Hund bald einmal den Fang öffnen und das Holz fallen lassen, wenn wir uns nur schon mit den Händen seinem Kopf nähern. Er hat in diesem Fall nicht nur das Hörzeichen «*Aus*», sondern auch die Bewegung der Hände mit dem Öffnen des Fanges verknüpft. Diese unerwünschte Verknüpfung löst man am besten, indem man die Hände oft dem Fang nähert, ohne gleich das Holz zu berühren.

Unterstützende und hemmende Einwirkungen

Wenn wir das Wort Strafe in diesem Buch meist in Anführungszeichen setzen, so hat dies seinen Grund. Es handelt sich um einen spezifisch menschlichen Begriff, der zum andersartigen Wesen des Hundes nur schlecht paßt. Da es aber fast unmöglich ist, in der Praxis anders als von Strafe zu sprechen, schlagen wir dem Leser einen Kompromiß vor: Damit wir uns immer daran erinnern, daß das Wort Strafe auf den Hund angewandt nicht im menschlichen Sinne verstanden werden darf, setzen wir es stets in Anführungszeichen.

Unter «Strafe» verstehen wir eine Einwirkung auf den Hund, die ausschließlich dann erfolgt, wenn er etwas tut, das er in jedem Fall unterlassen sollte. Wenn er also bettelt oder sich eine Wurst vom Küchentisch schnappt.

Korrektur bedeutet dagegen, eine unter anderen Umständen richtige Handlung, die im gegebenen Augenblick aber falsch ist, zu unterbinden und den Hund zu der wirklich erwünschten Handlung zu veranlassen. So etwa, wenn der Hund beim Werfen des Apportierholzes nicht sitzen bleibt, sondern das tut, was erst später verlangt wird, nämlich dem Gegenstand nachzurennen. Er wird nun so korrigiert, daß er einerseits in geforderter erwünschter Weise beim Werfen des Apportierholzes sitzen bleibt, andererseits die Lust am Vorgang ungeschmälert beibehält. Damit ist schon angedeutet, daß eine fachgerechte Korrektur nicht einfach ist und überlegt sein will.

Das Lob schließlich bedeutet eine Einwirkung, die ein bestimmtes Verhalten des Hundes unterstützt und als wünschbare Handlung erscheinen läßt. Auch das Lob ist nicht ganz einfach in seiner Anwendung. Die genannten drei Einwirkungen seien nun hier erläutert. Ich darf mich dabei teilweise auf Ausführungen des amerikanischen Tierpsychologen Daniel Tortora stützen.

Loben («Brav»)
Ein Lob am falschen Platz verwirrt den Hund, ein Lob im richtigen Augenblick macht ihn sicher. Wo immer mit Hunden gearbeitet wird, sieht man Hundeführer in dieser Beziehung Schnitzer machen. Und oft ertappt man sich selbst bei einem unangebrachten Lob. Es lohnt sich demnach, *einige Regeln* zu beachten.

- Man sollte sich des Lobens bewußt sein und genau wissen, was man damit erreichen will. Wenn ein Hundeführer seinen Hund an der Leine zerrt, weil er nicht dicht genug bei ihm sitzt, und ihn dann gleich ausgiebig am Kopf krault, ist er sich seines Tuns offensichtlich nicht bewußt. Der Hund hat nichts unternommen, das lobenswert wäre. Er wird nun aber – nach dem Empfinden des Hundes – dafür gelobt, daß er herbeigezerrt wurde. Was soll der Hund davon halten? Es muß ihn verwirren, so kurz nach einer «Strafe» belohnt zu werden. Der Hundeführer hätte in dieser wie in jeder ähnlichen Situation sein Verhalten und das des Hundes beobachten sollen. Erst auf Grund dieser Beobachtung ist zu entscheiden, ob, wann und wie er loben will. Zerrt er den Hund herbei, ohne sonst in irgendeiner Weise auf ihn einzugehen, lobt er ihn zwar nicht, korrigiert ihn aber immerhin ziemlich richtig. Das Zerren geschah wie aus heiterem Himmel, der Hund sitzt jetzt am richtigen Platz. Er bezieht die Einwirkung nicht auf den Meister. Er ist vielleicht verdutzt, aber nicht verwirrt. Geht der Hundeführer jedoch darauf aus, die Handlung des Parallelsitzens zu loben, muß er das im vornhinein planen. Er kann zum Beispiel einen großen Schritt nach rechts machen, was den Hund wahrscheinlich veranlaßt, ihm zu folgen und sich besser hinzusetzen, nämlich parallel zum Meister und dicht bei dessen linkem Fuß. Nun ist natürlich ein Lob fällig und sinnvoll. Es wird vom Hund auch richtig mit dem Dicht-Heransitzen verknüpft.

Da jede unserer Handlungen, die dem Hund Freude macht, an sich ein Lob ist, loben wir den Hund oft, ohne es zu merken, und manchmal für Dinge, die wir eigentlich nicht noch verstärken möchten. Bellt beispielsweise ein Hund im Auto vor Freude, weil wir uns dem Ausgangspunkt unseres täglichen Spazierganges nähern, und lassen wir ihn beim Anhalten gleich aus dem Wagen springen, weil wir froh sind, daß der Lärm nun endlich aufhört, so loben wir den Hund fürs Bellen. Das wird er uns schon nächstes Mal danken, indem er noch früher und noch lauter bellt. Wahrscheinlich haben wir schon eine ganze Weile das Bellen auf diese Weise provoziert und aus einem anfänglich halbunterdrückten Winseln einen Heidenlärm «heraufgelobt». Besser wäre gewesen, ein- oder zweimal am Parkplatz vorbeizufahren und dann den Hund noch eine Weile im Wagen zu belassen. Korrektes Sitzenbleiben beim Türöffnen hätte folgen müssen, so daß sich diese Untugend gar nicht entwickelt hätte. Passen wir also auf, ob das, was wir tun, für den Hund ein Lob bedeutet. Und tun wir es nur, nachdem wir vom Hund etwas verlangt haben, das wirklich lobenswert ist, weil er es in erwünschter Weise ausgeführt hat.

- Das Lob soll vom Hund mit der Handlung in Zusammenhang gebracht werden können, die man ihm als wünschenswert erklären will. Um eine vom Hund vollzogene Handlung mit dem Lob sicher verknüpfen zu können, benötigt er jedoch etwas Zeit. Nach unserer Erfahrung handelt es sich um etwa zwei Sekunden. Ein Beispiel: Hat sich der Hund schräg statt parallel zu uns gesetzt, korrigieren wir ihn am besten manuell, ohne dabei ein Wort zu sagen. Das heißt: Wir beugen uns zu ihm hinunter und bringen ihn von Hand in die erwünschte Endposition. Danach richten wir uns auf und warten entspannt zwei Sekunden, ohne sich ihm innerlich oder äußerlich in irgendeiner Weise zuzuwenden. Danach geben wir das Lob mit «brav sitz», indem wir gleichzeitig seinen Kopf kurz mit der Hand streichelnd berühren. Wiederum richten wir uns auf und warten, bevor etwas weiteres geschieht. So lernt der Hund meist auf Anhieb, was gelobt wurde, nämlich sein ruhiges Verweilen in der korrekten Sitzstellung parallel zum Meister an dessen Seite (bei Fuß). Diese Endposition wird er künftig auch anstreben.
- Ein Lob im falschen Moment kann unerwünschte Verknüpfungen zur Folge haben. Tortora hat dafür ein schönes Beispiel: Der Hund bringt uns die Zeitung und springt anschließend an uns hoch. Wir meinen ihn nun für das Bringen der Zeitung zu loben, der Hund jedoch fühlt sich für das Hochspringen gelobt und verstärkt folglich diese Unart.

Um diese unerwünschte Verknüpfung zu verhindern, hätten wir wie folgt vorgehen müssen:

1. Den Hund mit der Zeitung im Fang in Sitzstellung vor uns etwas warten lassen.

2. Den Hund (mit der Zeitung im Fang) kurz loben und nach einer Pause ihm die Zeitung aus dem Fang nehmen. Dafür sorgen, daß der Hund immer noch in Sitzstellung verharrt.

3. Nach der oben erwähnten Pause von etwa zwei Sekunden den

Hund nochmals fürs Sitzenbleiben loben. Danach nimmt man ihn bei Fuß oder ermuntert ihn zum Freilaufen.

- Gerade bei temperamentvollen, noch ungezogenen sowie unsicheren oder nervösen Hunden ist ein aufmerksames und damit auch lernbereites Verhalten nur mit exakter Planung des Lobens zu erreichen. Dies wirkt stets zuverlässiger als grobes und ungezieltes «Strafen». Ungezieltes, unüberlegtes Loben dagegen kann uns – wie wir gesehen haben – viel Ärger machen.
- Nach jedem Lob, aber auch nach jeder Korrektur, ist eine Pause einzuschalten, wobei in keiner Weise auf den Hund eingegangen wird. Er braucht nämlich – wie schon erwähnt worden ist – diese Zeit, um die ihm zuteil gewordene Einwirkung mit jener Handlung zu verknüpfen, in der er bestärkt, oder die ihm verleidet werden soll.
- Hundeführer/innen, die nach einer schlecht und recht ausgeführten Übung dem Trainer des langen und breiten weiszumachen versuchen, warum dies oder das nicht gelungen sei, und dabei aus lauter Verlegenheit ihren Hund andauernd am Kopf kraulen, sind zurechtzuweisen. Dies mit der Erklärung, daß der Hund mit einem derartigen Dauerlob, das in keinem Zusammenhang mit einem erwünscht ausgeführten Vorgang steht, nur abgelenkt und verwirrt wird. Außerdem setzt dies beim Hund den Stellenwert des Lobes ganz allgemein herab. Beim Üben sollte daher nur wenig, dafür jedoch klar verständlich für den Hund gelobt werden.
- Ein richtig ausgeführtes Lob bestärkt also den Hund in einem bestimmten Verhalten. Sorgen wir dafür, daß es sich um ein erwünschtes Verhalten handelt. Seien wir sparsam mit unserem Lob, und konzentrieren wir uns darauf, es im richtigen Moment gezielt zu erteilen.

«Strafen» («Pfui»)
Es soll im Gegensatz zum Lob den Hund von einem bestimmten Verhalten abbringen. An der Art, wie ein Hundeführer «straft», läßt sich seine Mentalität erkennen. Wer es aus Ärger tut, ist noch zu verstehen; er handelt einfach unbeherrscht. Wer jedoch «straft», weil er dem Hund ein Versagen heimzahlen will oder weil er sich vom Tier blamiert und beleidigt fühlt, sollte im Grunde genommen keinen Hund halten. Schlimm sind jene Leute, die geradezu mit Genuß «strafen», weil sie offenbar auch einmal jemandem ungestraft wehtun möchten. Auch jener Hundeführer, der aus Angst vor dem eigenen Hund «straft», aus Furcht sozusagen, der Hund sei stärker als er, ist weder sympathisch noch vernünftig.

Die aufgezählten Motive werfen kein gutes Licht auf die betreffenden Hundeführer; aber wenn wir ehrlich sind, müssen wir zugeben, daß auch in uns ähnliche Grundgefühle die Reaktionen gegenüber unserem Hund bestimmen. Es hat also keinen Sinn, sich mit großen Scheltereien oder gar Moralpredigten aufzuspielen. Wollen wir wenigstens dem betroffenen Hund helfen, müssen wir darzulegen versuchen, daß derart schlecht motiviertes Strafen keinen Erfolg verspricht. Man sollte eine «Strafe» wie eine Medizin verabreichen (nach Tortora, siehe Literaturnachweis). Auch eine Medizin wird nicht aus Ärger oder aus Wut gegeben, sondern in der Absicht, einen unbefriedigenden Zustand zum Besseren zu wenden. Und wie ein Medikament dann am besten wirkt, wenn es so bald wie möglich und in richtiger Dosierung eingenommen wird, so verhält es sich auch mit der «Strafe». Die Ähnlichkeit geht sogar noch weiter. Werden die Rezeptvorschriften nicht beachtet und genau befolgt, kann eine Medizin sehr unangenehme Nebenwirkungen haben. Weiß man nicht, wie eine «Strafe» zu verabfolgen ist, geschieht genau dasselbe. Sicher hat man dann die größte Aussicht auf Erfolg, wenn man überlegt und frei von jedem Affekt «straft» oder auch korrigiert. Um hierzu Möglichkeiten aufzuzeigen, lassen wir in Anlehnung an Tortora auch da *einige Regeln* folgen.

- Die «Strafe» soll unmittelbar nach Beginn der unerwünschten Handlung einsetzen, wenn möglich schon bei der sich abzeichnenden Intention (Absicht) zu dieser Handlung. Nun besteht aber jeder Vorgang aus mehreren Teilen. Beispiel: Ein Hund nimmt Anlauf, springt auf den Tisch, nimmt Fleisch auf, springt auf den Boden und frißt es. «Bestrafen» wir den Hund jetzt, ist dies völlig sinnlos. Der ganze Handlungsablauf wird sich bei nächster Gelegenheit erneut vollziehen, wenn wir nicht den ersten Teil, das Anlaufnehmen, zu einer höchst unangenehmen Sache werden lassen.
- «Strafe» ist – wiederum analog zur Medizin – bei ihrer ersten Anwendung in einer ausreichenden Dosis zu verabreichen. Genügt die erste Einwirkung nicht, dem Hund das unerwünschte Verhalten restlos zu vergällen, setzt ein Gewöhnungsprozeß ein, und bald haben wir nur noch geringe Chancen, das Ziel zu erreichen, selbst wenn wir zu immer größeren und stärkeren Dosen Zuflucht nehmen. Das Gegenteil von dem, was wir beabsichtigen, kann eintreten: eine fast nicht mehr ausmerzbare Untugend setzt sich fest. Wir müssen dann neue Wege suchen. Ob sie zu finden sind, ist fraglich. Es bleibt darum nichts anderes übrig, als daß man sich in gewissen

Momenten über die allfällige Mißbilligung von Laien hinwegsetzt und hart durchgreift. Es ist wirklich besser, gleich zu Anfang einmal scharf vorzugehen und eine möglicherweise bis zur Untragbarkeit sich entwickelnde Untugend abzustellen, als rücksichtsvoll zu beginnen und erst nach zehnmaligem Versuch bei jener anfänglich nicht geübten Härte anzukommen, ohne jedoch den Erfolg nun noch erreichen zu können. Aus diesem Grund mußte schon mancher Hund schließlich eingeschläfert werden, wobei es sich oft um wesenmäßig sehr starke Tiere handelte.

- Natürlich sollen kräftige «Strafen» eine Ausnahme bleiben. Sie sind auch nur dann zu tolerieren, wenn ohne jeden Affekt aus kühler Überlegung heraus gehandelt wird und andere Wege der Erziehung nicht mehr möglich sind.

Wenn immer möglich setzen wir die «Strafe» in unmittelbare Beziehung zum Verhalten des Hundes. Hat der Hund die üble Gewohnheit, aus der soeben geöffneten Autotür zu drängeln oder zu springen, wird unser *Pfui* bedeutend weniger Eindruck hinterlassen als die Türe, die wir ihm geschickt an den Kopf knallen. Es kann später auch jemand anders dabei sein – der Hund wird vor der Türe Respekt haben und aus diesem Grund dennoch ein erwünschtes Verhalten an den Tag legen.

- Wenn es gelingt, den Hund die «Strafe» als «aus heiterem Himmel kommend» empfinden zu lassen, ist sie bedeutend wirksamer, als wenn er sie auf uns bezieht. Er tritt plötzlich in die mit einem Tabu belegte Küche. Schelten wir, zieht er sich vielleicht zurück, ist aber wenig beeindruckt. Lassen wir jedoch mit einem geschickten Stoß das bereitstehende Schneidebrett vor ihm auf den Boden knallen, ist er mit einem Sprung draußen und schaut verstört auf uns, die wir nun tun, als sei überhaupt nichts geschehen.

- Es ist darauf zu achten, daß die «Strafe» – wie früher das Lob mit dem erwünschten Verhalten – nur mit dem *unerwünschten* Verhalten in Verbindung gebracht wird. Es gilt also auch hier, zu überlegen und zu planen. Sehe ich, daß der Hund wahrscheinlich wieder an der Bettdecke knautschen wird, mache ich mich in aller Ruhe aktionsbereit und nehme zum Beispiel die Staubsaugerstange zur Hand. Nähert er sich nun wie vorausgesehen, warte ich noch ab. Im Moment jedoch, da er den Fang öffnet und die Decke faßt, ertönt mein *Pfui*, und im selben Augenblick fällt auch die Stange dicht beim Hund scheppernd zu Boden. Künftig wird er dann nicht mehr viel Interesse an der Bettdecke zeigen.

Trete ich ins Zimmer, und der Hund ist schon daran, seiner Untugend zu frönen, nützt «Strafen» kaum noch. Natürlich nimmt man den Hund weg, aber von einer «Strafe» sehen wir besser ab und warten, bis sich die Gelegenheit bietet, schneller zu sein. Eine Situation, die mit großer Wahrscheinlichkeit das Fehlverhalten auslösen wird, läßt sich ja auch organisieren. Aber das klappt nicht immer.
- Die Art und Weise der «Strafe» wechseln wir ständig, damit sich der so unerhört anpassungsfähige Hund nicht an gewisse Vollzugsmittel und Vollzugsweisen gewöhnt.
- Muß ein Hund nach reiflicher Überlegung «bestraft» werden, sollten wir ihn danach natürlich nicht aus lauter Mitleid oder auch aus eigener Unsicherheit fast entschuldigend mit Worten überhäufen, etwa im Ton von Ermahnungen, wie man sie Kindern gegenüber abgibt. Dies würde vom Hund als Lob empfunden. Es ist wichtig, eine Pause einzulegen, während der wir dem Hund gar keine Beachtung schenken. Dann jedoch tun wir gut daran, mit dem Hund etwas zu unternehmen und ihn bei der ersten sich bietenden Gelegenheit angemessen zu loben. Das hindert den Hund daran, vor uns Angst zu empfinden, was soviel heißt, wie den Kontakt zu uns zu verlieren. Das sollten wir unter keinen Umständen geschehen lassen. Denn der Kontakt ist ja die wichtigste Komponente unserer gegenseitigen Verständigung, und die wollen wir nicht beeinträchtigen oder gar verlieren.

Korrekturen («Nein»)
Für sie gelten in gewisser Weise dieselben Regeln wie für die «Strafe», und sie stehen auch zum Lob in einem ähnlichen Verhältnis. Wir werden über ihre Anwendung bei den einzelnen Ausbildungssparten sprechen.

Prinzipien der Ausbildung

Es handelt sich um bestimmte Grundsätze, die sich gegenseitig nicht ausschließen, sondern ergänzen. Sie sind in der Praxis nicht immer klar auseinanderzuhalten, werden jedoch hier einzeln dargestellt.

Das Prinzip der Trennung
Es ist falsch, bei einem Hund drei Dinge auf einmal erreichen zu wollen. Möchten wir ihm zu merken geben, daß er suchen soll, legen wir

nicht in seiner Abwesenheit einen Gegenstand oder eine Person aus; wir tun dies vielmehr vor seinen Augen. Dann halten wir ihn kürzere oder längere Zeit zurück. Er wird alsdann mit sehr großer Wahrscheinlichkeit intensiv suchen, und wir haben Gelegenheit, dabei das Hörzeichen *«Such»* zu geben und dessen Verknüpfung mit der Suchhandlung zu vertiefen. Auf diese Weise läßt sich, wie wir noch sehen werden, auch am besten das Gegenstandsrevier und Sanitätsrevier (PO-SKG) aufbauen. Haben wir genügend oft auf Sicht gearbeitet, lassen wir den Hund beim Hinauslegen von Gegenständen und Personen nicht mehr zuschauen. Da er die gegebene Situation und unser Hörzeichen kennt, wird er, im Revier angekommen, sofort zu suchen beginnen. Er ist sozusagen im Bild.
Zu trennen sind prinzipiell in jeder Übung die stets gleichzeitig zu gebenden Hör- und Sichtzeichen von unseren Bewegungen. Dies läßt sich anhand einer einfachen Übung darstellen, die sich bei jüngeren und älteren Hunden sehr gut als Grundübung zur Erlangung von mehr Einfluß des Hundeführers auf seinen Hund bewährt hat. Zudem dient sie dem Hundeführer dazu, sich ein konsequentes und klares Vorgehen anzugewöhnen.

Bleib-Übung als Beispiel
1. Der Hund sitzt bei Fuß, also dicht beim und parallel zum linken Fuß des Führers. Dieser ist völlig entspannt. Die Leine hält er mit der rechten Hand und läßt sie durchhängen.
2. Der Führer hält die linke Hand vor den Kopf des Hundes und gibt gleichzeitig das Hörzeichen *«Bleib»*. Danach nimmt er die Hand wieder zurück. Erst wenn diese Bewegung zu Ende und der Führer entspannt ist, wird zu Punkt 3 weitergegangen.
3. Ohne weitere Sicht- oder Hörzeichen oder gar Leinenbewegungen tritt der Führer jetzt entschlossen mit zwei, drei Schritten vor den Hund, dem er sich zuwendet, so daß die Leine nicht ganz gestreckt ist. Er wartet entspannt und blickt über den Hund hinweg.
4. Nach einer Wartezeit, die ohne weitere Bewegung oder Aktion des Führers verstreicht und je nach Ausbildungsstand des Hundes ausgedehnt werden kann, hebt der Führer die linke Hand vor den Kopf des Hundes unter *«Bleib»* und senkt sie wiederum. Er wartet einen Augenblick entspannt und tritt dann entschlossen zum Hund zurück, ohne ein weiteres Hör- oder Sichtzeichen oder eine Leinenbewegung zu machen.
5. Er wartet einen Moment in dieser Endposition und lobt dann kurz den Hund mit *«Brav, Bleib»*.

Abb. 19. Bleib-Übung
Oben links: Der Hundeführer gibt das Hörzeichen «Bleib» gleichzeitig mit dem Sichtzeichen von Arm und Hand und wartet einen Augenblick entspannt.
Oben rechts: Jetzt tritt der Hundeführer, ohne weiter auf den Hund einzuwirken, entschlossen vor ihn. Folgt der Hund, wird die Übung neu begonnen. Bleibt er, wartet der Hundeführer entspannt.
Unten links: Bevor er zurücktritt, gibt der Hundeführer das Hörzeichen «Bleib», verbunden mit dem Sichtzeichen, beides nur kurz und einmal. Er wartet einen Augenblick entspannt.
Unten Mitte: Ohne weiter einzuwirken, ist der Hundeführer zum Hund zurückgetreten und wartet einen Moment in Grundstellung.
Unten rechts: Nun erst folgt das Lob «Brav, Bleib», kurz und nur einmal.
Mit dieser einfach scheinenden Übung, die an der Leine begonnen wird (siehe auch Farbtafeln 4 bis 6), vermag der Übungsleiter die klare Zeichengebung und Fortbewegung des Hundeführers zu kontrollieren. Wichtig: Zwischen Fortbewegung und Zeichengebung ist stets eine kleine Pause einzuschalten.

Bemerkungen: Die Leine wird während der ganzen Übung nur gehalten, und zwar am äußersten Ende. Sie wird nie irgendwie betätigt oder bewegt oder gar gestrafft. Sie hängt immer durch.
Wenn während irgendeiner Phase dieser Übung der Hund die Sitzstellung verläßt, ist die Übung unter ruhigem, aber bestimmtem *«Nein»* ab-

zubrechen und ganz von vorn zu beginnen. Das gilt für jede Übung, die sich aus mehreren Teilen zusammensetzt. Es wäre grundfalsch, den Hund in einer Zwischenphase zu korrigieren, und dann weiterzufahren.
Geht der Hund im Laufe der Übung in Liegendstellung über, läßt man dies ohne jede Reaktion zu. Es geht ja hier ums Bleiben, und nicht ums Sitzen oder Liegen. Am Schluß der Übung zieht man den Hund einfach unter «*Sitz*» am Halsband hoch, wartet kurz und lobt.
Während dieser ganzen Übung geschehen nur zwei Dinge stets gleichzeitig: das Hör- und das Sichtzeichen. Alle anderen Bewegungen erfolgen klar von einander getrennt.
Variationen: Als erstes kann zwischen Phase 3 und 4 das Ablegen und Wiederaufnehmen der Leine eingebaut werden:
3a. Der Führer hebt die Hand unter «*Bleib*» über den Kopf des Hundes, nimmt diese wieder zurück und wartet eine kurze Weile entspannt.
3b. Er beugt sich ruhig hinunter, legt die Leine ab, erhebt sich und wartet entspannt in der Grundstellung.
3c. Nach einer variablen Wartezeit hebt der Führer die Hand unter «*Bleib*», nimmt das Sichtzeichen erneut zurück und wartet entspannt.
3d. Er bückt sich wie zuvor, nimmt die Leine auf, wartet entspannt.
Danach geht die Übung wie unter Punkt 4 beschrieben weiter.
Des weiteren lassen sich die Wartezeichen variieren. Auch kann sich der Führer bei abgelegter Leine mehr oder weniger weit entfernen und allenfalls in ein Versteck begeben, aber immer unter exaktem Trennen von Zeichengaben und Bewegungen. Das Hörzeichen «*Bleib*», verbunden mit dem Sichtzeichen, wird vor jeder Situationsänderung gegeben.
Da diese Übung einfach ist, hat sie sich als ein Grundmodell der Verständigung zwischen Führer und Hund bewährt, und zwar auch bei wenig informierten Leuten und älteren Hunden. Von hier ausgehend, konnten viele Schwierigkeiten mit Hunden erträglich gemacht und teilweise behoben werden, weil auf diese Weise der Einfluß des Meisters auf den Hund verstärkt wird. Zudem wird das Verständnis des Meisters für die gegenüber dem Hund anzuwendende Konsequenz und Klarheit geweckt und auch geübt.

Das Prinzip der Abwechslung
Der Hund ist tatsächlich ein Gewohnheitstier: über die Angewöhnung läßt sich vieles bei ihm erreichen. Gerade deshalb müssen wir darauf bedacht sein, dort wo er sich etwas nicht angewöhnen soll, für ständige Abwechslung zu sorgen. Arbeiten wir bei einer Suchübung einmal im

gleichen Gelände, wird er sogleich jene Verstecke aufsuchen, die schon benützt wurden. Legen wir zweimal hintereinander eine Fährte mit einem Winkel nach rechts, wird er beim dritten Mal nur schwer von dieser Rechtswendung loskommen.

Die Neigung, sich etwas anzugewöhnen, hängt mit dem außerordentlich guten Gedächtnis des Hundes zusammen. Mit der Gewöhnung sinkt indes oft auch die Aufmerksamkeit. Geben wir unsere Hörzeichen ständig wie Kommandos, laut und stur, aber ausdruckslos, reagiert der Hund bald recht lustlos darauf. Wechseln wir jedoch Lautstärke und Ausdruck, wird der Hund aufmerksam bleiben. Dasselbe können wir mit schnelleren oder langsameren, größeren oder kleineren Sichtzeichen erreichen.

Eine weitere Möglichkeit, die Aufmerksamkeit des Hundes zu steigern, besteht darin, abwechselnd nur Hör- oder nur Sichtzeichen zu geben.

Das Prinzip der gleichen Form
Wollen wir etwas ganz Bestimmtes erreichen, nehmen wir die hierzu dienende Übung stets am gleichen Ort in genau gleicher Weise vor und intensivieren damit die Angewöhnung. Das Fassen und Ausgeben des Apportiergegenstandes üben wir beispielsweise immer in derselben Zimmerecke, bis es sitzt. An diesem Ort wird der Hund nicht abgelenkt, so daß er unweigerlich in die «Faß- und Ausgebestimmung» gerät. Es schadet nicht, wenn diese Stimmung bei Beginn negativ getönt ist; mancher Hund faßt bekanntlich nicht gern auf ein Hörzeichen hin einen Gegenstand. Wesentliche Voraussetzung ist aber, daß die Stimmung des Ausbilders gleichförmig ruhig bleibt. Jede Ungeduld schiebt in solchen Fällen nur den Erfolg hinaus, jede Unbeherrschtheit desgleichen. Äußerste Konsequenz wirkt hier zuverlässiger und zwangsläufiger als die Härte eines sogenannten Starkzwanges.

Das Prinzip der Wiederholung
Wie immer eine Übung angelegt wird, bedarf sie doch vielfacher Wiederholung, bevor gesagt werden kann: Nun sitzt die Aufgabe, oder – im anderen Fall – auf diese Weise gelangen wir nicht ans Ziel. Wir alle kennen jene Hundeführer, die etwas zweimal versuchen, dann einen anderen Ausbilder um Rat fragen, es wieder zweimal versuchen, und so fort. Vor zwanzigmaligem Üben läßt sich weder beurteilen, ob der Hund die Übung nun weiterhin wunschgemäß ausführen wird, noch ob es bei der bisher ungenügenden Leistung bleibt. Im ersten Fall können sich plötzlich unerwartete Fehlleistungen ergeben, im zweiten Fall

kann ebenso unerwartet «der Knopf aufgehen». Erst mit etwa siebzigmaligem Üben sind die meisten der möglichen Fehler aufgetreten und wieder behoben worden. Und erst dann ist ein Sicherheitsgrad erreicht, der empfindliche Rückfälle ausschließt.

Wiederholen heißt, in stets genau gleichbleibender Weise vorzugehen, damit sich der Hund an Form und Art der zu lernenden Arbeit gewöhnen kann. Mit seiner Gewöhnung an den Bewegungsablauf einer Übung wächst die Sicherheit des Hundes, und damit vergrößert sich auch ständig die Chance, daß er uns verstehen wird.

Selbstverständlich spielen bei jeder Arbeit *alle* der genannten Prinzipien mit. Markiert man beim Gegenstandrevier die Grundlinie mit Fähnchen (PO-SKG), gewöhnt sich der Hund daran, die Ecken abzusuchen. Das wurde auch bezweckt. Legt man die Grundlinie später vor, um in die Fläche zu gelangen, wird der Hund links und rechts im Bogen zu den Fähnchen zurückeilen. Um dies zu vermeiden, hätte man vorher auf der Grundlinie öfters ohne Fähnchen arbeiten und somit das Prinzip der gleichen Form mit demjenigen der Abwechslung tauschen müssen.

Übungsregeln
Die einzelnen Übungen sind kurz zu halten und nicht am gleichen Tag zu wiederholen. Am besten hört man jeweils auf, wenn es besonders gut geht oder wenn ein kleiner Erfolg zu verzeichnen ist. An Tagen, da nichts gelingen will, bricht man besser bald ab oder geht zu einer Arbeit über, die der Hund sehr gern verrichtet. Oft wenig verlangen, ist weit besser, als selten zu üben und dabei zu hohe Anforderungen an die Ausdauer zu stellen. Das gilt vor allem für den jungen Hund, aber auch für den unerfahrenen Führer. Später muß dann mehr Ausdauer verlangt werden, doch hat dies unter kundiger Leitung zu geschehen.

Das Ziel jeder Übung ist, wie wir nun wissen, kein Lehrvorgang nach menschlichem Muster. Wir bringen den Hund lediglich dazu, in einer gegebenen Situation unter dem Einfluß von bestimmten Hör- und/oder Sichtzeichen stets das gleiche Verhalten zu zeigen.

Stufenweises Vorgehen
Die meisten Übungen, welche eine Prüfungsordnung verlangt, setzen sich aus unterschiedlichen Übungsteilen zusammen, die oft ganz gegensätzliche Stimmungsbereiche im Hund berühren. Das komplexeste Beispiel dafür ist wohl das Apportieren. Wie man dabei die Übungsteile voneinander trennen und stufenweise aufbauen kann, findet sich auf

den Seiten 155 ff. beschrieben (siehe auch «Apportiertreppe» auf Seite 156). Auch die Revierarbeiten sind gute Beispiele des stufenweisen Aufbaus (Gegenstandrevier Seite 222 ff. und Sanitätshundearbeit Seite 234 ff.). Ein sehr einfaches, aber zur Vermittlung der Grundkenntnisse über die Verständigung mit dem Hund geeignetes Beispiel ist die Bleib-Übung (siehe Seite 113).

Bei allen für den Führer und/oder Hund neuen Übungen sollte genügend Zeit für die Angewöhnung eingeräumt werden. Es geht in erster Linie darum, den Hund auf den Vorgang einzustimmen. Das, was man in der Ausbildungspraxis «Drücken» nennt, ist hier fehl am Platz. Im Gegenteil, man sollte versuchen, das Interesse des Hundes am Vorgang zu wecken, indem man ihn mehr ermuntert als drängt und indem man ihn gezielt und dosiert lobt. Zeigt der Hund schließlich Interesse an dem, was man ihm «beizubringen» im Begriffe ist, dann ist er auch für Korrekturen empfänglich, die man nun zur Perfektionierung des Vorganges vornehmen kann, ohne ihn zu verunsichern.

Dritter Teil
Ausbildung und Einsatz von Führer und Hund

Zur Ausbildung überhaupt

Führerausbildung geht vor
Bevor ein Führhund von einem Blinden übernommen wird, hat der Sehbehinderte selbst eine Vorschulung durchzustehen. Er wird theoretisch mit den Grundlagen seiner Ausbildung vertraut gemacht, lernt unter anderem die Hörzeichen und ihre Bedeutung kennen. Dann wird er in die Praxis eingeführt, indem er am Führbügel dem Ausbilder folgt, der nun den Hund spielt. Auf diese Weise vermag der Blinde das Handhaben des Führbügels und der Leine zu trainieren. Er wird später den ausgebildeten Führhund nicht durch zu viele Fehler stören, wie das sonst der Fall gewesen wäre.
Bei Erziehungskursen und der hundesportlichen Ausbildung von Anfängern ist das anders. Hier wird der Hundeführer meist ohne vorausgehende Schulung gleichsam auf den Hund losgelassen. Das führt zu manchen Fehlern, die den noch nicht ausgebildeten Hund unsicher machen. Es wäre darum zu begrüßen, wenn Kurs- und Übungsleiter diesem Umstand Rechnung trügen und die Teilnehmer noch vor ihrer Arbeit mit dem Hund beispielsweise anhand des vorliegenden Buches über die wichtigsten Grundlagen der Ausbildung orientierten.

Hörzeichen und Sichtzeichen
In mancher Prüfungsordnung ist man davon abgekommen, Hörzeichen gleichzeitig mit Sichtzeichen geben zu lassen. Dies führte dazu, daß man nun den Anfänger vielerorts ausschließlich mit Hörzeichen trainieren läßt. Es bedeutet indes eine unerwünschte Verminderung der Verständigungsmöglichkeiten. Wir führen hier deshalb *Gründe* an, die *für die Ausbildung mit Hör- und Sichtzeichen* sprechen.

- Für den Anfänger besteht so die Möglichkeit, den Sinn einer Verknüpfung zu erfahren. Man wird ihn später auch abwechselnd mit Hör- oder Sichtzeichen arbeiten lassen. Dabei vertieft sich die Verständigung mit dem Hund.

Ausbildungsarten und Vorschläge zum Aufbau

Zeitraum	Familienhund	Schutzhund VDH/WUSV IPO/SKG Diensthunde PO	Suchhunde SKG Sanitätshund SKG + Polizei Diensthunde PO	Fährtenhund VDH/WUSV SKG Diensthunde PO	Lawinenhund SKG Rettungshunde PO	Katastrophenhund SKG Rettungshunde PO
5. bis 8. bzw. 12. Lebenswoche	Förderung des Welpen durch den Züchter, indem er sich mit ihm beschäftigt und ihn möglichst viele verschiedene Erlebnisse mit der Umwelt erfahren läßt. Kontakt zu Mutterhündin und Geschwisterwelpen muß gewährleistet sein. Ebenso muß Kontakt mit verschiedenen Personen (erwachsenen Männern und Frauen sowie Kindern) erfolgen. Von der fünften Woche an bis zur Übernahme durch den Besitzer ist der Welpe mindestens zweimal wöchentlich zu einer «Spiel-Lektion» von 15 bis 30 Minuten abseits des Zwingers zu führen, am besten vom künftigen Besitzer selbst.				
Übergang zum Besitzer	Angewöhnungspause von zwei bis drei Wochen, je nach Entwicklungsstand. Doch schon jetzt werden konsequent Tabus gesetzt, wie Nichtbetreten der Küche oder Warten am Trottoirrand vor dem Überqueren der Straße.				
nach erfolgter Angewöhnung	Der Junghund wird konsequent in das «Familienrudel» und dessen Tagesablauf integriert. Kontakt zu verschiedensten Leuten und Freilaufen mit anderen Hunden. Der Vorteil der frühen Gewöhnung wird gewahrt, indem z. B. der tägliche Gang zum Auto, das Einsteigen, die Rückkehr mit Aussteigen und Hineingehen ins Haus gegliedert und mit Verhaltensübungen versehen wird. Dies wird bis zum zwölften Lebensmonat fortgeführt.				
Ab 4. Monat	Suchspiele bei Spaziergängen. An Verkehr gewöhnen.	Die Nasenarbeit wird mit sorgfältig durchzuführender Suche nach dem Führer begonnen und bald mit regulärer Fährtenarbeit auf der Eigenspur fortgesetzt, wobei das Apportieren der Gegenstände noch ausgeklammert bleibt. Leichtes Gelände wählen. Nur alle 14 Tage eine Spur. Fachgerecht ausgeführte Übungen mit der Reizangel sind jetzt möglich. Sie fördern die Sicherheit des Hundes und bereiten ihn für die Schutzhundeausbildung vor.			
Ab 6. Monat	Besuch eines Erziehungskurses in der «Baby-Klasse»	Fährten alle 14 Tage. Fördern der Beziehung zum Gegenstand. Beißübungen. Verbellen und Transport des Pikörs an der Leine.	Fährtenarbeit einstellen. Leichte Arbeit auf der Grundlinie. Gelegentlich in Fläche gehen bei leichtem Gelände.	Reguläres Fährtentraining. Mittelschweres Gelände. Bis zu 1 km. Alle 14 Tage.	Angewöhnung im Schnee. Leichte Suchaufgaben nach Personen. Anzeigen von Führer und Fremdperson. Gewöhnung an verschiedene Transportmittel. 1 × pro Woche.	Leichtes Geländetraining. Anzeigen Führer und Fremdperson. Führigkeitsübungen. 1 × pro Woche.

Ab 12. Monat	Besuch eines Erziehungskurses in einer Normalklasse.	Aufbau der Kontaktübungen (Unterordnung). Transporte und Verbellen des Pikörs. 1 bis 2 × pro Woche. Gelegentlich Angriffe, ergänzt mit Beissübung. Gegenstandsrevier (PO-SKG)	Aufbau der Kontaktübungen (Unterordnung). Aufbau Revier 120 × 200 m 1 × pro Woche in mittelschwerem Gelände. Bringselübungen.	Aufbau der Kontaktübungen (Unterordnung). Volles Programm in schwerem Gelände. Auch bei Schlechtwetter. 1 × pro Woche leichte Fährte, 1 × pro Woche schwere Fährte. Ablegen der Fährtenprüfung nach PO-SKG	Aufbau Kontaktübungen (Unterordnung). Lauftraining im Schnee. Mittelschwere Suacharbeit nach Personen. Anzeigeübungen. Feinsuche nach Gegenständen. 1 × pro Woche.	Aufbau der Kontaktübungen. Suche im Trümmergelände nach Personen. 1 × pro Woche. Führigkeitsübungen. Parcours und Anzeigen 1 bis 2 × pro Woche.
Ab 18. Monat	Gezielte Beschäftigung mit dem Hund auf dem täglichen Spaziergang gibt dem Tier ein «Tagesziel» und bindet ihn an Haus und Familie	Gesamtprogramm 1 × wöchentlich bis zur Prüfungsreife. Zweite Übung gilt Details und Fährtenarbeit. Mutprobe. Ablegen Prüfung Stufe I SKG (VDH frühestens mit zwei Jahren).	Gesamtprogramm im 120 × 200 m Revier, auch in schwerem Gelände. Gegenstand suchen. Nachtarbeit. Prüfung Stufe I je nach Ausbildungsstand.	Training mit Verleitungsfährten. Gesamtprogramm 1 × pro Woche. Ablegen der Fährtenprüfung VDH/WÜSV	Gesamtprogramm. Taktische Aufgaben. Ablegen der Prüfung Stufe I je nach Ausbildungsstand.	Gesamtprogramm. Suche in schwerem Trümmergelände. Harte Störeffekte. Ablegen der Prüfung für KH je nach Ausbildungsstand.

BEMERKUNGEN: Je nach Ausbildungsstand des Hundeführers (möglicherweise hat er schon mehr Hunde ausgebildet) sowie der Kondition und Eignung des Hundes lassen sich zeitliche Anpassungen vornehmen. Es können im Aufbau auch ganz andere Akzente gesetzt werden. Die Reihenfolge kann ebenfalls gewählt werden. Schlecht ist eigentlich nur, was zu Überforderungen führt. Im allgemeinen hat sich bewährt:

1. Sehr früh mit Nasenarbeit beginnen, und zwar auf der Fährte. Erst wenn das sitzt, zum Revieren übergehen, sei es nach Gegenständen oder Personen.
2. Erst mit einem Jahr systematisch und prüfungsgemäss Kontaktübungen (Unterordnung, Gehorsam) trainieren.
3. Erst mit zwei Jahren die Prüfung auf Stufe I ablegen (Ausnahme: Fährtenprüfungen). Die Zeit ist nicht verloren, man holt sie beim Ablegen der Stufen II und III mit einem sauber aufgebauten Hund ohne weiteres wieder ein.

- Bei der Nasenarbeit, ganz besonders bei der Flächensuche, sind wir auf Sichtzeichen angewiesen. Aus diesem Grund ist es wichtig, daß Hundeführer und Hund sich bei den grundlegenden Kontaktübungen daran gewöhnen.
- Bei jedem praktischen Einsatz ist der Hundeführer auf Sichtzeichen angewiesen. Bei starkem Lärm (Verkehrsgeräusche, Rauschen und Tosen von Fluß und Bach, Fluglärm, Heulen und Pfeifen starker Winde, Regengeplätscher) kann er sich gar nicht anders als durch Sichtzeichen verständlich machen. Und was tut er, wenn er sich dem Hund bei einer Sucharbeit oder Bewachungsaufgabe aus Sicherheitsgründen nicht akustisch bemerkbar machen darf? Es ist deshalb dringend zu empfehlen, die Ausbildung grundsätzlich mit gleichzeitig zu gebenden Hör- und Sichtzeichen durchzuführen. Die Arbeit unter alleiniger Verwendung von Hörzeichen bei Sportprüfungen kann dennoch vorbereitet werden.

Sich nicht auf eine Methode versteifen
Im Führer/in-Hund-Team arbeiten zwei Lebewesen zusammen, die beide ihre Eigenheiten und besonderen Begabungen mitbringen. Schon von hier aus gesehen wäre es falsch, wenn sich ein Übungsleiter oder Hundeführer auf eine einzige ihm geläufige Ausbildungsmethode versteifen würde. Wer mit einer ihm lieb gewordenen Methode bei seinem früheren Hund erfolgreich war, muß darauf gefaßt sein, daß er auf diese Weise mit seinem neuen jungen Hund dasselbe Ziel nicht erreicht. Denn kein Hund ist seinem Wesen nach gleich wie ein anderer. Man sollte also immer in der Lage sein, sich auf die Wesensart des auszubildenden Teams einzustellen und sich diesen Gegebenheiten anzupassen. Somit muß einem Übungsleiter und Ausbilder die Kenntnis verschiedener Ausbildungsarten am Herzen liegen.

Das heißt aber nicht, daß man von der einen zur anderen Methode wechselt, nur weil der Aufbau einer Übung nicht in kurzer Zeit gelingt. Man beachte dazu die Ausführungen unter dem Titel «Das Prinzip der Wiederholung» auf Seite 116 des vorliegenden Buches. Ganz allgemein gilt:

- Fast jeder Aufbau einer Übung dauert längert, als man zu Beginn annimmt.
- Fast immer wird das Ziel erreicht, wenn mit genügend Geduld und Durchhaltevermögen seitens des Hundeführers bzw. der Hundeführerin gearbeitet wird.
- Ständig wechselnde methodische Vorgänge verwirren den Hund und erschweren die Ausbildung.

Den Hund motivieren
Der Kynologe Claude Hockenjos hat in den vergangenen Jahren, unterstützt von seinen Mitarbeitern und Mitarbeiterinnen, im Hundesport Birseck eine Methode entwickelt und mit durchschlagendem Erfolg angewandt, die der Motivation des Hundes große Bedeutung zumißt. Selbst hat er mit mehreren Hunden Spitzenresultate und Titelgewinne erzielt, dies auch auf internationaler Ebene.
Hier wird nun eine von Claude veröffentlichte Zusammenfassung über die Arbeitsweise von ihm und seinem Team neu in das vorliegende Buch eingefügt. Damit wird der danach folgende Abschnitt «Kontaktübungen» vorausgehend ergänzt und bereichert. Die Zusammenfassung enthält überdies wichtige Hinweise über die Verantwortung des Übungsleiters und die Organisation des Übungsbetriebes.

Kapitel 8

Hundesportliche Grundübungen

Unterordnung – eine Frage der Motivation
von Claude Hockenjos

Wo sind die Jungen?

Ist Ihnen auch schon aufgefallen, wie wenig Jugendliche einen Hund führen? Warum haben wir so wenig Junge, die sich für das Führen eines Hundes, in welcher Sparte auch immer, interessieren, obwohl gerade sie sehr oft einen ausgezeichneten Kontakt zu ihren Hunden entwickeln können, der bei weitem nicht so steif und verknorkst ist wie bei Erwachsenen.
Wer schon auf mehreren Hundesportplätzen war, hat sicher schon feststellen können, daß dort oft die Hütte und nicht die Arbeit auf dem Übungsplatz das Wichtigste ist. Das Verhältnis Übungsbetrieb – Gesellschaftliches ist sehr oft zugunsten des letzteren verschoben. Nun ist es aber so, daß Jugendliche, wenn ich das Durchschnittsalter in den Vereinen betrachte, das Gesellschaftliche nicht unbedingt mit «Oldies» (dazu gehöre z. B. ich) oder gar mit «Grufties» verbringen wollen. Das Gesellschaftliche wollen sie mit Gleichaltrigen erleben.
Wenn sich also ein Jugendlicher einmal auf einen Hundesportplatz «verirrt», dann kommt er vor allem wegen des Übungsbetriebs und möchte dort gefördert werden. Dabei hat er durchaus Erwartungen in das, was ihm geboten wird.
Die folgende Artikelserie ist unter anderem für alle diejenigen gedacht, die primär Spaß haben, mit dem Hund zu arbeiten. Also nicht nur für Junge, sondern auch für «Oldies» und «Grufties», die nicht nur in Erinnerungen schwelgen, sondern auch offen sind für Neues. Zu oft wird Neues in den Vereinen von alten «Kläusen» blockiert, die zwar einmal ihre Qualitäten hatten, aber nicht bemerkt haben, daß sich die Zeiten wesentlich geändert haben und daß Methoden nur ein Mittel sind, das immer wieder neu in Frage gestellt werden muß, um ein Ziel zu erreichen.

Bedeutungsvoll: der Übungsleiter

Die Zeiten haben sich auch für den Übungsleiter geändert. Er ist fraglos – falls im jeweiligen Verein gerne und vor allem mit den Hunden gearbeitet wird – der wichtigste Mann des Vereins. Sonst ist es der Hüttenwart.
Die folgenden Zeilen sollen gewisse Eigenschaften, die ein Übungsleiter haben sollte, näher beleuchten.
Wie kann die Arbeit eines Übungsleiters beurteilt werden? Vor allem natürlich am Erfolg, den der Verein mit seinen Mitgliedern an Prüfungen hat. Dazu muß er zwei wichtige Voraussetzungen mitbringen: 1. Er sollte jede Disziplin in klare, für Hund und Hundeführer verständliche und erreichbare Schritte unterteilen können, und er muß 2. mit Leuten umgehen können und teamfähig sein. Die erste Eigenschaft spricht sein Wissen und Können an, die zweite seine Charaktereigenschaften. Wenn beide stimmen, so ist der Erfolg eine logische Folge seines Tuns.
Wenn Sie also von jemandem große Theorien zu hören bekommen, erkundigen Sie sich nach den Erfolgen seines Vereins oder der Gruppe, die mit ihm arbeitet. Hat jemand auf einem Platz jahrelang das Sagen gehabt und sind am Ende seiner Amtsperiode weniger prüfungsfähige Hunde vorhanden, so hat er klar versagt. Dieser Mißerfolg braucht nicht aus mangelndem Wissen und Können zu resultieren. Es kann durchaus in seiner fehlenden Teamfähigkeit liegen. Wer sich, statt Mitarbeiter auszubilden, groß aufspielt und sich freut, wenn sein Imponiergehabe bei den Mitgliedern Angst und Tränen auslöst, der sollte möglichst schnell ersetzt werden, denn er schadet mehr, als daß er nützt, und wenn er noch soviel kann und weiß. Er blockiert jegliche Eigeninitiative der Mitglieder und hat damit den Grundstein zu seinem Mißerfolg und dem des Vereines gelegt.

Teamarbeit ist gefragt

Eine der wichtigsten Aufgaben eines Übungsleiters ist es, statt «Lehrerlis» und «Schülerlis» zu spielen, möglichst rasch aus ihm und den Mitgliedern ein Team zu bilden. Wie geht er vor?
Als erstes nimmt er sich ein paar Helfer und zieht sie langsam mit in die Verantwortung. Wie soll nun diese Verantwortung aufgeteilt werden? In vielen Vereinen wird die Verantwortung nach Klassen aufgeteilt. Also: Einer ist verantwortlich für BH, SchH I–III, SanH I–III usw.

Der Nachteil dieser Aufteilung ist, daß der Helfer in allen Disziplinen dieser Klassen bewandert sein muß. Wie wäre es, wenn die Einteilung statt nach Klassen nach Disziplinen erfolgte? Also: Je einer ist verantwortlich für Fährte, Unterordnung, Sanitätsrevier usw. Diese Einteilung hat den Vorteil, daß jeder wirklich nur dort zu einer Aufgabe herangezogen wird, wo seine Fähigkeiten groß sind, und daß doch fast alle eine kleine Aufgabe bekommen werden, wo sie hilfreich für ihre Kollegen sein können. Damit wird die oft krasse Polarität von solchen, die immer liefern (Übungsleiter) und solchen, die immer konsumieren (Mitglieder), aufgehoben. Alle geben, was sie können, und sie bekommen dafür alle wieder etwas zurück. Allerdings müssen die Aufgaben für jeden lösbar sein.

Mit diesem System wird der Übungsleiter für den normalen Übungsbetrieb überflüssig. Wenn ihn niemand mehr vermißt, hat der Übungsleiter perfekte Arbeit geleistet. Jetzt wird er Zeit haben, dort zu wirken, wo der beste Übungsleiter auch sein sollte, nämlich bei den Neulingen. Dort ist es entscheidend wichtig, daß die Weichen für den Anfänger von Anfang an richtig gestellt werden:

Motivation – erfolgreiches Erreichen der Zwischenziele bis zum Endziel.

Davon sei nun hier die Rede.

Nicht überfordern

«Marschieren, rechts!» Beim Wort «rechts» ging ich nach links, und meine dreijährige Hovawarthündin war anderer Meinung und ging nach rechts. Beide stolperten ungeschickt übereinander. «Aha, noch keinen Militärdienst geleistet», war die messerscharfe Schlußfolgerung unseres durchaus nicht militärischen Übungsleiters. Beim Anhalten bekam ich meine Hündin kaum richtig unter Kontrolle, so daß sie am Schluß statt links neben mir vorne auf meinen Füßen saß. Das war mein erstes «Gehorsamerlebnis». Nach dieser «Übung» begab ich mich – damals erst 15 Jahre alt – frustriert und irgendwie demotiviert nach Hause. Heute noch, nach dreißig Jahren, kann ich mich an jede Sekunde dieser fürchterlichen ersten «Gehorsamsviertelstunde» erinnern.

Heute kann ich darüber lachen. Aber damals hing es an einem Faden, und ich hätte mit dem Hundesport aufgehört. Lange genug habe ich Zeit gehabt, mir über diese erste Viertelstunde Gedanken zu machen. Warum war sie so demotivierend? Was hatte dieser sympathische und nette Übungsleiter ohne Absicht falsch gemacht? Die Antwort lautet: Er hatte mich und meinen Hund in eine Situation gebracht, in der wir beide total überfordert waren. Das schlimmste war, daß wir bis zum Ende der Übung überfordert blieben, da er uns in kurzen Zeitabständen vor immer neue Situationen stellte, denen wir nicht gewachsen waren. Er wollte uns das Lesen lernen, ohne uns das Alphabet beizubringen. Zurück blieben Frustration und das Gefühl totaler Unfähigkeit.

Erfolg beflügelt

Wie soll nun der Übungsleiter einen Neuling anlernen? Unter Neuling verstehe ich selbstverständlich den Hundeführer und nicht den Hund. Der Hundeführer ist hier der einzige, der etwas zu erlernen hat.
Die Übungen müssen derart unterteilt werden, daß der Hundeführer die einzelnen Lernschritte auch mit Erfolg beenden kann. Erfolg vermittelt Sicherheit und spornt an.

Wichtige Führer-Hund-Beziehung

Betrachten wir einmal die Disziplinen «Leinenführigkeit» und «Folgen frei» unter dem Aspekt des vorher Erwähnten. Die erste Frage, die sich ein Übungsleiter stellen muß, ist: «Welche Voraussetzungen müssen Hund und Hundeführer erfüllen, damit angefangen werden kann?» Für die Disziplin «Gehorsam» ist eine sehr gute Bindung vom Hund zum Hundeführer absolut unerläßlich. Diese kann ganz einfach festgestellt werden: Der Hundeführer läßt seinen Hund frei und entfernt sich, ohne ein Wort zu sagen, in eine bestimmte Richtung. Kommt der Hund ohne weiteres mit, so ist die Bindung schon recht gut. Ist für den Hund aber alles andere wichtiger als der Hundeführer, so muß zuallererst die Beziehung Hundeführer–Hund gefestigt werden.
Jetzt beginnt zum ersten Mal die sichtbare Arbeit des Übungsleiters. Er muß nämlich dem Hundeführer Ratschläge geben, mit welchen Übungen er diese Beziehung zu seinem Hund vertiefen kann, und er muß diese Übungen zusammen mit seinem Schüler durchspielen. Es ist unglaublich, wie viele Fehler ein Anfänger macht, an die wir, als erfahrene Hundeführer, kaum denken. Die wichtigste Aufgabe eines Übungsleiters ist es, einem Lernenden beizubringen, die Übungsanlagen so zu gestalten, daß das Ziel jeder Übung erreicht werden kann. Dies hat nicht

in der Klubhütte, sondern draußen auf dem Übungsplatz, praktisch, zu geschehen.

Beziehungsübungen

Zur Vertiefung der Beziehung Hund – Hundeführer gibt es verschiedene Übungen:

1. Beim jungen Hund: Wir verstecken uns auf dem Spaziergang, wenn uns der Hund einmal nicht im Auge hat.
2. Das Abrufen: Während ein Helfer unseren Hund hält, entfernen wir uns und rufen den Hund nachher ab.
3. Das Spielen: Für die gegenseitige Annäherung sind verschiedene Spiele mit unserem Vierbeiner unerläßlich.
4. Bei schwierigen Fällen können wir den gegenseitigen Kontakt vertiefen, indem wir den Hund nur noch auf dem Spaziergang füttern.

Alle diese Übungen scheinen klar und problemlos, und trotzdem werden Anfänger oft so viele Fehler machen, daß sie bei gewissen Übungen das Übungsziel nicht mehr erreichen können. Deswegen ist es unerläßlich, daß der Übungsleiter die Übungen mit dem Anfänger gemeinsam praktisch durchexerziert.

Menschenfreundlich

Die zweite wichtige Voraussetzung ist folgendes: Der Hund soll zu allen Leuten Zutrauen haben. Oft sind Neulinge sogar stolz darauf, daß ihr Hund bei Fremdpersonen das Nackenhaar stellt und sich aggressiv zeigt. Diesen Hundeführern muß ganz deutlich gezeigt und gesagt werden, daß sie dem Hund eine andere Grundeinstellung Fremdpersonen gegenüber anlernen müssen. Es ist Zeitverschwendung und völlig sinnlos, aggressiven und ängstlichen Hunden etwas beibringen zu wollen. Der Lernerfolg wird ausbleiben.

Dies gilt ausnahmslos für sämtliche Sport- oder Gebrauchshunderichtungen.

Ein paar Tips zur Sozialisierung solcher Hunde:

1. Der Hundeführer soll ihn auf dem Übungsplatz immer bei sich haben.

Abb. 20. Je früher der Junghund lernt, auch ihm unbekannten Personen zu vertrauen, desto besser.
Foto: Markus Senn

2. Nähert er sich einer Fremdperson und riecht an ihr, so soll er dafür gelobt und mit einem Stückchen Wurst belohnt werden. Anfangs streckt man ihm die Belohnung hin, aber schon bald bringt man diese immer näher an den Körper der Fremdperson, bis er ihr schließlich die Belohnung aus der Tasche «klaut».
3. Wir haben die Erfahrung gemacht, daß die Grundübungen zum Schutzdienst, vor allem jene mit der Reizangel (Distanzkontrolle Hund–Fremdperson), ausgezeichnete Mittel sind, einen ängstlichen oder aggressiven Hund zu sozialisieren. Die Mannarbeit, so aufgebaut, wie dies an den TKGS-Kursen instruiert wird, macht den Hund ausgeglichen und eindeutig weniger aggressiv. Da mögen Tierpsychologen, die noch nie mit einem Hund gearbeitet haben, sagen was sie wollen. Was ich hier empfehle, beruht auf eigener langjähriger, positiver Erfahrung, und ich weiß, daß auch der Kynologe Urs Ochsenbein dieselben Erfahrungen gemacht hat. Auch er vertritt die Meinung, daß mit den Schutzdienstgrundübungen unerwünschte Aggression ab- und Vertrauen aufgebaut werden kann. Bei diesen Hunden sind aber jegliche Bewachübungen *verboten!* Es dürfen *keine* Übungen gemacht werden, die auf Aggressionen beruhen.
4. Der Übungsleiter darf für diese Hunde Ausnahmebestimmungen erlassen, damit sie in die Hütte mitgenommen werden dürfen, bis sie genügend Vertrauen haben.

Wir sehen hier deutlich, daß der Übungsleiter in der Anfangsphase der Karriere eines neuen Hundeführers eine große Verantwortung trägt. Wenn er ganz zu Beginn die Weichen nicht richtig stellt, kann sich dies für Hund und Hundeführer fatal auswirken. Deswegen sollte immer der *erfahrenste* Übungsleiter sich mit den Anfängern abgeben. Hundeführer, die in Klassen II und III arbeiten, brauchen keinen ständigen Übungsleiter mehr.

Das Fundament ist wichtig

Vielleicht fragen sich manche Leser, weshalb ich so eingehend auf die Führer-Hund-Beziehung hinweise. Ganz einfach: Sie ist von grundlegender Bedeutung.

Wenn die Bindung Hund–Hundeführer optimal spielt, ist es später wesentlich einfacher, den Hund für die einzelnen Disziplinen zu motivie-

ren und zu konzentrieren. Es muß dann nicht ständig am Hund gerissen und gezerrt werden, und das macht Hund und Hundeführer deutlich mehr Spaß.
Die Vertrauensübungen sind wichtig für das Wohlbefinden des Hundes und bilden eine Voraussetzung dafür, daß Fremdpersonen beim Aufbau einer Disziplin – ohne Schwierigkeiten – mithelfen können.
Als letztes möchte ich davor warnen, einzelne Aufbauschritte auszulassen. In der Regel rächt sich dies immer. Auch ein älterer Hund muß ganz am Anfang beginnen.

Das Wichtigste in Kürze

1. Nur der Hundeführer wird ausgebildet
2. Voraussetzungen für eine gute Arbeit sind:
    a) gute Bindung Hund – Hundeführer
    b) Vertrauen des Hundes zu seiner Umgebung
3. Der beste Übungsleiter betreut die Anfänger

Wer dies beachtet, ist auf dem besten Weg zum Erfolg.

Leinenführigkeit und Folgen frei

Wir wissen nun: Die entscheidenden Voraussetzungen für jegliche Arbeit mit dem Hund sind:

1. Gute Bindung Hundeführer – Hund
2. Vertrauen des Hundes in Fremdpersonen und in seine nähere Umgebung

Wenn diese Voraussetzungen erfüllt sind, so kann mit dem Aufbau der eigentlichen Disziplinen «Leinenführigkeit» und «Folgen frei» begonnen werden.

Lernschritte

Aufgabe des Übungsleiters ist es nun, die erwähnten Disziplinen in ihre Elemente zu zerlegen. Damit wird eine Überforderung von Hundefüh-

rer und Hund vermieden, und die Gefahr, daß ein Hundeführer eine ganze Anzahl negativer Erfahrungen macht, ist wesentlich kleiner.
Zur Vorbereitung des Übungsleiters gehört es auch, daß er sich die Anforderungen, welche diese Disziplinen an Hundeführer und Hund stellen, vor Augen hält:

Der Hundeführer muß:
1. die Motivation und die Aufmerksamkeit des Hundes erreichen;
2. durch die Spannung im Hund die notwendige Schnelligkeit erzielen;
3. auf die Genauigkeit in der Ausführung achten.

Der Hund muß
ein gewisses Temperament haben, d.h. er muß motivierbar sein.
Wir ersehen aus dieser Aufstellung, daß der Erfolg wohl zu 80 Prozent vom Hundeführer abhängig ist.

Den Hund motivieren

Unter dem Begriff «motivieren» verstehen wir etwa folgendes:

- Wir wecken das Interesse des Hundes.
- Wir bringen den Hund in Spannung.
- Wir «laden» den Hund trieblich auf.

Die Motivation versuchen wir zu erreichen, indem wir verlangen, daß der Hund links neben dem Hundeführer sitzt und ihn mindestens 10–15 Sekunden fixiert, also fest anschaut. Dies wird dadurch erreicht, daß wir dem Hund zeigen, daß er – wenn er den Hundeführer in sitzender Stellung fixiert – von ihm belohnt wird. Die Belohnung besteht z.B. aus dem Beißen in eine kleine Beißwurst, im Werfen eines Balles oder im Verabreichen eines Wursträdchens, je nach Temperament und Veranlagung des Hundes. Zuerst werden diese Belohnungen sichtbar getragen und später in irgendeiner Tasche versorgt. Bei dieser Übung gilt es folgende Punkte zu beachten:
1. Der Hund muß in einer korrekten Grundstellung sitzen, was mit dem Kommando «Fuß» quittiert wird.
2. Der Hund darf nie belohnt werden, wenn er den Hundeführer nicht fixiert. Die Belohnung muß die Konzentration, die in eine zunehmende Spannung auf die Belohnung umschlägt, ablösen.

3. Die Belohnung selber darf nur so groß sein, daß sie mühelos unsichtbar in den Taschen versorgt werden kann.

Dies ist nun eine Aufgabe, die ein Hundeführer mit Erfolg lösen kann, was für die Motivation beider sehr wichtig ist. Wenn den Voraussetzungen – wie sie oben beschrieben wurden – Beachtung geschenkt wurde, kann diese Übung ohne Überforderung von Hund und Hundeführer durchgeführt werden.

Schulung der Genauigkeit

Parallel zur Motivationsübung wird die Genauigkeit im Gehen geschult. Viele Anfänger und leider oft auch Übungsleiter sind der Meinung, das Kommandieren «rechts», «links», «rechtsumkehrt» usw. würde aus militärischen Gründen erfolgen. Falsch! Die Genauigkeit muß verlangt werden, damit der Richter überhaupt einen Bewertungsmaßstab hat. Hier unterscheidet sich diese Disziplin ganz wesentlich vom Erziehungskurs. Im Erziehungskurs kann der Hund rechts oder links gehen. Es muß auch nicht genau sein, sondern der Hund kann sich innerhalb der Toleranz der Leinenlänge bewegen. Beim Hundesport ist das Ziel, die einzelnen Disziplinen im Wettkampf messen zu können, und damit wird die Genauigkeit unerläßlich. Hier unterscheidet sich der Hundesportler vom Spaziergänger.

Es stellt sich jetzt die Frage: «Ja, wer muß denn genau sein?» Letztlich der Hund. Die Genauigkeit seiner Ausführung hängt aber direkt von der Marschgenauigkeit des Hundeführers ab. Deswegen wird der Neuling zu Beginn mit Marschübungen ohne Hund geschult. Je genauer er geht, desto einfacher wird es für den Hund werden, seinerseits genau zu sein. Viele Einwirkungen mit der Leine werden dadurch überflüssig, was wiederum beiden mehr Spaß machen wird.

Trockenübungen

«Es führen viele Wege nach Rom», sagt der Volksmund. Auch im Hundesport können verschiedene Wege zum Ziel führen. Wichtig ist, daß der Ablauf immer gleich bleibt.

Die erste Trockenübung für den Hundeführer ist das Angehen und Anhalten. Mit welchem Fuß beginnen wir das Marschieren und mit welchem leiten wir das Anhalten ein? Folgender Vorschlag scheint hier sinnvoll: Mit dem rechten Fuß beginnen wir, und auf dem linken Fuß halten wir an. Warum? Der Hund sitzt links und fixiert aufmerksam und mit Spannung den Hundeführer. Nach der Prüfungsordnung muß der Hund mit seiner Schulter immer auf Höhe des linken Beines sein. Mache ich nun einen kurzen Anfangsschritt mit dem rechten Bein, so gebe ich dem Hund genügend Zeit, um aus der Sitzstellung aufzustehen. Das linke Bein ist aber nach wie vor auf Höhe des Hundes und wird erst dann vorwärts bewegt, wenn der Hund diese Bewegung schon macht. Würden wir links beginnen, bestünde die Gefahr, dem Hund davonzulaufen.

Beim Anhalten ist es umgekehrt. Das «erste» Bein, das stillstehen muß, ist das linke. An diesem Bein muß sich der Hund für seine genaue Stellung orientieren. Bis das rechte angezogen ist und parallel zum linken steht, hat er Zeit, sich zu orientieren und sich zu setzen. Würden wir auf dem rechten Bein anhalten, so wäre das linke Bein, das zur Orientierung für den Hund wichtig ist, als letztes in Position. Beginnt sich der Hund erst dann zu setzen, sieht es aus, als ob er zu langsam wäre.

Man kann es durchaus andersherum tun, aber ich denke, wenn ich dem Hund in seiner Arbeit auf so einfache Weise helfen kann, sollte ich es im Sinne des Sportgedankens auch tun.

Die Trockenübung läuft folgendermaßen ab: Der Hundeführer stellt sich ohne Hund auf, und der Übungsleiter diktiert: «Marschieren – Halt». Dabei wird auf die Schrittfolge geachtet und korrigiert. Die Übung wird wiederholt, bis der Hundeführer diese Schrittfolge beherrscht.

Das Wichtigste in Kürze:

1. Anlernen von Aufmerksamkeit und Spannung mittels Motivation (zuerst sichtbar, dann unsichtbar) in «Bei-Fuß-Stellung».
2. Trockenübung für den Hundeführer: Angehen mit dem rechten Bein, anhalten auf dem linken Bein.

Wer den Hundesport als sein Hobby bezeichnet, sollte am Detail Freude haben, denn das erfolgreiche Umsetzen dieser Details bedeutet Motivation und Freude. Der gute Hundeführer hat nicht am meisten Freude am Ziel, sondern der Weg dorthin, mit all seinen Einzelheiten, fasziniert ihn.

Bevor wir weitermachen in der Disziplin «Leinenführigkeit» und «Folgen frei» ein Tip, wie man sich diese relativ trockene Materie aneignen

1. Der Winkel nach rechts

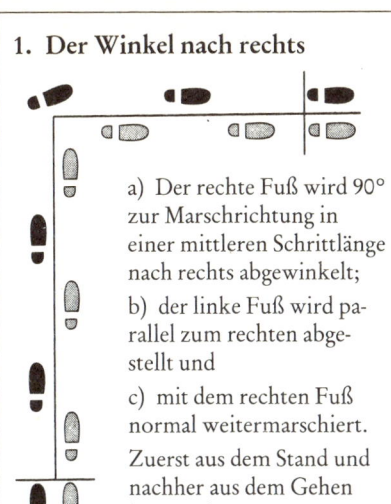

a) Der rechte Fuß wird 90° zur Marschrichtung in einer mittleren Schrittlänge nach rechts abgewinkelt;

b) der linke Fuß wird parallel zum rechten abgestellt und

c) mit dem rechten Fuß normal weitermarschiert.

Zuerst aus dem Stand und nachher aus dem Gehen heraus üben.

2. Der Winkel nach links

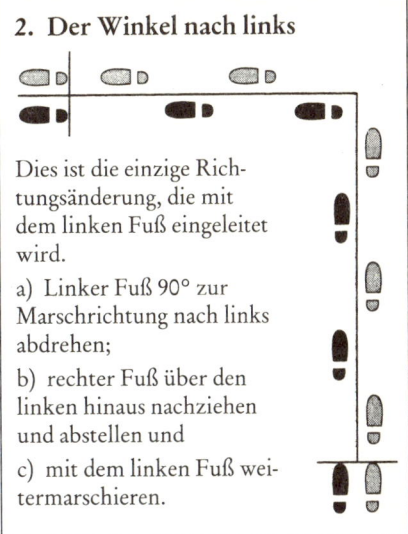

Dies ist die einzige Richtungsänderung, die mit dem linken Fuß eingeleitet wird.

a) Linker Fuß 90° zur Marschrichtung nach links abdrehen;

b) rechter Fuß über den linken hinaus nachziehen und abstellen und

c) mit dem linken Fuß weitermarschieren.

Linksumkehrtwendung

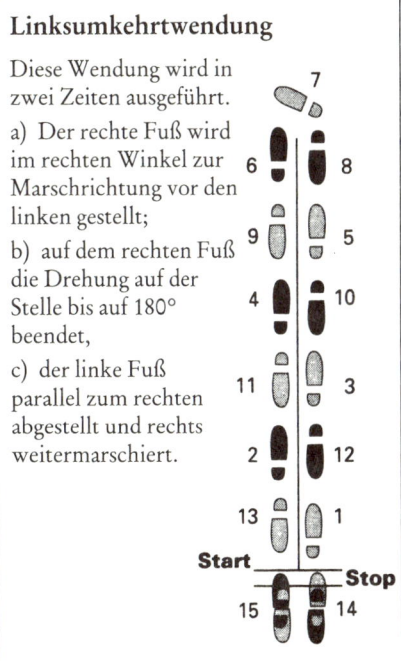

Diese Wendung wird in zwei Zeiten ausgeführt.

a) Der rechte Fuß wird im rechten Winkel zur Marschrichtung vor den linken gestellt;

b) auf dem rechten Fuß die Drehung auf der Stelle bis auf 180° beendet,

c) der linke Fuß parallel zum rechten abgestellt und rechts weitermarschiert.

Rechtsumkehrtwendung

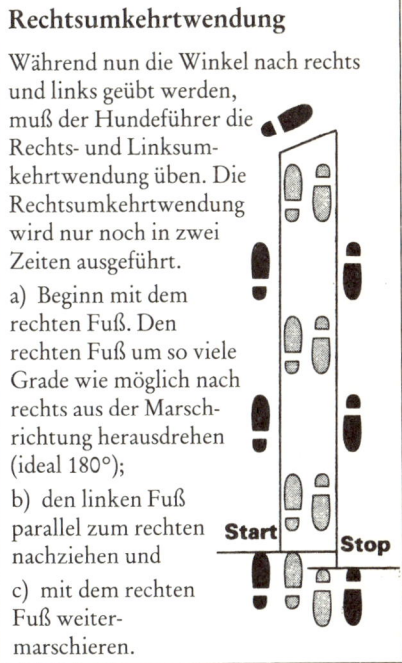

Während nun die Winkel nach rechts und links geübt werden, muß der Hundeführer die Rechts- und Linksumkehrtwendung üben. Die Rechtsumkehrtwendung wird nur noch in zwei Zeiten ausgeführt.

a) Beginn mit dem rechten Fuß. Den rechten Fuß um so viele Grade wie möglich nach rechts aus der Marschrichtung herausdrehen (ideal 180°);

b) den linken Fuß parallel zum rechten nachziehen und

c) mit dem rechten Fuß weitermarschieren.

kann. Sie kopieren sich am besten das Schema mit den Winkeln und versuchen die Schrittfolgen anhand der Zeichnung und des Textes auszuführen, bis die Abläufe klar sind.

Aug' in Aug'

Sobald nun der Hundeführer das Anmarschieren und Anhalten nach ein paar Schritten beherrscht, wird die Übung mit dem Hund ausgeführt. Dieser Übungsablauf sieht folgendermaßen aus: Der Hund sitzt in korrekter «Bei-Fuß-Stellung» und fixiert seinen Hundeführer. Ist der Hund in guter Konzentration, fängt der Hundeführer ohne Kommando an zu gehen und hält nach zwei bis drei Schritten wieder an und sagt ganz ruhig «Sitz!» Übung beendet! Wichtig ist, daß der Hund während der ganzen Übung den Hundeführer ununterbrochen fixiert. Sobald er den Kopf wendet, vereinfacht man die Übung schrittweise, bis

Abb. 21. Wendungen auf engstem Raum erfordern gegenseitige Aufmerksamkeit.
Foto: Markus Senn

sie ohne Konzentrationsverlust des Hundes ablaufen kann. Parallel zu dieser Übung mit dem Hund übt der Hundeführer in einer Trockenübung die Winkel nach rechts und links.

Beherrschen Hund und Hundeführer die Übung «Angehen und Anhalten» und beherrscht der Hundeführer die Trockenübungen «Angehen – Anhalten, rechts und links», beginnt die Winkelarbeit mit dem Hund. *Winkel nach rechts:* Zuerst die Konzentrationsübung und dann die Rechtswendung im Stand ohne Kommando wieder in eine korrekte Grundstellung. Läuft diese Übung erfolgreich ab, so wird der Winkel nach rechts aus dem Gehen immer unter Beibehaltung der Schrittfolge geübt. *Winkel nach links:* Zuerst die Konzentrationsübung und dann die Linkswendung im Stand wieder in eine korrekte Grundstellung. Bei dieser Übung muß der Hund lernen, sein Hinterteil um 90° zu wenden. Mit den Vorderpfoten bleibt er auf der Stelle. Deswegen ist es hier sinnvoll, den Hund nicht am Halsband, sondern mit einer Schnur um den

Abb. 22. Beim Winkel nach links (Linksum) kann der Hund mit einer um den Leib gelegten Schnur zur Exaktheit angeregt werden. Foto: Markus Senn

Bauch zu lenken. Die Schnur wird hinter dem Hundeführer zu seiner rechten Hand geführt. Gleichzeitig mit dem Anschritt nach links wird der Hund mit kleinen Rucken an der Schnur dazu gebracht, seinen Hinterwagen um 90° zu wenden. Die Schnur soll nicht zuschnüren! Dies hat zwei Vorteile: 1. Die Einwirkung geschieht am richtigen Ort, mit großer Ruhe und keiner Hektik. 2. Der Hund kann ohne größere Körpersprache (Schulterdrehen) in seine korrekte Grundstellung gebracht werden.

Der Vorteil, die Linkswendung auf die eben beschriebene Art zu gehen, ist der, daß wir dem Hund das Bein, um das er so nahe wie möglich herumgehen muß, als erstes hinstellen und daß das linke Bein den Hund in keiner Phase stört. Das Training gestaltet sich nun wie gehabt: Sobald Hund und Hundeführer die Rechts- und Linkswendungen beherrschen und der Hundeführer seine Trockenübungen intus hat, beginnt er mit seinem Hund zuerst aus dem Stand und später aus dem Gehen die Rechts- und Linksumkehrtwendungen zu üben. So, damit hat unser Hundeführer einen systematischen und nahtlosen Aufbau dieser oft nicht gerne ausgeführten Disziplin bekommen. Dies gibt ihm gleichzeitig das Gefühl, diese Disziplin zu kennen und zu beherrschen. Durch ständiges Erreichen seiner vielen Zwischenziele hat er immer wieder seine Motivation zum Weitermachen bekommen.

Kontaktübungen

Darunter verstehen wir jene Übungen, die im Hundesport allgemein als «Gehorsam» oder «Unterordnung» bezeichnet werden. Im vorausgegangenen Abschnitt «Unterordnung – eine Frage der Motivation» ist der Einstieg zu diesen Übungen in einer Weise beschrieben, die wir aus voller Überzeugung als für den Sporthund ideal betrachten und primär zur Anwendung empfehlen. Nicht zuletzt deshalb, weil sie den heutigen Anforderungen bei hundesportlichen Prüfungen Rechnung trägt. Dazu gehört die Raschheit der Ausführung aller Vorgänge, wie sie heute verlangt wird.

In teilweiser Abweichung dazu steht nun die Ausbildungsweise, wie sie hier unter dem Titel «Kontaktübungen» dargelegt wird. Nach reiflicher Überlegung ist dieser Abschnitt im Buch belassen worden. Es steht damit jedem Übungsleiter eine zweite Methode zur Verfügung. Im Hinblick darauf, daß nach unserer Erfahrung nicht jeder Hund und auch nicht jeder Hundeführer auf die Motivations-Methode gut anspricht, kann ihm dies von Nutzen sein. Es sei aber ausdrücklich festgehalten, daß wir heute für die Vorbereitung zum Hundesport den Weg über die Motivation, wie ihn Claude Hockenjos beschreibt, mit Nachdruck empfehlen. Daß aber in jedem Fall der Ermunterung des Hundes zur freudigen Zusammenarbeit prinzipielle Bedeutung zukommt, steht außer Zweifel.

Vorbemerkungen

Drei Mißverständnisse
Wer auf einen Übungs- oder Prüfungsplatz kommt, sieht gleich, daß sich die Hundeführer mit ihren Hunden in einer Art und Weise bewegen, der von außen gesehen etwas Militärisches anhaftet. Da wird flott marschiert, auf Kommando angehalten und kehrtgemacht. Der Hund hat dabei exakt an des Meisters linker Seite zu folgen.
Diese äußere Form des Übungsbetriebes führt nach zwei Seiten hin zu Mißverständnissen. Der Laie, der nicht gerade begeisterter Militarist ist, fühlt sich zunächst ob dem, was er da erblickt, gehemmt. Er möchte sich nicht mit seinem Hund herumkommandieren lassen. Und wenn er es dann trotzdem zuläßt, hindert ihn oft seine Lustlosigkeit daran, jenen Schwung aufzubringen, der nötig wäre, auch den Hund für das zu begeistern, was man gemeinhin Gehorsams- oder Unterordnungs-Übungen nennt. Das ist schade, besonders wenn man bedenkt, daß diese Übungen ganz anders gemeint sind, als auf den ersten Blick ersichtlich ist. Es geht nämlich darum, eine grundlegende Verständigung zwischen Führer und Hund aufzubauen. Dies ist nur mit einfachen Aufgaben und Übungen möglich. Die Leine ersetzt ja – wie wir gesehen haben – nicht den innern Kontakt. Es geht im Gegenteil darum, diesen Kontakt mit dem Hilfsmittel Leine so gut aufzubauen, daß wir der Leine bald nicht mehr bedürfen. Bin ich soweit, daß mein Hörzeichen vom Hund sofort verstanden und freudig in Aktion umgesetzt wird, stehen wir miteinander in gutem Kontakt.
Damit ist hoffentlich das erste Mißverständnis aus dem Wege geräumt. Dem zweiten liegt die etwas einfach gelagerte Begeisterung mancher Hundeführer für militärische Form und ebensolche Kommandos und Umgangstöne zugrunde. Sie glauben wirklich, das gehöre auf den Übungsplatz. Wenn ein Übungsleiter in diesem Sinne kommandiert, ist das weiter nicht schlimm, solange er fachlich etwas zu bieten hat. Unerfreulich wird es dann, wenn mit lautem Kommandieren Unsicherheiten

im fachlichen Können überspielt werden sollen. Mit den Gehorsams- oder Unterordnungs-Übungen, welche wir in diesem Buch Kontaktübungen nennen, hat das an sich freilich nichts zu tun. Da geht es einzig um die Verständigung und den Kontakt zwischen Führer und Hund, die zu fördern sind.

Um dem möglichen dritten Mißverständnis vorzubeugen, es werde hier gegen das Üben von Disziplin gesprochen, fügen wir bei, daß zwar Disziplin unbedingt auf einen Übungsplatz gehört, aber mit jenem unnützen Pseudo-Militarismus nichts zu tun hat. Disziplin oder Zucht heißt unter anderem, daß wir den Hund, solange nicht gearbeitet wird, abseits des Übungsplatzes anbinden. Man steht nicht da und schwätzt, den Hund unkontrolliert an der Leine haltend. Vor der Arbeit holen wir ihn ab, lassen ihn sein Wasser absetzen und melden uns beim Übungsleiter. Auf diese Weise ist der Hund viel besser gestimmt, als wenn wir ihn stets um uns haben. Und auf die gute Stimmung kommt es gerade bei den Kontaktübungen an.

Die einzelnen Übungen sollten im übrigen nicht stets in der gleichen Reihenfolge und auf dem selben Platz stattfinden. Der Hund überträgt sonst Stimmungen, die ihn bei Übungen erfassen, welche er nicht gern ausführt, auch auf andere Übungen, die er an sich liebt.

Vorbereitung des Führers

Bevor der Führer mit seinem Hund zu arbeiten anfängt, sollte er über den Inhalt der obigen Vorbemerkungen orientiert werden. Dies geschieht mit Vorteil dadurch, daß man ihn bei Einzel- oder Gruppenarbeiten ausgebildeter Hundeführer zuschauen läßt und sie für ihn kommentiert.

Überdies ist er auf das sensible Raumgefühl des Hundes aufmerksam zu machen. Jede falsche oder verkrampfte Bewegung stört das Tier. Der gute Hundeführer geht deshalb entspannt und im eigenen Gleichgewicht und wendet sich nicht grundlos seinem Hund zu.

Vorbereitung des Hundes

Der Hund muß vor Beginn dieser Übungen mit dem Hundeführer schon sehr vertraut und auch an Halsband und Leine gut gewöhnt sein. In welchem Alter des Hundes man durchschnittlich anfangen kann, ist bei den einzelnen Übungen angeführt.

Abb. 23 a: Leinenhaltung bei fortgeschrittener Ausbildung
b: Leinenhaltung beim Aufbau der Leinenführigkeit. Die linke Hand ist für das Loben und Aufmuntern frei. Einwirkungen mit der Leine bezieht der Hund so weniger auf den Hundeführer.

Arbeiten an der Leine

Soweit sie nicht schon in den Angewöhnungsübungen des Junghundes (siehe Seite 88) enthalten waren, sollte damit nicht allzu früh begonnen werden. Zu empfehlen ist ein Alter von zehn bis zwölf Monaten (siehe auch Seiten 120/121). Nur nach dem Durcharbeiten des Abschnittes «Unterordnung – eine Frage der Motivation» empfiehlt es sich, mit der nötigen Sorgfalt früher zu beginnen.

Gehen, Wenden
Der Hundeführer geht so entspannt wie möglich geradeaus, nicht zu langsam und mit eher kurzen Schritten. Er hält das Ende der etwa neunzig Zentimeter langen Leine in der rechten Hand. Der Hund folgt links. Tut er dies nicht, ist er mit der Leine rasch an die linke Seite zu bringen, ohne daß der Führer sein Tempo verändert oder sonstwie auf den Hund eingeht. Überhaupt bleibt der Führer bei allen Übungen auf sich konzentriert und läßt sich von Fehlleistungen des Hundes nicht aus dem Konzept bringen. Er geht nur dann ermunternd, lobend oder korrigierend auf den Hund ein, wenn er es wirklich für nötig erachtet. Der Hund ist dann seinem Führer gegenüber viel aufmerksamer.
Nach einigem Geradeausgehen oder auf das «*Kehrt*»-Kommando des Übungsleiters hin wendet sich der Hundeführer nicht zu schnell um 180 Grad rechts herum und geht wie zuvor weiter. Diese Wendung hat sozusagen an Ort zu erfolgen, so daß beim Weitergehen der Hundeführer wieder derselben Linie wie zuvor folgt. Da er die Leine fest in der rechten Hand hält, wird der Hund nach der Wendung in der Gegenrichtung mitgezogen. Er wird nun nachkommen, kann dazu auch ermuntert werden. Läuft er zum Knie des Hundeführers auf, so erhält er mit dessen linker Hand ein kurzes Lob, wie «*Brav, Fuß*», wobei jedoch der Hund eher weggestoßen als herbeigezogen wird. Er wird sich so eher anlehnen. Während und nach der Wendung wird die Leine an der rechten Körperseite festgehalten, aber nicht gezerrt. Das Gehtempo bleibt nach Möglichkeit konstant. Dem Gehen auf der Geraden schließt sich erneut eine Kehrtwendung an. Durch dieses klar durchgeführte Hin- und Hergehen wird der Hund zum Mitgehen animiert. Er gewöhnt sich daran, daß Wendungen nur durch die Bewegung des Führers angekündigt werden und daß Bei-Fuß-Bleiben belohnt wird. Er richtet sich auf die Bewegungsweise des Hundeführers ein. Das Mitgehen mit dieser Bewegung ist Hauptziel der Übung. Sie soll spielerisch-freundlich, aber dennoch in ihrem Ablauf exakt durchgeführt werden.

Aufmunterungslaute sind nach Gutdünken zu verwenden. Die Distanz zwischen den Kehrtwendungen ist zu variieren. Auf der Geraden kann zwischendurch abrupt langsamer oder schneller (im Laufschritt) gegangen werden, was die Aufmerksamkeit des Hundes erhöht.

Hat sich der Hund an das Hin- und Hergehen zwischen zwei Wendungen gewöhnt und jede Ängstlichkeit verloren, beginnen wir – einige Übungen später – allfällige Abweichungen nach der Seite, nach vorn oder nach hinten zu korrigieren. Das Gehtempo bleibt während der Korrektur stets unverändert. Der Hundeführer geht aufrecht und neigt sich, sei es innerlich, sei es äußerlich, seinem Hund möglichst wenig zu. Das regt den Hund vermehrt zum Nachfolgen an.

Zuerst korrigieren wir Abweichungen nach vorn. Dazu wird nun erstmals die bisher durchhängende Leine verwendet. Anzustreben ist jene Position des Hundes, bei der sich seine Vorderbrust auf derselben Höhe wie das Knie des Hundeführers befindet. Ist er bedeutend weiter vorn, ziehen wir ihn mit voller Kraft zurück, lassen die Leine sofort wieder durchhängen, berühren nach kurzer Pause lobend seinen Kopf mit der linken Hand und sagen *«Brav, Fuß»*. Dabei sollte der Hundeführer das Kunststück fertigbringen, gleichen Schrittes weiterzugehen, damit es dem Hund nicht einfällt, die Korrektur auf ihn zu beziehen. Sie geschah einfach. Die Bewegung der rechten Hand mit der Leine konnte er ja kaum sehen.

Als zweites korrigieren wir die Abweichung nach links. Hier zerren wir den Hund so zu uns heran, daß die Bewegung des rechten Armes für ihn nicht sichtbar wird. Die rechte Hand holt somit, verdeckt vom Oberkörper des Hundeführers, nach rechts aus, wiederum mit voller Kraft. Und wieder erfolgt mit der linken Hand am Kopf das Lob, das Hörzeichen *«Brav, Fuß»* und gleichförmiges Weitergehen.

Vorsichtig ist die Korrektur des zurückhängenden Hundes zu gestalten. Kraftvolles Nachvornzerren bringt er aus dieser Position unweigerlich mit der Person des Hundeführers in Zusammenhang, und er wird sich zu sträuben beginnen. Besser wirkt sich hier eine Ermunterung aus, vielleicht sogar das Spiel mit einem hervorgezogenen Gegenstand, der ihm aber nicht in den Fang gegeben wird. Erreicht er die Fußposition, ertönt das *«Brav, Fuß»*. Wenn immer möglich sollte kein Zwang ausgeübt werden. Notfalls bricht man die Übung lieber ab und fängt mit dem Hund abrupt mit oder ohne Gegenstand zu spielen an, um dann ebenso plötzlich das Gehen wieder fortzusetzen.

Der Hundeführer sollte sich stets überlegen, ob er den Hund auf der Geraden zu ermuntern hat oder ob er wieder ohne jedes Wort seinen

Weg abschreiten will. Das hängt ganz von der Aufmerksamkeit und dem Temperament des Hundes ab. Man kann nach mehrmaligem Üben auch versuchen, den Hund mit «*Fuß*» aus einer Abweichung heranzubringen. Gehorcht er, lobt man sehr ausdrücklich «*Brav, Fuß*». Andernfalls nimmt man die bisherige Korrekturweise wieder auf.
Geht der Hund ordentlich und ohne Angst, vielmehr mit Freude, und folgt er schon recht gut bei Rechtskehrt-Wendungen, können wir zur Linkskehrt-Wendung übergehen. Der Hundeführer wendet sich in derselben Weise wie zuvor in die Gegenrichtung, doch diesmal links herum. Er dreht sich also gegen den Hund und führt die Leine hinter seinem Körper durch, wobei er sie im Rücken mit der linken Hand übernimmt und den Hund damit zur linken Seite führt. Dann übernimmt er die Leine wieder mit der rechten Hand. Nach wenigen Übungen wird sich der Hund auch an diese Wendeübung gewöhnen.

Anhalten, Sitzen
Beim gut vorbereiteten Hund läßt sich diese Übung ohne weiteres in die Übung «Gehen, Wenden» einbeziehen. Hat der Hund noch keine Vorbereitung, ist das Sitzen zuvor wie nachstehend beschrieben für sich zu üben. Auch dabei empfiehlt es sich, das Sitzen aus der Bewegung heraus zu üben. Die Gewöhnung an Halsband und Leine wird auch für diese Übung vorausgesetzt.
Während der «Gehen-Wenden»-Übung fassen wir auf der Geraden mit der linken Hand die Leine knapp über dem Halsband und ziehen sie unter «*Sitz*» senkrecht hoch. Der Kopf des Hundes wird dadurch angehoben. Nach dem Hörzeichen gehen wir noch zwei, drei sich verlangsamende Schritte und halten dann an, ohne den Zug der Leine zu verkleinern. Setzt sich der Hund nicht, übernehmen wir die Leine wiederum

---

Tafel 14 (vergleiche Tafeln 10–13 Seite 97 und Text Seiten 199–217). Hier blieb die vor einer Stunde gelegte Fährte für die Hundeführerin infolge besonderer Verhältnisse sichtbar. Der Hund jedoch vermag sie aus seinem Blickwinkel nicht zu erkennen.
Bezug auf Tafel 12
Tafel 15
Am Ende der Fährte liegt der letzte Gegenstand. Nun wird der Hund sogleich herzlich gelobt…
Tafel 16
… und unverzüglich danach ausgeschirrt.

ohne Verringerung des Zuges mit der rechten Hand. Mit zwei Fingern der linken Hand drücken wir dann auf die Kruppengegend des Hundes. Der Hund wird sich spätestens jetzt setzen. Sobald sein Hinterteil den Boden berührt, öffnen wir die rechte Hand, so daß der Zug der Leine sofort aufhört, unter gleichzeitigem «*Brav, Sitz*». Sollte der Hund jetzt wieder abheben, wird die Leine sogleich wieder mit der rechten Hand angehoben und gleich verfahren wie vorher.
Nach einer Wartezeit, die je nachdem kürzer oder länger dauern kann, marschieren wir unter ermunterndem «*Fuß*» wieder los, und zwar mit dem linken Bein beginnend, damit sich die Bewegung schneller überträgt. Muß der Hund später sitzen bleiben, werden wir mit dem rechten Bein losmarschieren.
Führt der Hund das Sitzen bei Fuß beim Anhalten ordentlich durch, können und sollen wir es auch außerhalb der Übung verlangen, wo immer wir mit dem angeleinten Hund stehenbleiben. Beim gut vorbereiteten Hund ist das allerdings schon eine Selbstverständlichkeit.

Rechtsum, linksum
Es empfiehlt sich, erst nach gutem Gelingen der Übung «Gehen, Wenden» zu diesen 90-Grad-Wendungen überzugehen. Das hat den Vorteil, daß der Hund bei der Wendung nach rechts meist sehr dicht anschließt, weil er bisher ja nur 180-Grad-Wendungen gewöhnt war. Wie bei der Kehrtwendung darf nicht zu überstürzt vorgegangen werden. Anschließend ist, wenn nötig, wie bei den Kehrtwendungen zu korrigieren. Auch hier ist auf die gleichförmig exakte Bewegung des Hundeführers zu achten. Bei der Linkswendung kann man sehr temperamentvolle und eher harte Hunde mit dem linken Knie beim Vorprellen abfangen. Bei eher weichen Hunden muß man zuerst mit der Leine nachhelfen, damit der Hund nicht an uns vorbeiläuft.

Tafel 17
Mit aufgestütztem Ellbogen hält der Figurant dieser Tervueren-Hündin das Bringsel entgegen. Später wird es am Halsband befestigt und von der Hündin beim Auffinden einer Person selbständig aufgenommen.
Tafel 18
Die Hündin wendet sich und eilt – das Bringsel im Fang – zur sechzig Meter entfernten Hundeführerin.
Tafel 19
Nun führt sie ihre Meisterin zur aufgefundenen Person zurück (dies kann mit oder ohne Zehnmeterleine geschehen).

Abb. 24. Linkskehrt-Wendung. Die Leine wird über die rechte Hand wieder in die linke gebracht.

Ablegen (Platz)

Mit dieser Übung sollte nicht zu früh begonnen werden (zwölfter Monat). Wir können jedoch früh damit beginnen, den Hund vorzubereiten, indem wir immer in lobendem Ton «*Platz*» sagen, wenn sich der Hund von sich aus legt. Nun gehen wir so vor, daß wir dem sitzenden Hund unter gleichzeitigem «*Platz*» die Vorderläufe nach vorn schieben oder ziehen, so daß er die Liegendstellung einnimmt. Dabei ist von Anfang an zu vermeiden, daß der Hund hinten umkippt, er hat in der sogenannten Sphinx-Stellung zu verharren. Macht ein Hund in dieser Beziehung Schwierigkeiten, lassen wir ihn dicht an einer Wand sich setzen und danach Platz machen, bis er nach einiger Übung nicht mehr kippt. Den Hund beim Anlernen der Platz-Übung mit den Händen gewaltsam zu Boden drücken, ist gar nicht zu empfehlen. Das weckt nur seinen Widerstand, und er wird sich zunehmend sträuben.
Um den Hund wieder zum Sitzen zu bringen, ermuntern wir ihn mit dem Hörzeichen «*Sitz*» und mit einem entsprechenden Sichtzeichen dazu. Notfalls helfen wir mit der Leine etwas nach. Gute Ergebnisse erzielten wir bei Junghunden, indem wir das Hinlegen auf einem feststehenden (nicht wackelnden) Tisch einübten. Der Hund wird dazu auf die mit einem griffigen Teppichstück belegte Tischplatte gehoben. Und hier läßt sich nun das zuvor beschriebene nach vorn Ziehen der Vorderläufe des sitzenden Hundes bedeutend leichter durchführen. Wir sind so auch in der Lage, den Hund zum sich wieder setzen aufzumuntern, als wenn wir uns mit ihm am Boden zu beschäftigen haben, was stets eine gewisse Verkrampftheit mit sich bringt.

In Front setzen

Aus dem Sitzen soll der Hund vor uns hintreten und genau vor uns sich wieder setzen. Der Hund sitzt bei Fuß. Wir sagen aufmunternd «*Vor*» und machen mit dem linken Bein einen großen Ausfallschritt, als würden wir losmarschieren. Der Hund kommt mit. Nun nehmen wir aber das linke Bein zurück und stellen es so, daß sich eine Grätschstellung ergibt. Den rechten Fuß haben wir nicht vom Platz gerückt. Der Hund wird nun mit der Leine so geführt, daß er vor uns zu stehen kommt, und hier zum Sitzen gebracht. Das geschieht durch das Hochziehen der Leine unter «*Sitz*». Berührt das Hinterteil des Hundes den Boden, geben wir die Leine unter «*Brav, Vor*» sofort frei, wobei wir darauf sehen, daß der Hund nicht etwa aufsteht.

Nach einer Wartezeit sagen wir aufmunternd *«Fuß»*. Mit dem ganzen Körper und dem linken Bein führen wir dabei eine Rückwärtsbewegung aus, bleiben indessen auf dem rechten Fuß unverrückt stehen. Der Hund wird durch diese Bewegung dazu angeregt, sich zu uns zu setzen, was nach dem Anziehen des linken Beines zum Standbein nun möglich wird. Notfalls dirigieren wir den Hund wortlos mit dem linken Arm, nie aber mit der Leine, die fortwährend unbelastet bleibt und durchhängt. Erst wenn wir uns wieder aufgerichtet haben, loben wir *«Brav, Fuß»*. In der Frontstellung können wir mit der Zeit auch das Liegen verlangen und notfalls durch das Vorschieben der Vorderläufe unter *«Platz»* durchsetzen. Ebenso unter *«Sitz»* und dem Sichtzeichen der linken Hand das Sitzen.

Auch das Lautgeben kann aus dieser Position verlangt werden, aber erst wenn es so gut eingeübt wurde, wie es im folgenden beschrieben wird.

Lautgeben
Diese Übung ist bei gewissen Rassen leichter und bei andern wieder schwerer zu erreichen. In der Regel sind es die wesenssichersten Tiere, die sich damit am schwersten tun. Man lasse deshalb von Anfang an keine Verkrampfung aufkommen und versuche das Bellen auf lockere, spielerische Weise auszulösen. Vorbereiten können wir den Hund, indem wir ihn stets mit *«Gib Laut»* unterstützen, wenn er von sich aus bellt, und auch gleich das Zeichen mit erhobenem Arm und geschlossenen Fingerspitzen machen (als würden wir einen Leckerbissen halten). Jetzt aber beginnen wir die Übung, indem wir den Hund anbinden und uns entfernen. Wir drehen uns dabei mehrmals nach ihm um, ohne aber etwas zu sagen. Hebt er nicht zu bellen an, verstecken wir uns hinter einem Baum oder Gebüsch. Bellt er immer noch nicht, treten wir unnatürlich steif hinter der Deckung hervor und warten. Bellt er auch dann noch nicht, verschwinden wir auf die gleiche Art wieder. Hören wir irgendwann auch nur ein Winseln, brechen wir ab und eilen zum Hund, den wir ganz herzlich loben. Dann verlassen wir ihn erneut und setzen das Spiel fort. In den allermeisten Fällen reicht das aus, um bald auf unser *«Gib Laut»*, verbunden mit dem Sichtzeichen, ein Bellen zur Antwort zu kriegen. Bleibt der Erfolg aus, überlegen wir uns, in welcher Situation unser Hund am meisten zum Bellen neigt und dies schon oft auch tat. In dieser Situation sagen wir nun das *«Gib Laut»* so, daß es allmählich mit dem Hör- und Sichtzeichen verknüpft wird.

Mit der Zeit sollten wir den Hund dazu bringen, mehrmals hintereinander zu bellen und auf *«Fertig»* wieder zu schweigen. Auf diese Art läßt sich unser Hund nicht nur zum Bellen ermuntern, sondern auch wieder zum Stillesein veranlassen. Das ist ein großer Vorteil.

Geschickte Hundehalter bringen den Junghund dadurch früh zum Bellen, daß sie den gefüllten Freßnapf vor dem hungrigen Hund hochhalten und *«Gib Laut»* sagen. Wir können dabei auch selber Bellaute von uns geben. Diese Methode führt bei den meisten Hunden innerhalb weniger Tage zum Ziel.

Bleiben
Dies ist eine grundlegende Übung, die auch für die tägliche Praxis der Hundehaltung dringend notwendig ist. Haben wir sie mit dem Junghund schon vorbereitet (Kapitel 7: Bleib-Übung), werden wir keine Schwierigkeiten damit haben. Ist der Hund jedoch noch nicht geübt worden, nehmen wir nun die im Abschnitt «Prinzipien der Ausbildung» genau beschriebene Bleib-Übung vor. Sie wird dann folgerichtig so ausgedehnt, daß der Hund schließlich überall an die zehn Minuten liegen bleibt, bis sein außer Sicht gegangener Meister wieder zurückkommt.

Stehen
Ausgangssituation zu dieser Übung ist das Gehen zwischen zwei Wendungen. Statt nun beim Anhalten «Sitz» zu sagen, sagen wir gedehnt *«Steh»*, greifen zugleich mit der linken Hand unter den Bauch des Hundes und verhindern so, daß er sich setzt. Lassen wir die Hand etwas sinken und der Hund bleibt stehen, sagen wir mehrmals *«Brav, Steh»* und marschieren dann weiter. Bleibt der Hund nicht stehen, sondern schickt sich zu sitzen an, hindern wir ihn mit der unter den Bauch gelegten Hand daran und sagen zugleich *«Steh»*. Bald wird der Hund diese Übung zufriedenstellend durchführen. Nun gehen wir beim nächsten Mal nicht weiter, sondern stellen uns mit durchhängender Leine vor den Hund und korrigieren natürlich, wenn er wieder sich zu setzen oder weiterzugehen im Begriff ist. Mit der Zeit wird der Hund jedoch ruhigstehen, selbst wenn wir mit durchhängender Leine um ihn herumgehen. Diese Übung schließen wir nie mit Sitzen ab, sondern stets mit Weitermarschieren unter *«Fuß»*. Dazu müssen wir uns freilich zuerst auf seine rechte Seite stellen. Mit dieser Übung haben wir auch eine erste Vorbereitung für eine allfällig später erfolgende Ringdressur bei Ausstellungen getroffen.

Hürde
Bei den Sprunggeräten läßt sich nur an der Hürde mit dem angeleinten

Hund arbeiten. Von Anfang an empfiehlt es sich, zuerst den Hund bei Fuß in korrekte Sitzstellung zu bringen. Dann geht man im Schritt auf die sehr tief gestellte Hürde (maximal vierzig Zentimeter) zu und läßt den Hund mit «*Sprung*» darüberspringen, während man selbst dicht daran vorbeischreitet. Es folgt eine Kehrtwendung, worauf man die Hürde in Gegenrichtung passiert. Das «*Zurück*» ertönt in dem Augenblick, da der Hund aufs neue über die Hürde setzt. Man wendet erneut, hält an und befindet sich nun wieder in der Ausgangsstellung, die später auch die korrekte Endstellung sein wird.

Hat ein Hund Hemmungen, setzt man die Hürde noch tiefer und überquert sie unter Umständen zusammen mit dem Hund, womöglich dicht hinter einem andern die Hürde überspringenden Hund.

Arbeiten ohne Leine

Je exakter an der Leine gearbeitet und je weniger sinnlos damit auf den Hund eingewirkt wurde, desto leichter fällt der Übergang zur Arbeit ohne Leine. Haben wir uns mit der Leine nach Möglichkeit so verhalten, als wäre sie nicht da, wird uns und unserem Hund das Freifolgen wenig Schwierigkeiten machen.

Kommt es dennoch dazu, greifen wir auf die Leine zurück. Bedeutungsvoll dabei ist, daß Hörzeichen, die der Hund an der Leine nicht befolgt, nicht wiederholt werden, ohne gleichzeitig die entsprechende Einwirkung mit der Leine vorzunehmen. Erhebt sich der liegende Hund nicht auf «*Sitz*», erfolgt das zweite und letzte «*Sitz*» zusammen mit dem Hochreißen des Hundes an der Leine. Beim Arbeiten ohne Leine wird man zu Wiederholungen der Hörzeichen neigen, was aber nach Möglichkeit zu vermeiden ist. Wird der Hund abgeleint, hängen wir uns die Leine stets sofort um, und zwar so, daß sie auf unserer linken Schulter aufliegt. Beim Gehen benützen wir nun das Hörzeichen «*Fuß*» vor dem Ausschreiten und vor der Wendung, also wie einen Vorbereitungslaut. Bleibt der Hund stark abseits, versuchen wir ihn durch Ermuntern heranzubringen. Beim Wegmarschieren und bei den Wendungen gehen wir indessen nicht zögernd vor und sehen uns auch nicht ständig nach dem Verbleib des Hundes um, jedenfalls nicht, bevor er uns wirklich zu weit weg folgt. Unsere Unsicherheit würde sich sonst auf den Hund übertragen und ihn seinerseits zögern lassen.

Gibt es trotzdem Schwierigkeiten, haben wir einige praktische Mittel zur Verfügung. So können wir außer der Leine auch eine Schnur am

Halsband des Hundes befestigen. Nach dem Ableinen bleibt die Schnur am Halsband vom Hund oft gar nicht bemerkt. Eine Korrektur erfolgt dann völlig überraschend und kann recht heilsam sein.

Will man den Hund darin üben, dicht beim Knie des Führers zu verbleiben, kann man mit ihm Kreise oder Schlangenlinien laufen. Drängen wir nach links herum, wird der Hund ganz nah herankommen und entsprechend gelobt. Geht es aber nach rechts herum, wird er sich entfernen und von uns dauernd wieder zum Anschließen ermuntert. Auch können wir dicht entlang von Hecken, Mauern, Böschungen oder Wegrändern gehen, damit sich der Hund an den engen Anschluß an den Meister gewöhnt. Dies läßt sich auch durch Bewegungen der Hände dicht vor unserm Brustbein, von Fingerschnalzen unterstützt, erreichen. Dabei wird sich der Hund vielleicht das Aufblicken zum Führer angewöhnen. Wem dieses Emporschauen des Hundes ein Bedürfnis ist, dem bleibe es unbenommen, und er mag es in dieser Weise üben. Der Hund ist aber kein Augentier; er *fühlt* den Kontakt zum Führer und braucht ihn nicht mit den Augen zu suchen. Die Wendungen werden nun auch aus dem Stand geübt. Beim Rechtsum darf der Hundeführer einen Schritt nach der rechten Seite hin, beim Linksum einen Schritt nach links vorn machen, stets mit dem rechten Bein, worauf der linke Fuß nachzuziehen ist.

Anhalten und Sitzen bereiten bei guter Übung an der Leine kaum Schwierigkeiten, ebensowenig das Ablegen (Platz). Da wir jetzt freier sind, können wir Sitzen und Liegen auch auf Distanz verlangen, ebenso das Lautgeben.

Herbeikommen
Bei dieser Übung läßt sich das Verhalten des Hundeführers besonders gut kontrollieren und fördern. Man begibt sich vom freisitzenden Hund etwa fünfzehn bis zwanzig Meter weg, wendet und wartet unterschiedlich lange. Dann gibt man das Hörzeichen «*Fuß*», verbunden mit dem Sichtzeichen der linken Hand, die man flach an den Oberschenkel legt. Ohne jede weitere Bewegung warten wir entspannt das Kommen des Hundes ab. Normalerweise setzt sich der Hund in Bewegung, kommt hergerannt und setzt sich korrekt bei Fuß, da wir ihn ja aus der Frontstellung oft bei Fuß genommen haben. Tut er dies nicht, bleibt er in unserer Nähe stehen oder will er vorbeigehen, bringen wir ihn mit den Händen schnell und bestimmt, aber nicht grob in die richtige Position. Erst wenn wir uns wieder aufgerichtet haben, loben wir ihn mit «*Brav, Fuß*». Arbeiten wir nach der Internationalen Prüfungsordnung

der Fédération Cynologique Internationale, kurz IPO genannt, oder nach der Prüfungsordnung des Verbandes für das deutsche Hundewesen, abgekürzt PO-VDH, werden wir den Hund jetzt daran gewöhnen, nach dem Abrufen nicht bei Fuß zu kommen, sondern sich dicht vor den Hundeführer zu setzen. Als Hörzeichen verwenden wir dann nicht «*Fuß*», sondern «*Komm*» oder «*Hier*». Wir lassen den herankommenden Hund sich gar nicht in Fußstellung begeben, sondern rufen ihm vorher

Abb. 25. *Herbeikommen. Die Übung kann zur Reduktion der Zeichengebung benützt werden, mit dem Ziel, den Hund noch aufmerksamer werden zu lassen.*
Oben: Der mit einmaligem Hörzeichen «Hier» oder «Fuß» abgerufene Hund nähert sich dem entspannt und ohne weitere Einwirkung oder Körperbewegung wartenden Hundeführer.
Unten links: Der Hund nimmt die korrekte Sitzstellung bei Fuß ein, ohne daß der Hundeführer sich rührt.
Unten rechts: Jetzt erst erfolgt aus der unveränderten Position des Hundeführers das kurze Lob «Brav, Fuß». Diese Übung dient zugleich der Entspannung und Konzentration des Hundeführers. Das Hörzeichen soll kein lautes Kommando, sondern ein kurzer, klarer Lockruf sein. Reagiert der Hund nicht freudig und rasch, stimmt das Verhältnis zwischen Führer und Hund noch nicht. Brachte man schon den Junghund jeweils beim Herankommen sanft, aber bestimmt in korrekte Sitzposition und lobte ihn erst, nachdem man sich wieder aufgerichtet hatte, gelingt die Abrufübung meist perfekt.

«*Sitz*» zu und helfen notfalls nach. Um die Sitzstellung vor dem Führer anzugewöhnen, gehen wir unter «*Komm*» einige Schritte rückwärts, halten «*Sitz*» sagend an und lassen den Hund erneut dicht vor uns sich setzen. Das wiederholen wir mehrmals. Den Hund nehmen wir aus dieser Stellung nicht mehr bei Fuß, sondern stellen uns selbst an seine rechte Seite.

Stehen
Das Stehenbleiben des Hundes wird jetzt so geübt, daß der Hund stillzustehen hat, während der Hundeführer sich weiter weg begibt. Der Hund soll also auf das Hörzeichen «*Steh*» stehend verharren, während der Hundeführer im selben Tempo weitergeht. Anfangs darf man ruhig zögern, sich dem Hund auch zuwenden und ihn am Sitzen hindern. Wir verstärken das Sichtzeichen mit der linken Hand, so daß die Handfläche den Kopf des Hundes sehr merklich berührt. Genügt das nicht, wenden wir uns bei «*Steh*» unvermittelt gegen den Hund und setzen dann den Weg fort. Wir können auch zur Leine zurückkehren und diese bei «*Steh*» vor dem Hund fallen lassen.

Bleiben
In Sitzstellung und Liegendstellung wird das Bleiben geübt (siehe Kapitel 7, Seiten 113ff.). Dabei ist besonders wichtig, den Hund von seinem Standort nie abzurufen, sondern ihn immer selber abzuholen.

Vorangehen
Der Hund hat sich in schneller Gangart geradlinig nach vorn zu begeben, während der Führer auf «*Voran*» stehenbleibt. Wir tun gut daran, diese Übung in der Weise vorzubereiten, daß wir beim Spazieren zum Hund immer dann «*Voran*» sagen, wenn er – von irgend etwas dazu angeregt – plötzlich schnell nach vorn läuft. Gut läßt sich dies auf Wegen machen. Auf dem Übungsplatz nehmen wir den Hund bei Fuß, leinen ab und gehen unter «*Bleib*» etwa zwanzig bis dreißig Meter ohne Hund geradlinig weiter, wo wir umkehren und zum Hund zurückgehen. Dann marschieren wir unter «*Fuß*» an und sagen nach wenigen Schritten «*Voran*», wobei wir gleichzeitig ein vorwärtsdeutendes Sichtzeichen geben und stehenbleiben. Die meisten Hunde werden daraufhin dieselbe Richtung wie zuvor der Meister einschlagen. Nähert sich der Hund unserem vorherigen Wendepunkt, rufen wir ihn mit «*Zurück*» wieder herbei. Es ist besonders bei suchfreudigen Hunden – und fast alle nach unserer Methode vorbereiteten Hunde sind suchfreudig – nicht zu empfehlen,

beim Wendepunkt (nach dem Vorlaufen) einen Gegenstand abzulegen oder auch nur so zu tun, als lege man einen Gegenstand ab. Der Hund würde dann dort suchen und nur schwer zurückzurufen sein.

Weitsprung, Schrägwand
Wie bei der Hürde ist stets aus der korrekten Grundstellung vorzugehen. Man achte darauf, daß der Hund auf die Mitte des Hindernisses ausgerichtet ist. Der Weitsprung ist zuerst verkürzt zu üben. Man marschiert nach PO-SKG darauf zu, geht in Laufschritt über, ruft «*Sprung*» und läßt den Hund darübersetzen, während man selbst dicht daran vorbeirennt. Nach dem Sprung ist der Hund bei Fuß weiterzuführen und dann anzuhalten.
Nach der IPO schickt der Hundeführer den Hund aus der Sitzstellung über den Sprung und ruft danach «*Steh*». Erst jetzt darf er seinen Standort verlassen und den Hund abholen.
Übungen an Hürde und Schrägwand werden nach der IPO und PO-VDH mit einem Apportiervorgang verbunden. Es empfiehlt sich jedoch, den Hund zuerst ohne Holz an die Sprünge zu gewöhnen und dann mit einem leichten Apportiergegenstand zu beginnen.
Nach der PO-SKG wird von Stufe II an bei der Hürde das Warten nach dem Hinsprung unter «*Steh*» bis zum Abruf «*Zurück*» verlangt.

Kriechen
Die PO-SKG verlangt für Sanitätshunde, Lawinenhunde und Katastrophenhunde das Kriechen. Dazu gehen wir von der Liegestellung des Hundes aus. Am einfachsten zeigen wir ihm in etwa fünfzig Zentimeter Entfernung vor dem Kopf einen Leckerbissen, wobei wir mit «*Platz*» und der linken Hand dafür sorgen, daß er sich nicht erhebt. Dann sagen wir mehrmals einschmeichelnd «*Kriech*», nähern und entfernen abwechselnd den Leckerbissen. Bald wird der Hund zu kriechen beginnen, und er erhält unter «*Brav, Kriech*» schließlich auch den begehrten Happen. Es sollte bald möglich sein, daß der Hund bis zu zehn Meter kriechend zurücklegt. Beim Sanitätshund hat sich der Hundeführer neben dem Hund auf allen Vieren zu bewegen. Beim Katastrophenhund führt das Kriechen nach drei Metern unter einer «Schlüpfhürde» durch. Der Hundeführer kann sich frei bewegen, darf den Hund aber nicht berühren. Beide Male wird der Hund nach dem Anhalten in Liegendstellung verharren, bis ihn der zu ihm getretene Hundeführer zum «*Sitz*» auffordert. Auf den Sinn dieser Übung kommen wir bei den Rettungshunden zu sprechen.

Apportieren

Das Apportieren ist eine der schwierigsten Übungen, die im Hundesport verlangt werden. Das hängt damit zusammen, daß viele Komponenten darin enthalten sind, die beim Hund unterschiedliche Stimmungen auslösen. Sehen wir uns den Vorgang aus der Sicht des Hundes einmal näher an. Der Meister wirft das Holz; der Hund möchte nachrennen, muß aber warten. Jetzt ertönt das ersehnte «*Apport*», und er startet wild. Mit einem Sprung – dem sogenannten Mäusesprung – stürzt er sich auf den Gegenstand, wobei seine Jagdstimmung ihren Höhepunkt erreicht. Er kriegt Lust, das Ding zu packen, beißen, schütteln (totschütteln) und spielerisch in die Luft werfen. Dann möchte er es festhalten, pressen und drücken. Aber er darf dies alles nicht, sondern muß es brav aufnehmen. Und er darf es auch nicht in eine stille, bergende Hekke oder in ein Gebüsch tragen, sondern muß es dem Meister bringen, dort sitzen und was er so schön gefangen hat, ausgeben. Das alles spielt sich im Junghund ab. Bei diesen widerstrebenden Gefühlen ist es nicht verwunderlich, daß der Vorgang als Ganzes nicht von Anfang an durchzuführen ist. Versucht man dies trotzdem, verkrampfen sich bald Führer und Hund und kommen nicht mehr weiter. Diese Übung muß daher einzeln in ihre Teile zerlegt werden, zumal schon allzuviele begabte Leute an dieser Klippe scheiterten, weil sie es vorzogen, ein gutes Verhältnis mit ihrem Hund zu bewahren und nicht groben Zwang anzuwenden. Leider ist nicht jeder Übungsleiter in der Lage, hier zu helfen. Wir empfehlen eine Methode, die dem Prinzip der Trennung Rechnung trägt. Wir gehen stufenweise vor und setzen die Teilaufgaben am Schluß zur Gesamtaufgabe zusammen.
Dem Schwierigkeitsgrad der Übung entsprechend, sollte man mit ihr nicht allzufrüh beginnen, vielleicht mit neun oder zehn Monaten, sofern dann der Hund nicht gerade sein pubertätsbedingtes Flegelalter durchmacht. In diesem Falle warten wir lieber noch einige Wochen. Das schadet nicht. Genügend andere interessante Möglichkeiten stehen uns ja mit der Nasenarbeit zur Verfügung, sofern wir nicht zu jenen Ausbildern gehören, die vor Beginn der Nasenarbeit korrektes Apportieren verlangen, was unseres Erachtens unzweckmäßig ist. Die Abbildung 26 «Apportiertreppe» macht übrigens unser stufenweises Vorgehen beim Aufbau dieser Leistung deutlich.

Gegenstand liebmachen
Wir beginnen damit, daß wir dem Hund einen bestimmten Gegenstand,

Abb. 26. Apportiertreppe. Darstellung des stufenweisen Aufbaus. Über den linken Treppenteil gelangen wir vom Tragen an der Leine bis zum eigentlichen Apportiervorgang. Über die Nebentreppe rechts erreichen wir ein sauberes Fassen, Im-Fang-Halten ohne zu knautschen und Ausgeben. Aus dem nur spielerischen oder aber unter Zwang vor sich gehenden bisher üblichen Ausbildungsvorgang ist eine sicher wirkende Angewöhnung geworden, die zu keinen Verkrampfungen zwischen Führer und Hund führt.

nämlich das Apportierholz, lieb machen. Dazu gehen wir so vor, wie es im Kapitel 5 (Seite 90) beschrieben worden ist. Wichtig ist, daß der Hund nie mit dem Gegenstand spielt. Man gibt ihn auch nicht aus der Hand.

Apportierübungen an der Leine

Gehen, Tragen
Während man einige Kontaktübungen macht und der Hund gerade bei Fuß sitzt, zieht man das Apportierholz umständlich hervor und zeigt es dem Hund. Dann marschiert man los, reicht dem Hund das Holz unterwegs mit einem ermunternden «*Faß*» und läßt es ihn einige Schritte tragen. Jetzt nimmt man es ihm während des Gehens wieder aus dem Fang. Dies unter freundlichem «*Aus*». Hat der Hund das Holz nicht fallen lassen, ist die Übung gelungen. Wir können sie eine Viertelstunde später noch einmal wiederholen, aber danach unternehmen wir an diesem Tag nichts mehr mit dem Holz. Es wird nach Gebrauch stets wieder sorgfältig in die Tasche gesteckt. Während der ganzen Übung darf mit der Leine nicht eingewirkt werden.

Tragen, Anhalten
An den weiteren Übungstagen wird die Tragübung fortgesetzt und erweitert. Man kann zum Beispiel eine Wendung machen, doch auch jetzt darf die Leine nicht für Einwirkungen benützt werden. Scharfe Hörzeichen sind ebenfalls zu unterlassen. Wenn Gehen und Wendungen nicht so gut wie sonst geraten, spielt das keine Rolle. Hauptsache, der Hund trägt das Holz und läßt es nicht fallen. Das Holz wird stets im Gehen eingegeben und beim Gehen wieder herausgenommen. Doch nun halten wir zum ersten Mal sanft an. Sitzt der Hund, nehmen wir ihm das Holz ab. Später können wir vor den Hund treten, wie in der Bleibübung an der Leine beschrieben, und aus dieser Position das Holz abnehmen. Auch jetzt noch bleibt das Apportierholz stets nur kurze Zeit im Fang des Hundes.

Vorauswerfen, Aufnehmen
Haben wir die kurzen Tragübungen in die Kontaktübungen eingebaut, stets nur für kurze Zeit natürlich, und trägt also unser Hund sicher, so gehen wir, während der Hund bei Fuß sitzt, zum ersten Vorauswerfen des Holzes über. Es ist egal, wenn der Hund, der das Holz vor dem Kopf in unserer Hand sah, dann den Flug und Aufprall am Boden ver-

folgte, nun aufspringt und in die Leine drängt. Entscheidend ist allein sein Interesse. Wir führen ihn danach Richtung Holz, unter mehrmaligem einschmeichelndem *«Apport»*, gehen dort angekommen ohne anzuhalten weiter und verzögern unsern Schritt nur so weit, daß der Hund das Holz aufnehmen kann. Im Weitergehen nehmen wir ihm das Holz wieder ab. Nimmt der Hund nicht auf, gehen wir ohne das Holz weiter, machen kehrt und führen den Hund nochmals darüber. Nimmt er es immer noch nicht auf, brechen wir ab, verstärken die Übung «Liebmachen eines Gegenstandes» und beginnen mit den Tragübungen wieder von vorn.

Nimmt der Hund das Holz nun auf, fahren wir mit den Vorauswerfübungen fort und werfen das Holz gelegentlich auch hinter eine Kante, ein Mäuerchen oder eine Bodenwelle, wo der Hund es nicht mehr sehen kann. Wir können auch bei einer Bleib-Übung den Hund – die Leine am Boden ausgelegt – verlassen, das Holz vor seinen Augen in einer gewissen Distanz deponieren, den Hund korrekt abholen und ihn abschließend zum Aufnehmen darüberführen. Wir beginnen jetzt, nach dem Aufnehmen etwas weiter zu gehen, anzuhalten und nun erst das Holz herauszunehmen. Später treten wir vor den neben uns sitzenden Hund, bevor wir das Holz herausnehmen. Eine weitere Variante besteht darin, den Hund in Frontstellung zu bringen, ihm den Gegenstand einzugeben und dann rückwärts zu gehen, wobei der Hund uns folgt. Dann halten wir wieder an und fordern den Hund zum Sitzen auf. Erst jetzt nehmen wir ihm das Holz mit *«Aus»* aus dem Fang. Ist der Hund auch dabei sicher geworden und behält das Holz im Fang, lassen sich die Trag- und Aufnahmeübungen weiter nach Belieben variieren.

Fassen, Halten, Ausgeben
Parallel zu den bisher beschriebenen Apportiervorgängen wird die folgende Übung als Ergänzung zu Hause ausgeführt. Man benützt dazu stets dasselbe Apportierholz und arbeitet auch immer an derselben Stelle, am besten in einem Raum mit freier Ecke (Waschküche, Trockenraum). Wir beginnen damit, nachdem wir bereits mit den Tragübungen anfingen, und führen diese «Heimarbeit» mindestens dreimal wöchentlich durch. Der Hund wird an der Leine stets in dieselbe Ecke des Raumes gesetzt, und wir stellen uns in Grätschstellung dicht vor ihn. Er kann so nicht ausweichen. Wir geben ihm das Holz in den Fang und sagen gleichzeitig *«Faß»*. Will er es nicht aufnehmen, öffnen wir seinen Fang und achten darauf, daß er das Holz nicht fallenlassen kann. Dazu schieben wir die Hand unter seinen Unterkiefer und kraulen ihn

freundlich, sobald er ruhig bleibt und den Fang nicht aufsperrt, unter mehrmaligem «*Faß*». Es sollte uns gelingen, daß das Holz nicht zu Boden fällt. Geschieht es aber doch, heben wir es mit entschiedenem, aber nicht unfreundlichem «*Nein*» wieder auf und geben es ihm erneut in den Fang. Wie die Übung auch verläuft: nach zehn Sekunden nehmen wir das Holz stets unter «*Aus*» wieder aus dem Fang und wiederholen den Vorgang höchstens fünfmal. Der Hund wird dabei nie gelobt, aber dafür mit aller Ruhe, wenn auch konsequent behandelt. Es muß auch von uns aus gesehen ein technischer Vorgang sein, der einfach durchzuführen ist. Man kann und soll manuell Zwang ausüben, wenn der Hund sonst nicht nimmt, behält oder ausgibt, doch ohne in Erregung zu geraten.

Überraschenderweise gehen nach einer Weile auch Hunde offensichtlich interessiert zu dieser Übung in die Waschküche, die man zum Fassen drängen muß. Behält der Hund das Holz im Fang, kann man die Dauer des Haltens ausdehnen und variieren. Man nähert auch etwa die Hände, ohne das Holz zu ergreifen, und zieht sie wieder zurück. Beginnt der Hund das Holz zu kauen, verhindern wir das sofort mit den Händen und sagen «*Nicht kauen*». Das ist sehr wichtig, weil der Hund später draußen beim Herbeibringen bestimmt einmal zu kauen beginnen wird. Dann sind wir sehr froh, ein Hörzeichen zur Verfügung zu haben, das er kennt und mit dem wir ihm dieses Kauen wieder abgewöhnen können. Irgendeinmal, wenn der Hund schon eine Weile mit großer Sicherheit das Holz zu halten pflegt (aber nur dann), treten wir von der Ecke unter einschmeichelndem «*Komm, Apport*» einige Schritte zurück. Kommt der Hund heran, ohne das Holz fallen zu lassen, nehmen wir es unter «*Brav, Apport*» heraus. Klappt das alles aufs beste, tragen wir das Holz versuchsweise in einen Nebenraum und schicken den Hund suchen. Wenn er uns das Holz bringt, läßt sich diese Übung ausbauen. Wenn nicht, kehren wir wieder zur Grundübung zurück. Wir führen sie regelmäßig auch weiterhin durch, bis das prüfungsmäßige Apportieren im Gelände sitzt.

Apportierübungen ohne Leine

Klappt das Tragen und Aufnehmen an der Leine sicher, leinen wir den bei Fuß sitzenden Hund ab, zeigen ihm das Holz unter gleichzeitigem «*Bleib*», verbunden mit dem dazugehörigen Sichtzeichen (Hand über dem Kopf) und gehen dann etwa sechs Meter nach vorn. Dort deponieren wir das Holz und gehen noch einige Meter weiter, wenden und warten. Nun sagen wir aufmunternd *«Apport»*. Bewegt sich der Hund nicht von der Stelle, sagen wir *«Komm, Apport»*. Haben wir gut vorgearbeitet, wird der Hund den Gegenstand aufnehmen und bringen. Wir können dies dadurch unterstützen, indem wir ein bißchen rückwärts gehen, dann *«Sitz»* sagen und in Grätschstellung anhalten. Jetzt wird das Holz abgenommen und der Hund gelobt. Dann nehmen wir ihn wieder bei Fuß. Diese Übung ist einige Male zu wiederholen. Nimmt der Hund schwer auf, legen wir das Holz auf eine Erhöhung, einen Baumstrunk, einen Erdhaufen oder hinter eine Bodenwelle.

Es kommt nun der große Moment, da wir erstmals die Apportierübung zusammensetzen und nach Vorschrift ausführen. Wir erinnern uns der Stimmungsabläufe, denen der Hund bei dem für ihn komplexen Apportiervorgang ausgesetzt ist, und sind nicht erstaunt, wenn es nicht sofort klappen sollte.

Vorgang: Der Hund sitzt bei Fuß, abgeleint. Der Hundeführer entnimmt seiner Tasche das Apportierholz und wirft es etwa sechs bis zehn Meter nach vorn. Er achtet darauf, daß der Hund die Bewegung verfolgen kann. Nach einigen Sekunden oder nach dem Kommando des Übungsleiters schickt er den Hund mit *«Apport»* weg, es zu holen. Dieser geht in schneller Gangart zum Holz, nimmt es unverzüglich auf und trägt es ohne zu kauen vor den Hundeführer, wo er sich setzt. Nach einigen Sekunden oder auf Kommando des Übungsleiters nimmt der Hundeführer das Holz unter *«Aus»* ab, läßt es in der Tasche verschwinden und bedeutet dem Hund mit *«Fuß»*, sich an seine Seite zu setzen. Mit einem Lob endet die Übung.

Wir haben nun diesen Endvorgang stufenweise aufgebaut und dabei parallel zwei sich ergänzende Übungen benützt: Das Liebmachen des Gegenstandes und das «Fassen, Halten, Ausgeben» in der Waschküchenecke. Wenn fortan irgend etwas beim Apportieren nicht mehr

---

Tafel 20
Claude Hockenjos zeigt hier, was er unter Motivieren des Hundes versteht:
1. Das Interesse des Hundes wecken.
2. Den Hund in Spannung bringen.
3. Den Hund «trieblich aufladen».
Foto: Markus Senn

klappt, nehmen wir das am besten ohne irgendwelche Reaktion oder Korrekturversuche zur Kenntnis und gehen an den Fuß unserer Apportiertreppe zurück. Sehr schnell und sicher werden wir über diese Treppe den gewünschten Erfolg wieder erreichen. Versuchen wir jedoch auf dem Platz einen Fehler «auszuwetzen», wie es so schön heißt, kommt es bei Führer und Hund leicht zu einer Verkrampfung. Dabei kann sich ein unangenehmes Fehlverhalten festsetzen.

Ergänzungsübungen

Im Hinblick auf die Nasenarbeit ist es notwendig, den Hund mit allen möglichen Gegenständen beim Apportieren vertraut zu machen. Auch hier gehen wir zur Faß-Übung in der Ecke zurück, wenn der Hund beispielsweise einen Metallgegenstand nicht aufnimmt. Das hat den Vorteil, daß wir den Hund beim Apportiervorgang nicht frustrieren. Auf dieselbe Weise gewöhnen wir ihn auch, Gegenstände aufzunehmen, die ihm völlig unbekannt sind.
Als gute Ergänzung bietet sich außerdem die sogenannte *Rückwärts-Suche* an. Sie läßt sich beim Spazieren mühelos einbauen. Man hält

---

Tafel 21
In ruhigem Ton meldet der/die HF dem SchHelfer: «Ich bin bereit.» Der SchHelfer variiert die Pause bis zu seinem fulminanten Start von 0 bis × Sekunden (maximal etwa 6 Sekunden).

Tafel 22
Dann setzt er sich mit ausgeprägter und rascher Bewegung des geschützten Armes in Bewegung. In diesem Augenblick ruft die HF im Kommandoton laut «Fuß» und folgt nach. Dieses laut gesprochene Hörzeichen verknüpft sich beim Hund mit dem Angehen des SchHelfers, was bewirkt, daß er später sicher bei Fuß bleibt, auch wenn das «Fuß» nicht mehr ertönt.

Tafel 23
Rasches und exaktes Gehen wird geübt. Es wird angehalten, ohne einen Winkel gemacht zu haben.
(Fortsetzung Tafeln 24–27, Seite 176)

Abb. 27. Die Rückwärts-Suche, eine wertvolle Ergänzung zum Apportieren. Der Hundeführer legt einen dem Hund liebgemachten Gegenstand vor das Tier (oben). Dann spaziert er mit dem Hund weiter, wobei die Strecke je nach Ausbildungsstand kürzer oder länger gewählt wird, am Ende jedoch mehrere hundert Meter betragen kann (Mitte).
Schließlich fordert der Führer den Hund zum Holen auf, wobei er selber aber in der ursprünglichen Gehrichtung weitergeht. Dies wird nicht beim ersten Versuch klappen, denn zu Anfang braucht der Hund einen Hinweis und Unterstützung, bis er auf den zurückgelassenen Gegenstand anspricht. Später jedoch wird ein Hörzeichen genügen, damit sich der Hund vom weitermarschierenden Führer löst und zum Gegenstand zurückeilt. Wenn der Führer den Hund herannahen hört, hält er an und wendet sich ihm entgegen. Er versucht nun, einen möglichst korrekten Apportiervorgang einzuleiten, ohne Druck auszuüben. Hunde, die wegen falschen Aufbaus nur noch in gedrückter Stimmung oder gar nicht mehr apportieren, können so wieder aufgemuntert werden. Bei sorgfältig aufgebauten Junghunden verstärkt sich die Freude und der Schwung beim Apportieren.

korrekt an, den Hund bei Fuß, macht mit ihm eine Kehrtwendung und legt nun vor dem Hund einen Gegenstand so zu Boden, daß er ihn sieht, aber nicht nehmen kann. Dann folgt mit dem Hund eine erneute Kehrtwendung und der Weitermarsch. Nach zwanzig bis dreißig Metern, später in immer größerer Entfernung (bis zu einigen hundert Metern), wird der Hund während des Gehens abgeleint und mit «*Such, Apport*» aufgefordert, zurückzulaufen und den Gegenstand nachzubringen. Im anzustrebenden Idealfall können wir ohne jedes Sichtzeichen weitergehen. Der Hund reagiert dann allein auf das erwähnte Hörzeichen und läuft sofort zurück, um den Gegenstand herbeizubringen. Wir halten erst an, wenn wir den Hund heranrennen hören, und empfangen ihn in Grätschstellung, damit er das Objekt korrekt bringen und ausgeben kann. Anfangs jedoch werden wir anhalten müssen und die Aufmerksamkeit des Hundes auf den liegengebliebenen Gegenstand lenken. Eventuell müssen wir sogar ein wenig mit ihm zurückgehen.

Es empfiehlt sich, das Apportieren nicht nur auf dem grünen Rasen des Übungsplatzes zu üben, sondern abwechslungsreich zu gestalten. Stökke, die wir fortschleudern oder die der Hund selber herbeibringt, lassen wir nie apportieren. Es muß sich beim Apport stets um einen besonderen, zum Bringen ausgewählten Gegenstand handeln.

Das allerwichtigste beim Apportieren ist, daß der Kontakt zwischen Hundeführer und Hund nicht gefährdet, sondern vertieft wird. Wir haben in diesem Sinne mit der hier dargelegten Methode gute Erfahrungen gemacht, da sie nicht spielerisch ist und doch auf unvernünftigen und riskanten Zwang verzichtet.

Kapitel 9

Schutzdienst (Schutzhund)

Nicht selten fragen uns Leute, die einen jungen Hund haben: «Würde mich mein Hund wohl verteidigen?» Oft äußern sie gar von vornherein Zweifel daran, ob sich ihr Hund für sie einsetzen würde. Solche Fragen und Äußerungen verraten eine Einstellung, die für den sportlichen Schutzdienst, insbesondere die Mannarbeit, keine gute Grundlage abgibt. Sie lassen auch erkennen, daß eine Verwechslung zweier verschiedener Dinge vorliegt, nämlich des natürlichen Schutzverhaltens des Hundes mit dem sportlich betriebenen oder berufshalber von der Polizei geübten und bis zu einem gewissen Grad erlernbaren Angriff auf einen Scheintäter.
In natürlicher Weise wird unser Hund uns verteidigen, wenn wir ihm seinen Platz in der Familie zugewiesen haben, er ein Glied in unserem Familienkreis ist und sich bei uns wohlfühlt. Je nach seiner angeborenen und bei der Aufzucht zudem geförderten Wesensanlage wird ein solcher Hund gegenüber seinem «Rudel» ganz von selbst ein Schutzverhalten zeigen. Zu Hause, wo ein wesenssicherer Hund mit jedermann vertraut ist, auch mit dem Nachbarn und dem Briefträger, wird sich das nicht ohne weiteres zeigen. Halten wir uns jedoch in den Ferien in einem gemieteten Haus, im Wohnwagen oder im Zelt auf, wird der Hund bei der Annäherung von Unbekannten sofort reagieren. Hunde, die zu Hause nie bellten, werden dies in der neuen Situation plötzlich tun, sofern sie dazu erwachsen genug, also ungefähr eineinhalb bis zwei Jahre alt sind. Und wenn sich dann etwa jemand absichtlich nähert, den Hund ärgert, beschimpft oder gar bedroht, kann man seinen sonst so ruhigen Hund auf einmal als wütenden Draufgänger erleben. Es entspricht aber nicht der natürlichen Art des Hundes, eine Person von vorn anzugehen und zu packen. Wie der geschickte Viehtreiber von hinten oder seitlich blitzschnell angreift, zupackt und wieder losläßt, um sich vor der reflexartigen Gegenwehr zu schützen, verhält sich praktisch jeder Hund. Das hat nichts mit Feigheit zu tun, sondern ist seiner Natur gemäß. Im übrigen muß man sich klar darüber sein, daß der Hund eine Situation, die für uns einen Ernstfall bedeutet, nicht unbedingt als solche erkennt.

Abb. 28. Ein richtig eingeordneter Hund fühlt sich für das Familienrudel verantwortlich. Das ist die beste Grundlage für den späteren Schutzdienst.

Wenn wir in unbekanntem Gelände spazieren, besonders auf einem von Böschungen oder Schneehaufen eng begrenzten Weg, wird unser Hund von einem gewissen Alter an auch sehr genau auf entgegenkommende Personen achten. Vielleicht beginnt er dann zu knurren. Auch diesem Verhalten liegt sein Schutztrieb zugrunde. Wie stark ein Hund sich in dieser Beziehung zeigt, hängt von seinem Naturell und seinem Kontakt zum «Familienrudel» ab. Erlernbar ist dieses Grundverhalten kaum. Es läßt sich höchstens fördern oder eindämmen.
Ganz im Gegensatz dazu kann er das Angreifen und Packen des Helfers im Schutzanzug erlernen. Hierbei sollten wir jedoch nicht in erster Linie an ernsthaftes Verteidigen denken. Damit würden wir uns selbst bei der Ausbildung des Hundes einen schlechten Dienst erweisen. Es ist klüger und bringt mehr Übersicht und damit auch mehr Erfolg, wenn wir die Mannarbeit als ein Spiel betrachten. Der Pikör sollte also dem

Hund vertraut sein, sozusagen dessen liebster Kumpan gleich nach dem Führer und seiner Familie. Auf diese Art wird die Mannarbeit nicht entwertet und kann im Gegenteil zum herrlichen Kampfspiel ausgebaut werden, ohne daß man Gefahr läuft, der Hund werde gegenüber fremden Personen in unzulässiger Weise aggressiv. Das wird er keineswegs. Vielmehr kann er sich beim Schutzdienst gründlich austoben, und gleichzeitig gewöhnt er sich daran, auch bei höchster Erregtheit noch auf die Stimme seines Meisters zu achten und sich seinen Wünschen zu fügen. Man sollte nie vergessen, daß nämlich die Mannarbeit die Hohe Schule der Unterordnung bedeutet. Ein Hund, der sich dabei unter Kontrolle halten läßt, fügt sich auch in jeder anderen Situation.

Wir gehen also beim Schutzdienst besser nicht darauf aus, unseren vierbeinigen Partner zu einem bösen Hund werden zu lassen, indem wir ihn schlechten Erfahrungen mit dem bösen Mann – dem Pikör – aussetzen. Das würde nur Schwierigkeiten geben. Schließlich möchten wir keine reißende Bestie heranbilden, die zu Hause nur noch im Zwinger gehalten werden kann, sondern einen Begleiter, der uns überallhin folgt, ohne daß wir ständig Befürchtungen hegen müssen. Es gibt allerdings Hundeführer, die sich aus ihrer persönlichen Unsicherheit heraus bewußt oder unbewußt einen «bösen» Hund wünschen. Sie sollten sich keinen Hund halten, denn die Gefahr besteht, daß ihr Wunsch infolge der Sensibilität des Hundes eines Tages in Erfüllung geht.

Etwas ganz anderes ist es, wenn die Polizei ihre Schutzhunde notgedrungen darauf abrichtet, auf Kommando kompromißlos anzugreifen. Das ist gar nicht so einfach, und längst nicht jeder Hund kann zu diesem Verhalten gebracht werden. Einige, die so weit kommen, sind dann wirklich latent gefährlich. Andere dagegen können auch dann noch ohne jede Befürchtung als Familienhund gehalten werden. Das verrät eine bewundernswerte Anpassungsfähigkeit.

Beim Aufbau des Junghundes sollten wir in jedem Falle ohne eigene heimliche Aggressionsgefühle vorgehen. Wir dürfen uns nicht in Affekte hineinsteigen, sonst verlieren wir die Übersicht und machen Fehler auf Fehler. Und das wäre schlecht, denn Schutzdienst und speziell Mannarbeit können nur dann erfreulich sein, wenn wir dabei nicht nur den Hund, sondern auch uns selbst beherrschen. Dazu benötigen wir vor allem Konzentrations- und Reaktionsvermögen. Wir sollten also über der Sache stehen, sonst wächst sie uns über den Kopf.

Abb. 29. Aufbau im Schutzdienst heißt: Vertrauen schaffen, Sicherheit vermitteln.

Vorübungen zur Schutzarbeit

Mit dem Junghund läßt sich ab etwa fünf Monaten auf spielerische Weise wichtige Vorbereitungsarbeit verrichten. Es geht darum, seine Freude am Packen und Festhalten, auch am Schütteln eines weichen Gegenstandes zu vertiefen.

Dazu hat er sich an zwei Dinge zu gewöhnen: Einmal an das Material von Sackleinen, Beißwulst und Schutzärmel. Zum anderen an den Schutzhelfer (Pikör), also einen ihm zunächst fremden Menschen, der mit dem oben erwähnten Material mit ihm spielt. Nicht jeder Hund geht auf diesen Helfer am Anfang ohne Zurückhaltung oder Hemmung ein, doch praktisch jeder Hund kann dazu gebracht werden, Vertrauen zu ihm zu fassen und ihn als Kumpan zu akzeptieren. Damit wird der Hund innerlich gefestigt in bezug auf sein Verhalten gegenüber noch unbekannten Personen ganz allgemein. Das beste Mittel, um anfängliche Unsicherheit zu überwinden, ist die sogenannte Reizangel, die wir hier noch beschreiben werden.

Bei diesen Gewöhnungsübungen wird zumindest am Anfang vorwiegend angeleint gearbeitet. Der Hund wird von seinem Führer oder seiner Führerin gehalten. Die Leine ist an einem breiten, nicht auf Zug einstellbaren Halsband eingehakt. Jede Unterordnung unterbleibt, der Hund kann nach Belieben stehen, sitzen oder liegen. Wird mit einem Tuch oder einem Beißwulst geübt, nähert sich der Helfer ruhig und zeigt ihm das Reizobjekt, läßt ihn daran schnüffeln und macht ihn so mit diesem Gegenstand bekannt. Daraufhin beginnt er ihn hin und her zu schwenken, einmal näher, einmal weiter vom Hund entfernt.

Meistens wird der Junghund bald einmal den Fang öffnen und das Ding fassen wollen. Packt er zu, beginnt der Helfer sogleich Widerstand zu leisten, indem er am Objekt zieht und dreht, aber nur soweit, daß der Hund es nicht losläßt, sondern zum Festhalten animiert wird. Während diesen Vorgängen hält der Führer den Hund an der Leine zurück, wobei er auf seine Bewegungen eingeht, so daß er nicht vom Gegenstand losgerissen wird, aber doch stets einen Zug von Leine und Halsband verspürt. Auch das reizt ihn nämlich zum Festhalten. Allzulange darf das Spiel am Anfang nicht andauern. Wirkt der Hund in seinem Festhalten intensiv und sicher, läßt der Helfer den Gegenstand fahren, das heißt, er überläßt ihm sozusagen die Beute. Dieses Erfolgserlebnis ist sehr wichtig, und es muß sogleich vom Führer bekräftigt und belobt werden, indem er sich laufend in Bewegung setzt und so den Hund das Beutestück über eine nicht zu kurze Distanz neben ihm hertragen läßt.

Danach beruhigt er den Hund und veranlaßt ihn sorgfältig zum Ausgeben des Gegenstandes. Hierbei darf nicht forciert oder lauthals befohlen werden. Und nie sollte der Helfer den Hund zum Auslassen drängen bei dieser Stufe der Ausbildung. Er nimmt den Gegenstand erst wieder auf, wenn der Führer den Hund entfernt hat.
Reagiert nun aber ein Hund am Anfang überhaupt nicht auf den ihm dargebotenen Gegenstand, will dies nicht viel heißen. Meist liegt der Grund dafür in seiner Unvertrautheit mit dem Helfer. Dem kann mit der sogenannten Reizangel abgeholfen werden.

Arbeit mit der Reizangel

Dieses Hilfsmittel besteht aus einem 120 bis 150 cm langen Rundstab, zum Beispiel einem Besenstiel, woran am oberen Ende eine drei bis vier Meter lange feste Schnur befestigt wird, an deren Ende sich ein gut verknoteter Tuchfetzen, am besten aus Sackleinen, befindet. Das hat den Vorteil, daß der Helfer für den Hund vorerst nicht direkt in Erscheinung tritt. Er zieht den Fetzen anfangs ruhig und nahe dem Hund beginnend vor diesem hin und her. Je nach der Reaktion des Hundes kann er diese Bewegungen des Gegenstandes beschleunigen und damit dessen Aufmerksamkeit und Interesse steigern. Auch hier läßt man es zuerst beim Packen des Gegenstandes ohne allzustarkes Ziehen bewenden. Hat der Hund eine gewisse Intensität erreicht, übernimmt der Führer die Reizangel und rennt mit dem Hund damit weg, indem er ihn das «Beutestück» frei (ohne noch zu ziehen) neben sich hertragen läßt.
Im Laufe der weiteren Übungen mit der Reizangel wird sich der Helfer immer deutlicher dem Hund in Erscheinung bringen. Er nähert sich ihm, indem er die Schnur einzuholen beginnt. Das geht soweit, bis der Helfer den Tuchfetzen direkt mit der Hand faßt und mit dem inzwischen sicherer gewordenen Hund ziehend und wendend zu «kämpfen» beginnt.
Bleibt der Junghund auch jetzt sicher und fest am «Beutestück», kann zum Beißwulst übergegangen werden, später auch zu einem weichen Schutzärmel, ohne diesen vorerst anzuziehen. Zeigt der Hund aber später wiederum Unsicherheit, geht man auf die Arbeit mit der Reizangel zurück.
Wird das Packen und Festhalten eines Gegenstandes mit dem Junghund auf diese Weise sorgfältig aufgebaut, also ohne «Verteufelung» durch den Helfer oder den Führer, erreichen wir folgendes:

Abb. 30a. «Ist es nicht zu früh, mit meinem 13 Wochen alten Hund zu beginnen?», fragte dessen Besitzerin. «Nein», war die Antwort des Experten, «doch muß man sorgfältig vorgehen und während des Zahnwechsels und im Laufe der Pubertät überaus zurückhaltend sein, eventuell pausieren.»
b. Der auf die Reizangel positiv reagierende Hund trägt hier mit Freude das Beutestück neben seiner Führerin her.

- Der Hund wird sicher im Umgang mit Reizobjekten.
- Das Vertrauen zum Helfer als einem erwünschten Spielpartner wird etabliert.
- Das Packen, Festhalten und Verharren am Reizobjekt setzt sich fest.
- Das Ausgeben des nicht mehr bewegten Reizobjektes wird geübt.
- Das sich Beruhigen beim nicht mehr bewegten Gegenstand wird zur Gewohnheit.

Mit Hunden, die schon einige Erfahrungen mit diesen Beißübungen haben und davon begeistert sind, darf man schon etwas derber dabei umgehen. Man denke an die Robustheit der Welpen untereinander in ihrer Sozialisierungsphase. Schlechte Erfahrungen darf der Junghund aber nicht machen. Vor allem darf man ihn nie mit bedrohlichem Auftreten oder gar mit Zwicken und Schlagen zu größerer weil aggressiv gestimmter Reaktion reizen wollen. Solche Methoden machen den Hund mißtrauisch und verunsichern ihn.

Hält der Hund aber den Beißwulst oder den weichen, doch noch nicht am Arm des Helfers befindlichen (sondern von diesem gehaltenen) Schutzärmel fest, lockert nun der Hundeführer die bisher stets angespannte Leine. Bleibt jetzt der Hund immer noch sicher am Beutestück, geht man zur Beißübung ohne Leine über. Sollte der Hund nun wieder auslassen oder nur zögernd und verunsichert packen, muß dieser Übergang zum abgeleinten Arbeiten noch eine Weile geübt werden. Sobald der Hund aber unter jeder Bedingung das Beutestück freudig packt und intensiv festhält, schlüpft der Helfer erstmals mit dem Arm in den Ärmel und bietet diesen dem Hund zum Packen an.

Es ist nun gut möglich, daß der Hund den Schutzärmel nicht mehr richtig fassen will, nachdem er beim ersten Zupacken zurückgeschreckt ist, als er mit den Zähnen den Arm des Helfers gefühlt hat. Dies darf uns nicht überraschen. Selbst sehr wesenssichere Hunde können so reagieren, weil da die Beißhemmung ins Spiel kommt. Es erleichtert indes jede spätere Ausbildung im Schutzdienst, wenn der Hund sich bei der Beißübung schon jetzt an den lebendigen Arm im Schutzärmel gewöhnt. Es lohnt sich also, die hier aufgetretene Hemmschwelle beim Hund durch geduldige und aufmunternde Übungsarbeit abzubauen, was in der Regel auch gelingt.

Beißhemmung

Auch ein Hund, der mit Lust den Schutzärmel packt und festhält, ist oft nur mit großer Mühe dazu zu bringen, einen ungeschützten Arm zu

packen, wie dies der Polizeihund ja zu tun hat. Schon der Übergang vom Schutzärmel zum Unterzugsärmel, der den Arm unter einem Kleidungsstück schützt, gibt oft Probleme auf. Dabei kann man gerade mit sehr wesenssicheren Hunden, bei denen keine Angstkomponente mitspielt, große Mühe haben. Das hängt mit der genannten Beißhemmung zusammen, die dem Hund von Natur aus eigen ist. Ohne diese Hemmung würden sich schon die Welpen gegenseitig verletzen und Junghunde sich zerfleischen. Sie ist demnach eine Lebensnotwendigkeit und läßt sich nur schwer verändern. Bei Schutzhunden der Polizei muß dies wie gesagt gezwungenermaßen versucht werden. Beim sportlichen Schutzdienst ist dies glücklicherweise nicht nötig. Denn hier darf der Angriff auf den vom Pikör bewegten Schutzanzug für den Hund ein herrliches Spiel bleiben, das ihn begeistert und seine Entwicklung in sehr positiver Weise fördert.
Die Beißhemmung ist eine sehr interessante Erscheinung, die natürlich auch im Verhalten anderer Tiere auftritt. Ohne diesen Faktor, der eigenartigerweise in der Literatur über die Wesensbeurteilung kaum erwähnt wird, würde das soziale Verhalten in Rudeln empfindlich gestört. Es ist deshalb als Symptom einer Verhaltensstörung zu werten, wenn die Beißhemmung nicht intakt ist oder nicht mehr den äußeren Verhältnissen angemessen funktioniert. Wenn wir also die Beißhemmung bei einem normal und gut veranlagten Hund herabsetzen wollen, müssen wir damit rechnen, daß wir unter Umständen mit diesem Hund nicht mehr ohne Vorsichtsmaßnahmen unter die Leute gehen dürfen. Vorsicht ist somit am Platze. Es gibt Hunde, die eine an der Obergrenze des Erwünschten einzustufende Schärfe haben und bald auch einen ungeschützten Körperteil packen. Dies ist jedoch oft eine Folge schlechter Sozialisierung des Welpen und Junghundes mit Menschen. Hier stoßen wir auf jene Hundeführer, die den Hund absichtlich von Kontakten mit Leuten fernhalten. Dies ist meines Erachtens ein Vorgehen, das – von Fachleuten durchgeführt – nur beim Polizeihund zu verantworten ist. Im Hundesport jedoch ist schon deshalb davon abzuraten, weil die Spezialisten fehlen, welche die Folgen eines so heiklen Abrichteprozesses kennen und in Schranken zu halten wissen. Das Gesagte bezieht sich auch auf die in PO-SKG enthaltene Prüfungsaufgabe «Bewachen eines Gegenstandes», auf die später noch einzugehen ist (Seiten 183–190).

Abb. 31. Auf seinen vier Beinen stehend fühlt sich der Hund wohler und sicherer. Deshalb wird die Arbeit mit dem am Bein befestigten Beißwulst begonnen.

Abb. 32. Vertrauen schaffen, Sicherheit verleihen, das ist wie nirgends sonst beim Aufbau des Schutzdienstes möglich. Und es bringt dies Vorteile für alle Sparten des Hundesports wie für den Hausgebrauch. Selbst der Rettungshund zeigt intensiveres Anzeigen und Eindringverhalten, wenn er als Schutzhund ausgebildet ist.

Transport und Angriff auf den Führer

Wie schon gesagt wurde, ist der Schutzdienst die Hohe Schule dessen, was man Unterordnung nennt. Auch die Arbeiten, die wir unter dem Zyklus «Kontaktübungen» (Seiten 138 ff.) aufgebaut haben, müssen selbst bei schwerster Ablenkung durchführbar bleiben. Es kann deshalb nicht eindringlich genug empfohlen werden, den Hund erst dann in den Schutzdienst einzuführen, wenn jene Übungen sitzen. Zudem sollte auch beim Aufbau des Schutzdienstes stets dann auf das Kontakt-Programm zurückgegriffen werden, wenn der Hund zu beruhigen und wieder unter Kontrolle zu bringen ist. Dazu eignen sich die sogenannten Transporte ausgezeichnet. Da hierbei Führer und Hund den links daneben oder drei Meter vor ihnen gehenden Pikör im Schutzanzug begleiten, entspricht dies dem Gehen mit dem frei folgenden Hund unter Ablenkung.

Wir beginnen mit dem drei Meter vor uns stehenden, uns den Rücken zuwendenden Helfer im Schutzanzug; der Hund sitzt bei Fuß. Dem Pikör melden wir unsere Bereitschaft, indem wir in ruhigem Ton *«Transport»* sagen. Er marschiert nun nach einer von ihm zu variierenden Wartezeit flott los. Im Augenblick seiner ersten Bewegung lassen wir ein scharfes *«Fuß»* ertönen und marschieren nun, den Hund bei Fuß, hinterher. So verknüpft sich mit der Zeit die Bewegung des anmarschierenden Pikörs mit dem Hörzeichen *«Fuß»*. Das hat zur Folge, daß der Hund in dieser Situation stets Hemmungen haben wird, den Pikör wie bei einem Fluchtversuch zu verfolgen. Der Pikör hält nun nach verschiedenen Intervallen an, und wir benützen den Moment, um laut *«Sitz»* zu sagen. Derart verknüpft sich auf die Dauer das Anhalten des Pikörs mit dieser Bewegung. Falls es eine spätere Arbeit am Mann erfordert, können wir auch *«Platz»* rufen.

Geht nun der Hund sicher und korrekt, lassen wir auf die Transportübung als Belohnung einen Angriff des Pikörs auf den Hundeführer folgen. Wir wählen dazu eine einfache Form, die es zudem erlaubt, den Hund wenn nötig an der Leine zu halten und bei nicht sehr kampffreudigen Hunden unversehens zur Beißübung überzugehen, mit der wir das Tier erneut stimulieren.

Die aufbauende Angriffsarbeit erfordert nicht nur vom Hundeführer, sondern vor allem auch vom Pikör viel Einfühlungsvermögen. Er ist es, der sich mit dem Hund direkt auseinanderzusetzen hat, während sich der Hundeführer nach Möglichkeit zurückhält und die Arbeit des Pikörs aufmerksam beobachtet, wie dies in Tafeln 21 bis 23 klar zum

Ausdruck kommt. Ein guter Pikör vermag die Anlage eines Hundes zu erfassen und spürt genau, wo er etwas derber und wo er weniger derb vorzugehen hat. Er bewahrt uns damit vor einer sich nachteilig auswirkenden Überforderung des Hundes und versteht es, diesem volles Vertrauen, Freude an der Aufgabe und endlich auch die notwendige Sicherheit bei der Arbeit am Mann zu vermitteln.
Bei dem erwähnten einfachen Angriff stehen wir also ganz still, derweil der Hund bei Fuß sitzt. Der Pikör geht ruhigen Schrittes in unserer Nähe hin und her, umkreist uns auch ein- oder zweimal. Diese Bewegungen sind stets wieder zu ändern, damit sich der Hund nicht an einen Moment des Angriffs gewöhnt und plötzlich zu früh angreift. Zum Angriff kommt nun der Pikör – was er zuvor schon verschiedene Male getan hat – auf uns zu, als wolle er an unserer rechten Seite (der Hund sitzt links) vorbeigehen. Kurz bevor er unsere Höhe erreicht, hebt er den schlagenden Arm zum Angriff. Der Hund hat nun unverzüglich anzugreifen, zu packen und festzuhalten, ohne daß wir ein Zeichen geben. Nach kurzem Scheinkampf steht der Pikör mit dem Hörzeichen «*Weg*» oder «*Platz*» still. Später wird dieses Zeichen weggelassen.
Bei der zweiten Transportübung gehen Führer und Pikör nebeneinander, nur getrennt von dem in der Mitte marschierenden Hund, der den bei der Gehbewegung normal schwingenden Arm mit dem Schutzärmel selbstverständlich nicht packen darf.
Es empfiehlt sich, die Transportübungen, verbunden mit der einfachen Angriffsübung, intensiv zu trainieren, bedeuten sie doch eine sehr gute Vorbereitung. Der Wechsel zwischen korrektem Gehen an der Seite des Meisters, dem Angreifen mit Packen, Festhalten und Verharren und dem Ausgeben setzt sich im Hund in einer Situation fest, da er vom Führer gut zu kontrollieren und wenn nötig auch an der Leine zu führen ist. Wer hier Sicherheit erreicht, wird bei den Übungen auf Distanz bedeutend weniger Schwierigkeiten haben.
Zudem machen Hunde, die auf diese Weise trainiert worden sind, erfahrungsgemäß kaum je Schwierigkeiten beim Auslassen des stillstehenden Schutzhelfers. Damit erübrigt sich jedes brutale Einwirken, um den Hund zum Auslassen zu bringen.

Verbellen und Revieren

Es ist eine Hauptaufgabe des Schutzhundes, ein Revier abzusuchen und darin befindliche Personen zu stellen und zu verbellen. In der Praxis kann es sich um irgendwelche Areale oder Innenräume handeln (Lagerhallen, Fabrikationsräume, Bürotrakte etc.). Im Hundesport wird auf Prüfungsrevieren mit künstlichen Verstecken geübt.

Bevor wir jedoch den Hund freie Sucharbeit leisten lassen, empfiehlt es sich – dem Prinzip der Trennung folgend – ihn im Verbellen auszubilden. Dies können wir schon mit dem Junghund im Rahmen der Beißübungen tun. Als einfache und wirkungsvolle Übung hat sich dabei das Anreizen zum Verbellen unter Verwendung des Beißwulstes bewährt.

Vorgang: Der Schutzhelfer, der den Hund spielerisch zum Packen und Festhalten ermuntert hat, begibt sich nun mit dem Beißwulst in ein künstliches Versteck, wie es beim Hundesport gebräuchlich ist. Dort erwartet er den Hund, der vom Führer an der langen Leine herangebracht wird. Ist der Hund fast bei ihm angelangt, hebt der Schutzhelfer den Beißwulst über den Kopf, während der Führer dafür sorgt, daß der Hund nicht allzunahe an den Mann herankommt. In vielen Fällen wird der Hund, der zuvor starkes Interesse am Beißwulst hat erkennen las-

---

Tafel 24
Beim Anhalten bleibt der Schutzhelfer abrupt stehen, der/die Führer/in ruft beim Stehenbleiben laut «Sitz!». Im Hund verknüpft sich dieses Hörzeichen mit dem Stillstehen des Schutzhelfers. Er wird auch später, wenn das Hörzeichen nicht ertönt, beim Anhalten des SchHelfers sicher beim HF verharren und sich setzen.

Tafel 25
Nachdem das Anmarschieren und Anhalten unter ständig sich verändernden Zeitspannen zwischen der Bereitschaftsmeldung und dem Anmarschieren sowie unterschiedlich andauerndem Marschieren bis zum Anhalten durchgeführt worden ist, löst sich der SchHelfer aus seiner Endstellung und bewegt sich mit ruhigen Schritten vor Hund und HF hin und her (später kann er auch um die beiden herumgehen). Der/die HF bleibt ruhig stillstehen. Bewegt sich der Hund in Richtung SchHelfer, wird er massiv korrigiert und in Sitzstellung gebracht.

sen, über kurz oder lang zu bellen beginnen. Er befindet sich jetzt bereits in jener Position vor dem künstlichen Versteck, wie sie ihm beim hundesportlichen Revieren und Verbellen begegnen wird. Das prägt sich ihm ein und wird ihm später ein sauberes Verbellen erleichtern. Hat er hier einige Zeit ausdauernd gebellt, wird ihm zum Lohn der Beißwulst übergeben, mit dem er eine Platzrunde drehen darf, natürlich immer noch an der Leine gehalten.

Hunde, die hier anfangs nicht spontan verbellen, können mit geschickten Bewegungen des Schutzhelfers, die ihn reizen, zum Lautgeben gebracht werden. Diese Bewegungen sind jedoch ausschließlich mit dem Beißwulst auszuführen. Doch stets sollte man versuchen, mit möglichst wenig Anreiz auszukommen. Denn am Ende muß ja der Hund eine völlig ruhig im Versteck weilende Person sogleich und ausdauernd verbellen.

Die Ausbildung unter Verwendung des Beißwulstes hat den Vorteil, daß der Hund damit vom Schutzhelfer abgelenkt wird und wenig dazu neigt, diesen zu packen, was er ja beim Verbellen nicht tun soll.

Gelingt die beschriebene Übung an der Leine gut, geht man zum Verbellen mit dem abgeleinten Hund über. Hier zeigt sich nun, wie günstig sich das vorgegebene Ziel – nämlich der über den Kopf gehaltene Beißwulst – auswirkt. Zwar werden manche Hunde den Schutzhelfer jetzt anspringen (wozu er sich am besten mit einer Lederschürze schützt), aber die wenigsten werden die Person anpacken. Und nach zwei-, dreimaligem vergeblichen Anspringen geht die Mehrzahl der Hunde dazu

---

Tafel 26
Unversehens greift der SchHelfer an, der Hund packt zu. Der/die HF verbleibt am Standort. Der SchHelfer kämpft mit dem Hund, der den Ärmel nicht ausläßt.

Tafel 27
Der SchHelfer steht still, der Hund läßt aus. Der/die HF hat laut das Hörzeichen «Aus!» gegeben, wartet etwa zwei Sekunden und holt den Hund ab. Danach werden ein Rückentransport und – nach dem Anhalten – ein Seitentransport angeschlossen. Der SchHelfer legt den Ärmel ab und nimmt taktilen Kontakt mit dem Hund auf, der sich dabei frei bewegen darf.

Abb. 33. Lautgeben beim Schutzdienst: Mit dem hochgehaltenen «Beutestück» wird der Hund zum Verbellen angeregt.

über, den Beißwulst vor dem Schutzhelfer sitzend zu verbellen. Das ist bereits die erwünschte Position für den hundesportlichen Schutzdienst, woran die Hunde sich auf diese Weise leicht gewöhnen. Ist es soweit, verbellt der Hund den Schutzhelfer ausdauernd ohne ihn anzugreifen, können wir zum Aufbau der Revierarbeit übergehen.

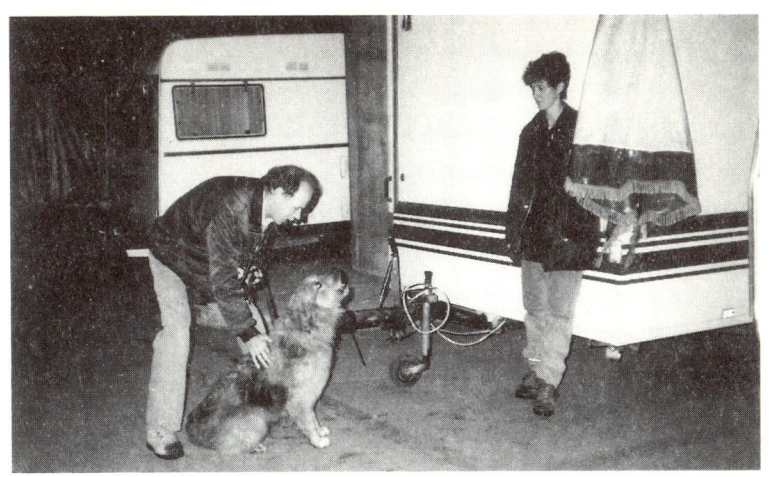

Abb. 34. Zwischen den abgestellten Wohnwagen lassen sich 2 bis 3 Figuranten postieren. Erscheint der sie an der Leine suchende Hund, verhalten sie sich stumm und still. Frühestens nach 10 Sekunden reizen sie ihn – falls er nicht spontan verbellt – kurz zum Lautgeben, worauf sie wiederum stumm und still bleiben. Der/die Hundeführer/in wirkt möglichst nicht auf den Hund ein.

Revieren

Die IPO verlangt bei Prüfungen von Schutzhunden ein Revier von etwa 80 m Breite und 100 m Länge, das von insgesamt 6 künstlichen Verstecken flankiert wird. Begonnen wird die Arbeit auf der Grundlinie. Der Hund hat nach links und rechts eilend alle Verstecke abzusuchen, bis er auf den in einem der Verstecke befindlichen Schutzhelfer trifft. Diesen hat er ausdauernd zu verbellen ohne ihn anzugreifen.
Natürlich beginnen wir zuerst mit einem einzigen Versteck, das sich in etwa 40 m Distanz befindet, und wohin sich der Schutzhelfer vorerst in Sicht des Hundes begibt. Arbeitet der Hund hier zufriedenstellend, werden wir den Schutzhelfer außer Sicht des Hundes das Versteck aufsuchen lassen. Normalerweise wird der Hund das Versteck mit seinem «Inhalt» schon so verknüpft haben, daß er auch jetzt erwünscht vor-

geht. Ist dies der Fall, werden wir den Hund nun an das genaue Revieren im Prüfungsfeld gewöhnen. Wir beginnen mit zwei 80 m auseinanderliegenden Verstecken, wobei der Hund stets zuerst das Feld rechts anzulaufen hat, wo er anfangs den Schutzhelfer auch vorfindet. Später wird dieser abwechslungsweise auch im Feld links Aufstellung nehmen. Schrittweise werden nun die übrigen 4 Verstecke in die Übung einbezogen. Doch stets hat der Hund auf der Grundlinie das erste Versteck rechts anzulaufen, dann nach links zum zweiten Versteck zu revieren usw..
Die Position des Schutzhelfers sollte immer wieder gewechselt werden, damit sich nie völlige Sicherheit im Hund etabliert, wo der Mann sich befindet.

Ausbildung zur Praxis

Um nun das Verbellen einer aufgefundenen und sich still verhaltenden Person auch in der Praxis sicherzustellen, gehen wir etwas anders vor. Dazu eignet sich ein Areal, das verschiedene schon bestehende Verstecke anbietet. Als sehr praktisch hat sich dazu ein Parkplatz von Wohnwagen erwiesen. Hier lassen wir zwei bis drei Figuranten sich an geeigneter Stelle aufhalten. Sie werden angewiesen, sich mindestens 10 Sekunden völlig ruhig zu verhalten, nachdem sich der Hund vor ihnen eingefunden hat. Erst danach erzeugen sie, Gegenstände aneinanderschlagend, ein scharfes Geräusch, wonach sie sich aber gleich wieder still verhalten.
Der Hund, der an der verlängerten Leine und unter Aufmunterung zum Suchen durch das Areal geführt wird, nimmt nun den Figuranten geruchlich wahr und drängt zu ihm hin. Bevor er ihn ganz erreicht, wird er etwa 1 m vor diesem zurückgehalten. Bellt er nicht sogleich, wird er es nach dem erfolgten knallartigen Geräusch bestimmt tun. Und er wird mehr und mehr Freude, aber auch Sicherheit, bei diesem Spiel empfinden. Jetzt können wir ihn – immer noch an der Leine gehalten – vor dem jeweiligen Figuranten zum Sitzen bringen und so zum Weiterbellen veranlassen. Tut er dies nach einiger Übung von selbst, werden wir ihn während des Verbellens in Sitzposition zu streicheln beginnen. Das führt oft dazu, daß der Hund das Bellen einstellt, doch durch die Hilfe des Figuranten wird er es weiterführen. Mit diesem Vorgehen vertieft sich das Verbellen stark. Wichtig bei alledem ist jedoch, daß der Führer den Hund zwar zum Suchen, aber niemals zum

Verbellen auffordert. Der Führer muß warten lernen, bis das Verbellen spontan ausgeführt wird.

Haben wir das alles mit dem an der Leine geführten Hund erreicht, setzen wir ihn erstmals frei laufend ein. Man muß aber bereit sein, erneut an der Leine zu arbeiten, falls der Hund den Figuranten angehen statt verbellen sollte. Freilich ist es der Ausbildung nicht hinderlich, wenn wir den im Stehen verbellenden Hund mit einem Hörzeichen zum Sitzen bringen.

Dieser in der Praxis durchgeführte Aufbau des Verbellens eignet sich für die Ausbildung des Anzeigens bei Such- und Rettungshunden ganz vorzüglich.

Dem Revieren und vor allem dem freudigen, sauberen und sicheren Verbellen kommt große Bedeutung zu, da dies eine der drei möglichen Anzeigeformen bei der Suche nach Vermißten und bei jeder anderen Sucharbeit darstellt. Aus diesem Grunde wurde ihm hier auch besondere Beachtung geschenkt.

Bewachen des Pikörs

Der früher beschriebene Angriff des Pikörs richtete sich gegen den Hundeführer, wobei der Schutztrieb jedes gutgehaltenen, normalen Hundes dessen Reaktionen unterstützte. Anders verhält es sich, wenn der Hund dem Pikör allein gegenübersteht, während sein Führer in großer Distanz oder in Deckung weilt. Nun zeigt es sich, ob der Hund auch das verrät, was allgemein als Kampftrieb bezeichnet wird, und ob es uns gelungen ist, das entsprechende Verhalten zu fördern. Die ganze Arbeit des Pikörs ging ja bisher darauf aus, dem Hund das Gefühl zu geben, er – der Hund – sei der stärkere. Er hat den Hund also keine schlechten Erfahrungen machen lassen. Genau dies muß er fortsetzen, wenn er sich nun mit dem Hund in Abwesenheit des Führers auseinandersetzt.

Wir beginnen mit einem einfachen Angriff, legen dann den Hund vor dem Pikör ab und entfernen uns anfangs nur um zehn Meter. Der Pikör versucht, die Aufmerksamkeit des Hundes auf sich gelenkt zu halten. Er führt zwar keine eigentlichen Bewegungen aus, sondern verlegt vielleicht das Gewicht langsam von einem Fuß auf den anderen oder läßt wie ein Bauchredner Geräusche hören, ohne Lippen und Gesicht zu bewegen. Nach einer Weile bewegt er sich plötzlich stark. Je nach dem bisherigen Verhalten des Hundes wendet er sich nun zur Flucht oder er geht (ähnlich wie beim einfachen Angriff) auf den Hund zu, ihn mit dem schlagenden Arm zum Packen animierend. Greift der Hund an und packt fest, geht der Pikör in einen Scheinkampf über (schwenkt und zieht), steht jedoch nach wenigen Sekunden wieder bockstill. Läßt der Hund nicht ab, kann er ihn mit beruhigendem *«Aus»* und *«Platz»* dazu auffordern. Nur notfalls greift der Führer mit einem entsprechenden Hörzeichen ein. Nach einer Wartezeit wird dieselbe Übung wiederholt. Sollte der Hund je angreifen, bevor der Pikör sich bewegt, greift nicht dieser, sondern der Führer mit entschiedenem *«Nein»* ein, unter Umständen auch, indem er herbeikommt und den Hund zum Abliegen zwingt.

Zeigt der Hund Freude und Sicherheit bei dieser Übung, begibt sich der Hundeführer in Deckung. Die Zeitintervalle und Bewegungsweisen werden nun vom Pikör unterschiedlich festgelegt. Von der eindeutigen Flucht bis zum drohenden Angehen des Hundes (sofern dieser gut darauf reagiert) wendet der Pikör alle Mittel an, um den Hund in Eifer zu bringen.

Fluchtversuch und Mutprobe

Vorbereitet durch das Bewachen des Pikörs sollte diese Übungsform keine Schwierigkeiten verursachen. Wir beginnen mit einer Transportübung, bei der der voranschreitende Pikör plötzlich wegläuft und wir den Hund zur Verfolgung mit *«Faß»* aufmuntern. Der Hund soll den Davoneilenden packen und festhalten. Danach geschieht das Auslassen, wie es beim Bewachen des Pikörs beschrieben wurde. Arbeitet der Hund sicher, lassen wir den Pikör in einer gewissen Distanz (die später verschieden anzusetzen ist) aus einer Deckung auftauchen, während wir mit dem abgeleinten Hund Unterordnungsübungen machen. Auf unser *«Faß»* hin darf der Hund angreifen und packen. Geht auch dies gut, wendet sich der Pikör beim Fluchtversuch gegen den sich nähernden Hund. Zuerst fordert er ihn mit dem schlagenden Arm zum Packen auf, später wird er immer drohendere Bewegungen und Stimmäußerungen gegenüber dem Hund anwenden.

Natürlich hat der Hund den Ärmel des Pikörs auch nach dem Fluchtversuch auszulassen und bei ihm zu verharren, sobald er stillsteht. Der Hundeführer tritt nun bei abgelegtem Hund zum Pikör, den er zuvor auffordert, die Hände hochzuhalten. Er tastet ihn ab, als wäre das zum Entwaffnen nötig. Der Hund hat ruhig zu verharren.

Bevor wir zur Mutprobe übergehen, greifen wir mit Vorteil auf die Beißübung zurück, wobei der Pikör anstelle des Helfers sich nähert und den Stock mitführt. Damit vollführt er die verschiedensten Bewegungen, und wenn der Hund ihn am Ärmel festhält, streicht er wie verlangt über die erlaubten Körperstellen, doch sehr gut gezielt und dem Verhalten des Hundes entsprechend dosiert. Hat sich der Hund daran gewöhnt, so wird dasselbe beim einfachen Angriff geübt, wobei nun der Hund ohne Leine belassen wird. Erst jetzt übertragen wir die Mutprobe auf die Endphase von Fluchtversuchen, doch stets erst dann, wenn der Hund richtig zupackt und festhält.

Allgemeines

Bei allen Schutzhundarbeiten weichen wir bei nachlassendem Eifer oder Unsicherheit des Hundes sofort auf die Stufe der Beißübung oder eine andere Stufe aus, die mit dem speziellen Hund Erfolg verspricht. Bei Übereifer und entsprechenden Fehlern oder Außer-sich-Geraten des Hundes gehen wir auf Transportübungen oder Unterordnungsübungen über, bevor wir stufenweise wieder aufbauen.
Mit den hier beschriebenen aufbauenden Übungen des Schutzdienstes wurden die Grundelemente der Schutzarbeiten erfaßt. Es ist Sache des Hundeführers und seines Übungsleiters, das damit erworbene Können auf die zu trainierenden Prüfungsaufgaben der IPO, PO-VHD und PO-SKG zu übertragen. Da richtigerweise jeder Ausbilder im Detail seine persönliche Methode anwendet, die ihm am besten liegt, haben wir uns bewußt auf die grundlegende Ausbildung beschränkt. Auf das in der PO-SKG enthaltene Bewachen eines Gegenstandes kommen wir im folgenden Abschnitt zu sprechen.

Bewachen eines Gegenstandes

Es gibt keine andere Arbeit mit dem Hund, die zugleich so interessant und derart umstritten wäre. Umstritten ist das Bewachen hauptsächlich deshalb, weil es oft aus einer falschen Einstellung heraus aufgebaut wird. Gehen wir konsequent darauf aus, die Beziehung des Hundes zu einem dem Meister und dem Familienrudel gehörenden (weil nach ihm riechenden) Gegenstand zu vertiefen, gibt es vorerst nichts gegen diese Übung einzuwenden. In der allerletzten Phase freilich, wenn der

Abb. 35. Dreimal Verbellen. Oben steht der Mann im künstlichen Versteck, unten links hält sich der Pikör im Waldrevier hinter einem natürlichen Hindernis auf. Beides muß geübt werden. Sehr schwer ist das spontane und ausdauernde Verbellen bei der Vermißtensuche (unten rechts).

Abb. 36. Zweimal Fluchtversuch. Oben bei der sportlichen Mannarbeit, unten in der Anwendung beim Polizeieinsatz (der Beifahrer des kontrollierten Wagens versuchte zu flüchten).

Abb. 37. «Mutprobe» bei einer Wesensprüfung. Je besser das Verhältnis des Führers zum Hund ist und je sorgfältiger dieser in der Grundausbildung aufgebaut wurde, desto sicherer verhält sich der Hund, wenn er allein dem ihn bedrohenden Wesensrichter gegenübersteht. Das gilt natürlich auch für die Mutprobe bei der Mannarbeit (PO-VDH).

Schutzhund III nach PO-SKG das Wegnehmen des Gegenstandes durch Packen der ungeschützten Hand und des Armes des Prüfungsrichters verhindern soll, muß man sich ernsthaft fragen, ob die daraus resultierenden Konsequenzen zu verantworten sind. Da der Hund gegenüber einem fachlich ausgewiesenen Richter zum Beißen bereit sein muß, ist zu befürchten, daß er auch dann zupacken wird, wenn die Situation des Bewachens irgendwo unabsichtlich gegeben ist. Stellt man etwa seinen Einkaufswagen irgendwohin und läßt den Hund daneben Platz nehmen, sind die allenfalls herantretenden Passanten bei einem Schutzhund III gefährdet. Diese Gefährdung läßt sich allerdings auf zweierlei Art ausschließen. Erstens indem man darauf achtet, daß der Hund nie neben irgend etwas abgelegt wird, das uns gehört (man vergesse dabei das eigene Auto nicht). Zweitens kann man auch auf diese allerletzte Phase, nämlich auf das Beißen beim Wegnahmeversuch, verzichten. Wenn der Gegenstand einem Hund weggenommen wird, der bis zu diesem Zeitpunkt außerordentlich gut bewacht hat, verliert man nicht allzuviele

Punkte, um immer noch eine gute Prüfung abzulegen. Es ist noch anzufügen, daß der wesenssichere Hund Passanten in einer zufälligen oder auch gedankenlos herbeigeführten Situation kaum jemals gefährden wird. Er wird zuerst so stark warnen, daß sich niemand mehr nähert. Hunde eher wesensschwacher Richtung bilden in derselben Lage viel eher eine Gefahr. Damit ist auch auf das verhaltensmäßig außerordentlich Interessante dieser Arbeit hingewiesen – einer Arbeit, bei der sich der Hund wie nie sonst allein gegenüber dem Prüfungsrichter befindet. Der Führer ist abseits in Deckung. Der Vorgang des Bewachens besteht zunächst im freiabgelegten Warten, dann im Lautgeben – man nennt es Warnen – beim Herannahen des Richters und bei seinem Weg um den Hund herum und schließlich im Verharren am Gegenstand beim Ablenkungsversuch. Ganz zuletzt folgt dann beim Schutzhund III das Packen beim Wegnahmeversuch, wie wir es beschrieben. Aus Sicherheitsgründen ist heute der sogenannte Wegnahmeversuch gestrichen worden. Damit erübrigt sich auch das Training zum Packen des nach dem Gegenstand greifenden Armes und der Hand des Prüfungsrichters.

Vorübungen (siehe auch Seite 90)
Mit dem fünf Monate alten Junghund läßt sich die Beziehung zum Gegenstand einprägsam aufbauen. Man wählt einen großen Gegenstand, eine Mappe, ein mit einer alten Hose umwickeltes Stück Holz oder Metall, das dicht eingeschnürt ist, und dergleichen mehr. Dieser Gegenstand sollte so schwer sein, daß er nicht durch Anstoßen des Hundes weggeschleudert wird. Er ist auch stets in der Wohnung und nicht im Autokoffer aufzubewahren. Dem Hund zeigen wir ihn in Momenten positiver Erregung (vor dem Spazierengehen) öfters, so daß er ihn beriechen kann; dann legen wir ihn vor seinen Augen wieder in sein Schubfach zurück. Wir erinnern uns an den Aufbau der Beziehung zum Apportierholz, der ähnlich erfolgt war. Dauerte das eine Weile, nimmt man den Gegenstand erstmals zur Übung mit. Dort wird der Hund im Lederhalsband so angebunden, daß er den vor ihn hingelegten Gegenstand nur dann mit der Pfote zu erreichen vermag, wenn er sich bis zum äußersten streckt. Dann geht der Hundeführer etwa zehn Meter zurück, wendet sich dem Hund zu und wartet. Der Übungsleiter nähert sich nach einer Weile dem Hund, wobei er nur den Gegenstand, niemals aber den Vierbeiner fixiert. Er bewegt sich ganz langsam und ruhig, beugt sich dann zum Gegenstand hinunter, streichelt ihn und spricht zu ihm, als wäre er ein Lebewesen. Bewegt sich nun der junge Hund nach dem Gegenstand hin, erfolgt sogleich das Lob des Hunde-

führers, der den Vorgang konzentriert beobachtet. Bellt der Hund nur den sich nähernden Übungsleiter an, geschieht von seiten des Hundeführers nichts. Oft überträgt aber der Hund das anfängliche Verbellen des Übungsleiters auf den Gegenstand und macht dann Anstalten, diesen herbeizuscharren. In diesem Augenblick erfolgt das große Lob des Hundeführers. Der Übungsleiter zieht sich sofort zurück; ebenso schnell ist der Hundeführer beim Hund und lobt ihn intensiv weiter. Dann ist die Übung beendet. Diese Vorübung läßt sich wie die Beißübungen sehr gut in der Gruppe vornehmen, wobei alle Hunde in mindestens vier Meter Distanz voneinander anzubinden sind. Die Hundeführer nehmen in je zehn Meter Distanz vor den Hunden Aufstellung. Die Erregung überträgt sich nun auf alle Hunde. Zugleich gewöhnen sie sich so daran, ihre Aufmerksamkeit trotz Ablenkung auf ihren Gegenstand zu konzentrieren.

Bewachen frei abgelegt
Hat man nach zehn bis zwanzig Vorübungen eine gewisse Gewöhnung und Sicherheit erreicht, legt man den Hund eines Tages frei ab und plaziert den Gegenstand wie immer vor ihn hin. Auch nimmt der Hundeführer wieder einen Abstand von zehn Metern zum Hund ein. In den allermeisten Fällen bleiben so vorbereitete Hunde nun sicher am Gegenstand. Sollte sich einer entfernen, wäre es falsch, ihn irgendwie zu «strafen» (Kettenwurf, Schreien und grobes Zurückbringen zum Platz). In diesem Fall setzt man die Vorübung besser noch eine Weile fort und beginnt mit der eben beschriebenen zweiten Stufe später. Der Übungsleiter geht nun bis auf sechs Meter an den Hund heran und versucht, ihn auf irgendeine Weise – sei es durch seltsame Bewegungen oder Laute, sei es ganz einfach durch *«Gib Laut»* – zum Bellen zu bringen. Während einigen Übungen setzt er dieses Herangehen und Wieder-Zurückgehen fort. Hat sich der Hund zuverlässig daran gewöhnt und bleibt er bellend liegen (beim Aufstehen sucht ihn der Übungsleiter zu korrigieren, nur im Notfall greift der Hundeführer ein), wird die Übung erweitert. Der Übungsleiter geht nun im Kreis um den Hund herum, in gleichbleibendem Abstand von sechs Metern, unter fortwährendem Aufmuntern zum Bellen. Auch dabei erfolgen auffällige Korrekturen in erster Linie durch den Übungsleiter. Klappt auch dies ohne Unsicherheit, bleibt der Übungsleiter am Ausgangs- und Endpunkt des Kreises stehen, also wieder sechs Meter vor dem Hund, geht drei Schritte auf den Hund zu und versucht, indem er irgend etwas nach einer Seite hin fortwirft, den Hund vom Gegenstand abzulenken. Erhebt sich der

Hund, um dem weggeschleuderten Objekt zu folgen, zwingt ihn der Übungsleiter mit scharfem «*Platz*» zum Bleiben. Wenn nötig greift auch der Hundeführer ein. Schließlich versucht der Übungsleiter auch durch drohende Rufe, etwa «*Geh zu deinem Meister*», den Hund zum Weglaufen zu verleiten.

Nun ist es Zeit, dieselbe Übung in Abwesenheit des Hundeführers durchzuführen. Gerät auch dies, was zu erwarten ist, ist der Hund für Stufe II nach PO-SKG prüfungsreif. Immer vorausgesetzt, daß er während des ganzen Kreisens des Richters fortwährend warnt, das heißt bellt.

Auf Stufe III verändert sich nichts.

Abb. 38. Bewachen eines Gegenstandes (PO-SKG). Dieser Rottweiler liegt sicher am Gegenstand und warnt den herannahenden Helfer oder Richter deutlich, ohne Tendenz zum Angriff zu zeigen. Dieses Verhalten setzt voraus, daß die Beziehung zum Gegenstand gut aufgebaut und vertieft worden ist, bevor man mit dem Anreizen zum Verlassen des Gegenstandes (Verleitungsversuche und Bedrohung) begonnen hat.

Abschließend sei noch darauf hingewiesen, daß es sich lohnt, dem Hund den Gegenstand stets aufs neue interessant und lieb zu machen. Er darf aber nicht mit ihm spielen. Einige Hunde reagieren auch sehr positiv, wenn man den Gegenstand ab und zu auswechselt. Ist eine Übung beendet, geht man im Laufschritt zum Hund und lobt ihn.

Kapitel 10

Fährtenarbeit (Fährtenhund)

Von der Leistung ihres Geruchssinns hängt weitgehend die Existenz der wildlebenden hundeartigen Raubtiere ab. Beim Haushund ist die Fähigkeit zu solcher Leistung erhalten geblieben. Es ist für uns kaum vorstellbar, was der Hund alles mit Hilfe seines Riechorgans wahrnimmt und erlebt. Der Hundeführer setzt deshalb nicht selten zu wenig Vertrauen in die Hundenase. Mancher Fehler bei der Fährtenarbeit entsteht wegen dieses menschlichen Verhaltens. Gerade hier, wo uns der Hund so unendlich weit überlegen ist, gilt es in besonderem Maße, seine Fähigkeiten und deren anatomische Grundlagen zu kennen. Wie wir schon gesehen haben, verfügt der Mensch über ein Nasenriechfeld von nur etwa fünf Quadratzentimeter, während ein mittelgroßer Hund ein Riechfeld von 150 bis 170 Quadratzentimeter hat. Zudem ist die Riechschleimhaut beim Hund 0,1 Millimeter dick, die des Menschen nur 0,006 Millimeter. Allein diese Fakten aus dem anatomischen Bereich beweisen die in dieser Beziehung krasse Unterlegenheit des Menschen. Entscheidend für die Leistungen sind aber nicht nur die Sinnesorgane; entscheidend ist vor allem die Verarbeitung der vom Sinnesorgan einge-

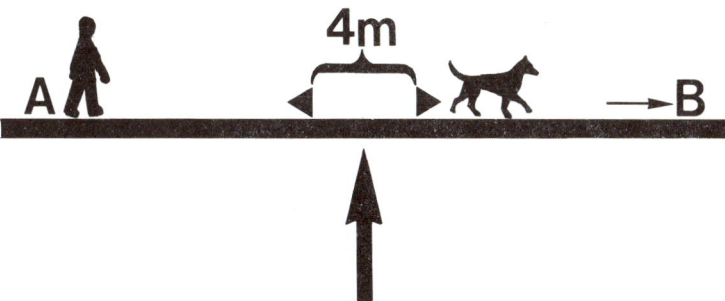

Abb. 39. Riechfähigkeitstest. Der Hund wird auf eine dreißig Minuten alte Spur im rechten Winkel angesetzt. Er benötigt wenige Meter, um herauszufinden, nach welcher Seite hin der Fährtengeruch jünger wird (Gehrichtung des Spurenlegers).

brachten Reize im Hirn. Der Hund hat zwar im Vergleich zum Körpergewicht ein fünfmal kleineres Hirn als der Mensch, aber ein Siebentel dieser Hirnmasse besteht aus dem Riechhirn, das bei uns bloß aus zwei wenige Gramm schweren Läppchen besteht. Wir riechen also nicht nur viel weniger, sondern vermögen auch das, was wir riechen, nicht annähernd so gut zu differenzieren und auszuwerten wie der Hund. Die Abbildung 39 stellt einen Versuch dar, die Riechfähigkeit des Hundes zu prüfen. Er ist für jedermann durchführbar. Ein Helfer legt eine Spur über A nach B. Eine halbe Stunde später setzen wir quer dazu einen Fährtenhund an. Er benötigt nur wenige Meter, um zu erkennen, in welcher Richtung der Mann gegangen ist. Er riecht somit, nach welcher Seite hin die Spur um Bruchteile einer Sekunde frischer ist. Wir können uns folglich auf die Riechfähigkeit unseres Hundes verlassen. Wenn es dennoch immer wieder Hundeführer gibt, die erklären, ihr Hund habe «keine Nase», hängt dies nicht mit dem Riechvermögen des Hundes, sondern mit dem mangelnden Verständnis des Ausbilders zusammen. Wenn man einen Hund lange genug stört oder hindert, eine Arbeit auszuführen, die er von Natur aus sehr gut beherrscht, braucht man sich nicht zu wundern, daß sich der frustrierte Hund am Ende nicht mehr normal benimmt. Wir haben noch keinen Hund gesehen, der nicht bei fachgerechtem Vorgehen auf eine Spur angesprochen hätte. Hingegen sahen wir viele Hundeführer, denen die grundlegenden Kenntnisse fehlten und die sich verhielten, als hätten *sie* die bessere Nase. Auch die Meinung, Hunde mit kurzer Nase seien schlechtere Spürer, ist falsch. Das Riechhirn ist bei beiden Hundetypen, dem Langnaser und dem Kurznaser, dasselbe. Nach unserer Beobachtung wird der Kurznaser bei

---

Tafel 28
Rettungseinsatz: Aus dem Helikopter werden bei laufenden Rotoren Hunde und Material ausgeladen. Lärm und sausende Schneewirbel machen dem geübten Lawinenhund nicht viel aus. Er beginnt unverzüglich auf der Unfallstelle intensiv zu suchen.
Tafel 29
Der Lawinenhund interessiert sich für eine bestimmte Stelle im Schneebrett und fängt zu scharren an, auch etwa zu jaulen und zu bellen.
Tafel 30
Der Hundeführer ruft mit erhobenem Stock die Rettungsmannschaft herbei.

Abb. 40. Nasen

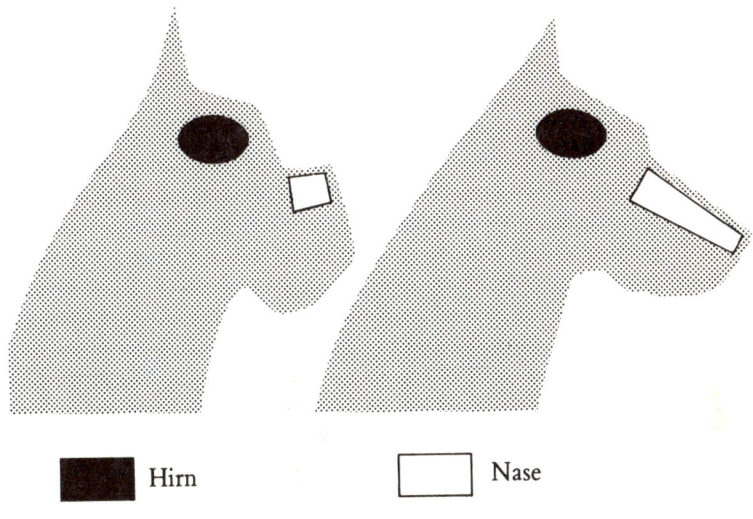

Tafel 31
Alle diese Hunde samt Gepäck und ihren Führern müssen im Lear-Jet der Schweizer Rettungsflugwacht Platz finden. Katastrophenhunde sind Draufgänger, aber beim Verladen gilt es strikte zu gehorchen. Das Bild wurde vor dem Abflug der dritten Equipe nach dem Einsatz in Friaul (Italien, 1976) gemacht. 16 Lebendbergungen und 125 Totbergungen waren mit zwölf Hunden in fünf Tagen erreicht worden. (Foto Aeschbacher)

Tafel 32
In den Trümmern von Bukarest zeigt einer der zehn eingesetzten Hunde mit der typischen Pfotenbewegung empordringende menschliche Witterung eines Opfers an. 10 Lebendbergungen und 97 Totbergungen waren das Resultat von fünf Tagen harter Ortungsarbeit, teilweise in den Ruinen sechzehnstöckiger Hochbauten. (Foto Hafner)

sehr schweren Aufgaben nur etwas früher eine Pause einschalten als der Langnaser. Das bedeutet für das Ausarbeiten einer Fährte gar nichts. Nach dreißig bis sechzig Sekunden des Hechelns wird das Spüren ja wieder fortgesetzt. Wichtig ist lediglich, daß der Hundeführer dieses Verhalten kennt und den Moment richtig erfaßt. Einen Hund dann zum Weitermachen zu zwingen, heißt ihn von der Fährte abbringen.
Freilich gibt es auch für den besten Fährtenhund Grenzen, die er nicht zu überwinden vermag. Fällt ein schwerer Reif auf eine frühmorgens gelegte Spur und schmilzt die Sonne diesen Frostbelag bei Aufnahme der Arbeit, verflüchtigt sich die Witterung in kurzer Zeit. Auf ähnliche Weise wirkt sich dies bei betautem Trockendünger aus. Dies sind nur zwei Beispiele starker Beeinträchtigung der Fährtenwitterung. Jeder Hundeführer erlebt bei der Arbeit solche Situationen. Mit wachsender Erfahrung lernt man, dem Hund weiterzuhelfen, ohne ihn zu frustrieren. Manchmal geht es einfach nicht mehr weiter, und auch das ist zu akzeptieren und darf nicht voreilig dem Hund als Versagen angelastet werden. Fährtenarbeit steckt eben voller Überraschungen. So kann es geschehen, daß ich durch zusammengewehtes Herbstlaub stapfe und denke: Hier wird mein Hund Schwierigkeiten kriegen. Zwei Stunden später passiert er hier exakt und schnell, hat jedoch auf einer scheinbar einfachen Wiese die größte Mühe, der Fährte zu folgen. Man muß auf alles gefaßt sein – das macht die Fährtenarbeit ja so spannend.

Grundwitterung und Individualgeruch

In der Vorstellung des Hundes gibt es keine Linie, der er einfach nachspüren kann. Es gibt lediglich ein Gelände, das einen mehr oder weniger gleichförmigen Geruch aufweist. Der Hund interessiert sich nun instinktiv für Veränderungen im Geruchsbild. Sie können von einem gestern verlorenen Gegenstand herrühren, der heute noch auffallend anders als das ihn umgebende Terrain riecht. In wenigen Tagen jedoch wird er seinen spezifischen Geruch verloren haben und dem Hund kaum noch auffallen. Es kann sich aber auch um eine Spur handeln, um Fußtritte, welche sich in den Boden gedrückt, Steinchen weggeschleudert, Erde und Grasnarbe zerrissen haben. Das zieht den Hund an, und er spürt gleich, nach welcher Seite hin diese Veränderung um den Bruchteil einer Sekunde jünger und deshalb auch in geringem Maße stärker und frischer ist. Der Hund folgt nicht einfach dem Wind, der ihm den Geruch zuträgt oder ihn von ihm wegweht. Er folgt dem der

Spur anhaftenden Grundgeruch. Wie aus der Abbildung 41 ersichtlich ist, gibt es bei einer Fährte eine zweite Komponente, den Individualgeruch. Das sind Witterungspartikel, die vom Fährtenleger stammen oder von ihm aufgewirbelt werden. Sie bleiben im Luftraum über der Spur schweben, werden zu einem Teil vom Wind weggeführt und sinken zum anderen auf die Fährte ab. Es ist unbestritten, daß dieser Individualgeruch sich früher verflüchtigt als die Grundwitterung, die auf Bodenverletzungen zurückzuführen ist und lange nachwirkt. Aber es entstand viel Streit darum, ob der Hund eine Fährte anhand des Individualgeruchs als besondere Fährte erkenne, da ja der Individualgeruch gleichsam als Etikette an ihr hänge. Tatsächlich läßt sich dies im Laboratoriumsversuch nachweisen. In der Praxis jedoch verflüchtigt sich der Individualgeruch so rasch, daß ihm wenig Bedeutung zukommt. Nach spätestens dreißig Minuten ist er zu vernachlässigen, es sei denn, man experimentiere bewußt.

Gelangt der Hund auf einer Spur nahe an die Person, welche diese Fährte legte oder sich an deren Endpunkt versteckte, kann es geschehen, daß der Hund die Nase plötzlich hebt und vom Fährten zum Stöbern übergeht. Er jagt nun der Witterung dieser Person nach und kann sie möglicherweise sofort einholen. Verliert er jedoch diesen von den Luftströmungen als «Direktwitterung» transportierten Individualgeruch, kehrt er sofort zur Fährte zurück. Das ist ein natürlicher Vorgang, welcher wildlebende Caniden schnell an die Beute heranführt. Es bedarf indes

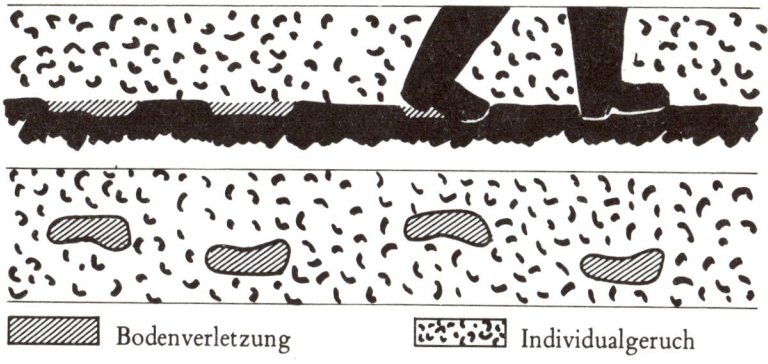

Bodenverletzung   Individualgeruch

Abb. 41. Fährte

einer sehr starken Witterung (also der Nähe des Fährtenlegers), um diesen Vorgang auszulösen.
Die Grundwitterung einer Fährte wird zwar ebenfalls von Luftströmungen transportiert, doch das verleitet den Hund nicht zum Stöbern. Er folgt der Fährte höchstens mit seitlichem Abstand, wie es bei Seitenwind oft beobachtet werden kann. Es hilft auch nicht, dem Hund das Schnupftuch oder einen anderen Gegenstand des Fährtenlegers vor die Nase zu halten, um ihn auf die richtige Spur zu bringen. Die Witterungsübereinstimmung ist zwar zwischen Gegenständen erwiesen, aber nicht zwischen einem Gegenstand und der von dessen Besitzer gelegten Spur. Es trifft tatsächlich zu, daß der Hund unter vielen anderen Gegenständen denjenigen des Meisters mühelos herausfindet. Anhand der Witterung eines Gegenstandes auf die entsprechende Spur zu kommen, hat sich indessen nur im Experiment, jedoch nicht im Alltag bewährt. Hauptsächlich Konrad Most zeigte in mehreren tausend Versuchen, wonach wir uns bei der praktischen Anwendung zu richten haben. Mit dem Fährtenrad, an dem Schuhe ohne jeden Individualgeruch befestigt waren und das maschinell in Gang gesetzt wurde, bewies er, daß der Hund sich vor allem an die Bodenverletzung, also an die Grundwitterung hält. Diese künstlich angelegten Fährten wurden einwandfrei ausgearbeitet. Und mit der Fährtenbahn, einem Sessellift, der einen schwitzenden Menschen langsam eine bestimmte Strecke weit beförderte, bewies Most, daß der Individualgeruch allein, auch wenn er bei Windstille zu Boden sinkt, keine für einen Hund lesbare Spur hinterläßt. Kein Hund war in der Lage, eine solche Luft-Fährte zu verfolgen. Die neueste Forschung hat diese Ergebnisse im wesentlichen bestätigt, so daß wir uns bei unserer Arbeit daran halten können (vgl. Dr. K. Zuschneid, Literaturnachweis).
Ergänzend sei noch festgestellt, daß es gerade für Junghunde eine Erschwernis bedeutet, wenn sie kurz nach dem Legen der Fährte angesetzt werden. Dann ist der Individualgeruch noch so stark, daß er sie zum stöbernden Hochheben der Nase verleitet.

Fährtenfest, fährtensicher, fährtenrein

Von begeisterten Hundeführern wurde und wird die Spürfähigkeit ihrer Vierbeiner vielfach arg übertrieben. So wird behauptet, ein guter Fährtenhund gehe nie von der einmal angenommenen Spur auf eine an-

dere über, auch wenn sie – die andere Spur – genau gleich alt sei. Dies wäre als *Fährtenreinheit* zu bezeichnen.
Most hat auch hier Klarheit geschaffen und in vielen Vorführungen gezeigt, daß nur ein speziell trainierter Hund beim Fährtenkreuz einigermaßen erfolgreich die Spur zu halten vermag, wobei dies weniger durch die Verschiedenheit des Individualgeruchs als durch das unterschiedliche Körpergewicht der Spurenläufer möglich wird. In der Praxis darf man nicht ohne weiteres damit rechnen, daß ein Hund die eine Fährte von einer gleichaltrigen anderen zu unterscheiden vermag und somit Fährtenreinheit verrät. Allerdings kommt es in der Praxis kaum je vor, daß sich Fährten im gleichen Moment kreuzen oder tangieren. Wenige Minuten Abstand genügen, daß der Hund aufmerksam wird und auf die ursprüngliche Spur zurückfindet. Dies nennt man *Fährtensicherheit*. Beim Üben mit Verleitungsfährten vereinbaren wir daher als minimale Zeitdifferenz etwa zehn Minuten, um sicherzugehen und vom Hund nichts Unmögliches zu verlangen.
Fährtensicherheit ist also das anzustrebende und auch erreichbare Ziel. Wer mehr will oder mehr behauptet, begibt sich auf das wenig produktive Gebiet der Spekulation. Verfolgt ein Hund Fährten an sich gut, spricht aber auch auf ungleichaltrige Spuren an, welche die Grundfährte kreuzen, spricht man von *Fährtenfestigkeit*.

Vorübungen (Führersuche)

Im Kapitel 5 auf Seite 83 haben wir die Führerfährte mit dem kaum dem Welpenalter entwachsenen Hund kurz beschrieben. Dort wurde sie mehrfach wiederholt, jedoch stets in anderen Geländesituationen. Außerdem wurden zunehmende Wartezeiten vom Legen der Fährte bis zum Ansetzen des Hundes empfohlen.
Die Führersuche eignet sich auch, um mit einem über 6 Monate alten oder überhaupt erwachsenen Hund das Fährten zu beginnen. Dabei gehen wir unter Beachtung der auf Seite 83f. beschriebenen Vorgänge doch etwas anders vor.
Erstens lassen wir den Hund nur einmal frei über die Fährte von insgesamt etwa 200 m mit einem Winkel laufen, um seinen Führer bzw. seine Familie zu suchen. Was uns hier interessiert ist das Verhalten des Hundes im Hinblick auf den weiteren Aufbau der Fährtenarbeit. Die noch unerfahrenen Besitzer erhalten aber eine Ahnung von der Leistungsfähigkeit ihres Hundes. Und das wird ihnen zu einer der Zu-

sammenarbeit zuträglicheren Einstellung gegenüber ihrem Hund verhelfen.
Zweitens wird der Hund schon bei der nachfolgenden Führersuche (die frühestens eine Woche später stattfinden soll) bereits im Spurengeschirr und an der 10-m-Leine geführt. Die Spur bleibt vor dem Ansetzen zumindest 20 Minuten liegen.
Auf diese Weise gewöhnt sich der Hund normalerweise ans Geschirr und an die Fährtenleine.
Reagiert nun ein Hund bei diesen beiden Testfährten positiv, und setzt er sich bis zum Sucherfolg durch, beginnt danach gleich der genaue Aufbau im Spuren, wie er im Abschnitt «Ausarbeiten der Fährte» auf den Seiten 207 ff. beschrieben ist. Freilich auch dies erst eine Woche später. Da der Großteil der Hunde, die wir auszubilden hatten, auf diese Weise zu guten Fährtenhunden wurden, empfehlen wir auch heute diese einfache Methode. Sie stellt darauf ab, daß Nasenarbeit dem Hund angeboren ist, und daß es in den meisten Fällen darum geht, ihn tun zu lassen, was er ohnehin schon kann. Oft gehen aber Ausbilder und Hundeführer heute derart kompliziert vor, daß der Hund in seiner Arbeit mehr gestört als angeleitet wird und am Ende nicht selten Fehlleistungen erbringt, die ihm angewöhnt worden sind.
Natürlich legen wir zuerst Eigenspuren, deren Winkel und Gegenstände wir uns genau einprägen, damit wir den Hund dann auch richtig bremsen können, sobald er sich nähert. Unsere Aufgabe besteht aber vor allem darin, den Hund in seinen Reaktionen zu beobachten. Denn erst wenn wir sein Verhalten auf der Fährte genau kennen, sind wir später in der Lage, ihm ab und zu helfen zu können.
Selbstverständlich lassen wir die Gegenstände in der ersten Zeit nicht apportieren, sondern gewöhnen den Hund daran, kurz vor ihnen abzusitzen oder abzuliegen. Dann treten wir Schritt für Schritt über die fallengelassene Fährtenleine zu ihm hin, heben den Gegenstand auf und zeigen ihn dem Hund, wobei wir ihn freudig loben. So entsteht in recht kurzer Zeit das Verweisen der Gegenstände mit Platz oder Sitz. Dies ist eine anerkannte Anzeige, und wir können auch später beim Verweisen bleiben. Möchten wir jedoch die Gegenstände später apportieren lassen, nämlich dann, wenn unser Hund inzwischen perfekt zu bringen gelernt hat, steht dem nichts entgegen. Der Übergang vom Verweisen zum Apportieren vollzieht sich mühelos.

Legen der Fährte

Der Erfolg der Ausbildung eines zuverlässigen Fährtenhundes hängt in hohem Maße von der Exaktheit des Fährtenlegers ab. Deshalb muß jeder Hundeführer im Fährtenlegen gut ausgebildet und seiner Sache sicher sein, bevor er mit seinem Hund Eigenspuren anlegt. Ziel dieser Ausbildung ist, daß dem Hundeführer, der eine Spur gelegt hat, jeder Meter ihres Verlaufs, die Lage der Gegenstände und Winkel genau bekannt sind. Ohne eine kleine Skizze auf einem Zettel oder einem Briefumschlag kommt man dabei nicht aus. Man geht ja erst in einer oder zwei Stunden auf die Fährte und übt bis dahin anderes.

Am einfachsten führt man jemanden in die Fährtenarbeit ein, indem man ihn einem erfahrenen Hundeführer beim Legen und später beim Ausarbeiten seiner Spur folgen läßt. Er bewegt sich dabei wenige Meter hinter seinem Vorgänger genau auf der Spur. Wie die Erfahrung zeigt, stört das den Hund keineswegs.

Das eben Gesagte steht in krassem Gegensatz zu der Vorstellung, welche sich Neulinge und auch unverbesserliche Dilettanten vom Legen einer Fährte machen. Sie sehen darin eine mit überraschenden Wendungen, häufigen Wechseln der Bodenstruktur und sonstigen Schikanen gespickte «Indianerspur». Eine derartige Fährte kann ausnahmsweise ein bewährter Hundeführer für einen vorzüglich ausgebildeten Hund anlegen. Beim regulären Training oder gar beim Aufbau eines Hundes und Führers kommt so etwas nicht in Frage. Jede Spur muß hier den Erfolg bringen, sonst verursacht sie nur Unsicherheit. Die erste Aufgabe besteht darin, daß der Hundeführer den Hund auf der Fährte zu beobachten und seine Reaktionen richtig zu deuten lernt. Dies setzt voraus, daß er sich darüber im klaren ist, wo Spur, Winkel und Gegenstände liegen. Er hat zudem den Wind zu beachten und die aus dem Winddruck und der ungleichen Erwärmung von Geländeteilen entstehenden bodennahen Luftströmungen und ihre Turbulenzen zu erkennen. Dann erst kann er beurteilen, ob sein Hund wirklich auf der Fährte ist, ob er diese einzurevieren im Begriffe ist oder ob er sie verloren hat und irgendeiner Spur oder einfach einer Geländelinie nachläuft. Man sagt dann, der Hund «lügt». Das ist natürlich nicht der Fall. Er weiß nur nicht, was der Führer eigentlich von ihm will, weil er ihn schon oft neben der Fährte gelobt, auf der Fährte gestraft und von ihr abgebracht – oder wie man auch sagt – abgerissen hat. Das alles geschieht an jedem Übungstag, weil leider nur ein kleiner Prozentsatz der Übungsleiter auf exaktes Fährtenlegen dringt und nur wenige Hundeführer selber die nötigen

Kenntnisse haben, um diszipliniert vorzugehen. Meist wird auch viel zu früh von der Eigenspur auf Fremdspuren übergegangen, wobei diese beim Ausarbeiten nicht einmal vom Fährtenleger kontrolliert werden. *Das Vorgehen* sei deshalb nochmals Schritt für Schritt verdeutlicht.

1. Ausbildung des Hundeführers im Fährtenlegen und im Ausarbeiten von Fährten.
2. Legen und Ausarbeiten von Eigenfährten unter Kontrolle des Übungsleiters. Ausbildungsziel: Der Hundeführer soll seinen Hund beobachten und dessen Reaktionen deuten lernen. Später hat der Übungsleiter Stichproben zu machen, denn es schleichen sich immer wieder Fehler ein.
3. Wenige Fremdspuren, wobei der Spurenleger die Arbeit kontrolliert, damit der Erfolg sicher ist. Ausbildungsziel: Der Hundeführer soll Vertrauen in die Arbeit des Hundes gewinnen.
4. Jetzt ist der Hundeführer mit seinem Hund prüfungsreif.
5. Beim weiteren Training steht die Eigenspur im Vordergrund. Eine Fremdspur wird nur ausnahmsweise gelegt, vor allem vor einer Prüfung. Sie bietet dem Führer Gelegenheit, *sich selber* zu trainieren. Der Hund braucht dieses Training nicht; er kennt zwischen Eigen- und Fremdspur keinen Unterschied.

Abgang
Damit bezeichnen wir den Beginn einer Fährte oder Spur. Er sollte sich nicht nahe einem Weg befinden, wo sich möglicherweise Hunde versäubern. Er kann mit einem Fähnchen markiert werden. Der Spurenläufer verweilt vor dem Abgehen etwa zwei Minuten ruhig, rechts neben dem Fähnchen stehend, ohne zu scharren. Er geht dann mit normalem Schritt, bei unerfahrenen Hunden mit anfangs etwas kleineren Schritten auf die Spur. Die Fährte kann auch zwischen zwei Fähnchen beginnen, wobei sich der Abgang auf deren Verbindungslinie in gleicher Weise vollzieht. Zur Abwechslung starten wir mit ausgebildeten Hunden gelegentlich auch ohne Markierung.
Den Abgang wählen wir unter Beobachtung des Windes. Gegenwind empfiehlt sich nur für unerfahrene Hunde, und auch dabei nur beim ersten Mal. Am günstigsten ist in der Regel Nackenwind, da er von Anfang an das Fährten mit tiefer Nase genau über der Spur verlangt, während Seitenwind von der Spur etwas ablenkt. Mit erfahrenen Hunden üben wir den Abgang auch bei starkem Seitenwind.

Schenkel
Als Schenkel bezeichnen wir den gerade verlaufenden Teil der Spur zwischen Abgang und Winkel, ferner zwischen zwei Winkeln und schließlich vom letzten Winkel bis zum Spurende. Beim Abgang fassen wir einen Fixpunkt ins Auge (Giebel, Telefonstange, markanter Baum oder Berg, Kirchturm etc.) und vermerken ihn auf der Skizze. Dann schreiten wir genau in dieser Richtung bis zum ersten Winkel. Von dort aus wird gleich verfahren. Diesen Peilvorgang erläutert Abbildung 42. Die Länge der Schenkel soll jedesmal verschieden sein.

Winkel
Als Winkel bezeichnen wir die rechtwinklige Abweichung eines Schenkels vom vorausgegangenen Schenkel. Winkel sollten in nicht weniger als fünfzehn Meter Entfernung von einem Strukturwechsel des Bodens und nicht auf eine Geländekante gelegt werden. Wurde mit einem bestimmten Hund bei der vorausgegangenen Fährte der erste Winkel nach links gelegt, legt man ihn nun nach rechts, und umgekehrt. So vermeidet man, daß sich im Hund eine Neigung bildet, stets nach der gleichen Seite hin zu suchen, wenn die Spur sich nicht geradlinig fortsetzt.
Winkel sind geometrisch klar anzulegen, damit sie anhand eines markanten Punktes (Stein, Grasbüschel, Gebüsch, Verbindungslinie zwischen zwei Bäumen oder Häusern, Fortsetzung einer Geländelinie bis zum Schnittpunkt mit dem Schenkel) wieder erkannt werden können. Die Winkel werden in normalem, zu Anfang etwas verkürztem Schritt begangen. Scharren würde die Arbeit des Hundes nur erschweren. Bogen schlagen wir nicht, da sie keine Erleichterung bedeuten und bloß die Übersicht erschweren.

Gegenstände
Wir meinen damit die auf die Fährte gelegten Objekte. Sie dürfen nicht zu groß sein und haben im Farbton dem Gelände möglichst gut zu entsprechen. Es kann ihnen menschliche Witterung anhaften, doch ist dies nicht Bedingung. Sofern sie nicht kurz zuvor dem Spurengelände selber entnommen wurden, unterscheiden sie sich vom Geländegeruch deutlich genug. Da sie der Fährtenleger trägt, nehmen sie ohnehin seinen Körpergeruch an. Er legt sie genau auf die Spur, und zwar so, daß sie nicht ohne weiteres sichtbar sind. Man schiebt sie jedoch nirgends unter, drückt sie auch nicht in die Erde und vergräbt sie nur ausnahmsweise. Die Entfernung von einem Winkel oder einer Veränderung der Bodenstruktur beträgt mindestens fünfzehn Meter. Geländekanten

oder Mulden und Vertiefungen eignen sich nicht für das Ablegen. Die Position der Objekte muß mit Hilfe eines markanten Punktes festzustellen sein, so daß der Hundeführer an der Zehnmeter-Leine später erkennt, wann sich der Hund dem Gegenstand nähert und wann er ihn erreicht. Die Positionen sind auf der Skizze zu vermerken. Wartet am Ende der Fährte ein Helfer oder ein Pikör, achtet dieser darauf, daß der Wind in bezug auf den Schenkel der Spur auf ihn zuweht, und verhält sich bis zur Entdeckung durch den Hund ruhig.

Abb. 42. Das Legen einer Fährte. Gehrichtung sowie Lage der Winkel und Gegenstände werden nach Merkpunkten erfaßt und notiert (Skizze des Fährtenlegers).

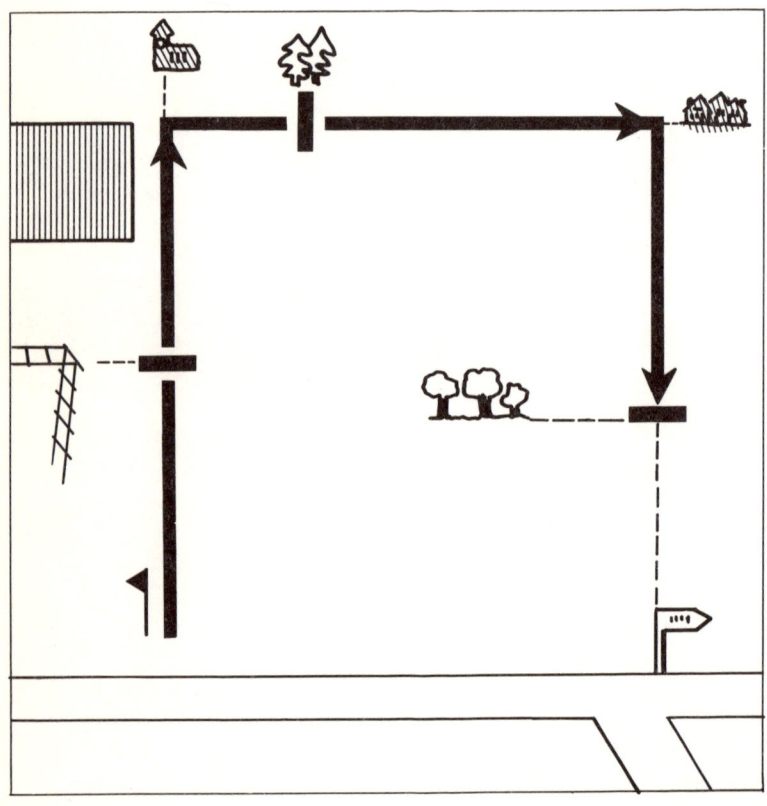

Zum Legen einer Futter-Fährte (Schlepp- oder Tupffährte)
Wurde früher im Hundesport fast ausschließlich die normale Fußspur oder Trittspur gelegt, die dann der Hund zu verfolgen hatte, ist man in

Abb. 43. Lage der Gegenstände: stets in einem Sicherheitsabstand von mindestens 15 Metern zu Winkeln und Veränderungen der Bodenstruktur.

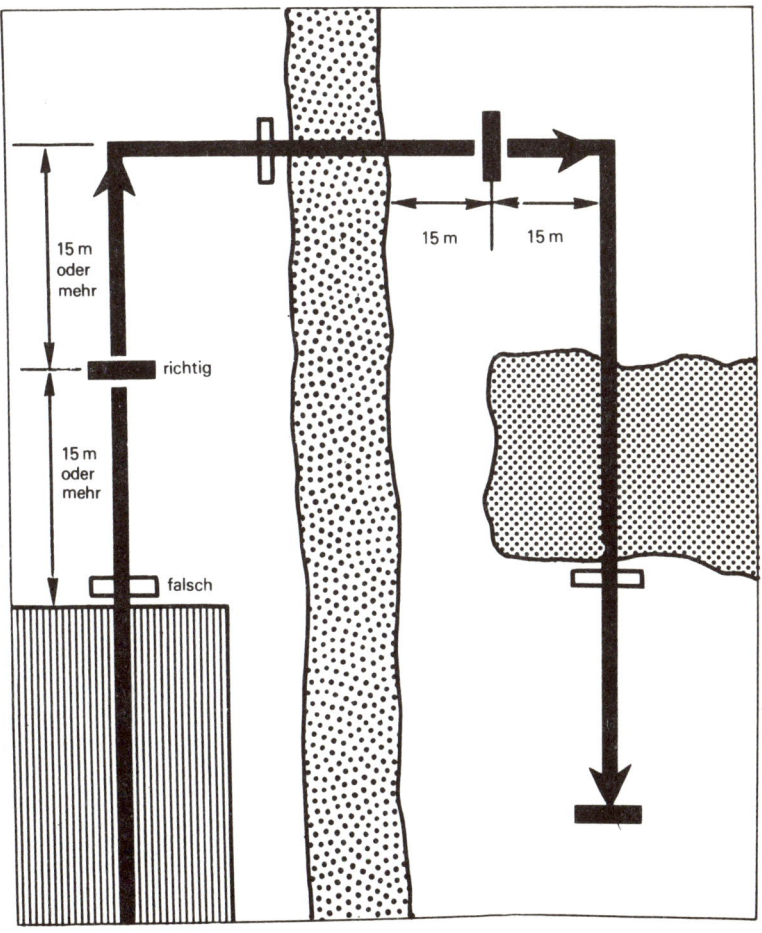

Abb. 44. Hilfsmittel zur Futterfährte:
a. Das aus durchlässigem Gewebe hergestellte Säcklein, hier schon mit Wurstscheiben gefüllt.

b. So wird das Säcklein unter den Stiefel genommen.

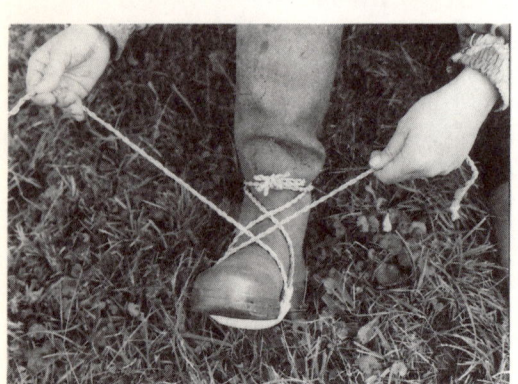

c. Die hinteren beiden Schnüre werden um den Stiefelschaft gebunden. Die vorderen Schnüre bindet man um den Stiefelfuß.

d. *Hier wird das Säcklein über den Boden geschleift: Es ergibt sich eine Schleppfährte. Bewegt man sich normal schreitend, legt man eine Tupffährte.*

den letzten Jahren dazu übergegangen, schon für den Junghund die Fährte mit der Verwendung von Fleisch oder anderem Futter attraktiver zu machen. Inzwischen ist dies geradezu eine Mode geworden. Man zieht Fleisch über die Fährte (Schleppfährte), oder man legt Fleischstückchen in bestimmten Abständen auf die Spur (Tupffährte). Diese Technik wurde vom Jagdhundewesen übernommen, wo zudem mit Tierbluttropfen sogenannte Schweißfährten gelegt werden. Bei alledem ist natürlich auch die Trittspur des Fährtenlegers vorhanden, doch meint man, deren Geruchsbild aus geknickten Pflanzenteilen und aufgewühltem Erdreich mit dem Fleisch- oder Blutzusatz verstärken zu müssen. Im Hundesport hofft man, daß der Hund dadurch mit sehr tiefer Nase sucht. Wird nun der junge Hund von Anfang an mit Schlepp- und Tupffährten aufgebaut, stellt sich das Problem der Umgewöhnung auf nicht durch solche Duftstoffe versehene Fährten. Denn an den hundesportlichen Prüfungen geht es nur um Trittspuren. Bei dieser Umgewöhnung reagiert nun jeder Hund anders. Der eine akzeptiert die Veränderung sogleich, der andere hat damit Schwierigkeiten. Man kann sich deshalb fragen, ob nicht die Anwendung fleischlicher Duftstoffe nur ein Umweg sei, der eigentlich zu vermeiden wäre. Dies vor allem in Anbetracht all jener Hunde, die ausgezeichnete Fährtenarbeit geleistet haben und noch leisten, nachdem sie über die normale Trittspur aufgebaut worden sind. Doch diese Frage sei hier nicht zur Diskussion gestellt. Aber wir können uns vorstellen, daß ein Junghund, der ohne Futterzusatz intensiv und mit tiefer Nase von Anfang an arbeitet, nicht einer Gewöhnung an die Schleppfährte bedarf, um eine sichere Leistung auf der futterduftlosen Fährte zu erbringen.

Ein praktisches Hilfsmittel
Manchen Hundeführerinnen und Hundeführern macht der Vorgang des Futterschleppens einige Mühe. Wir haben Leute beobachtet, die eine in der Mitte befestigte Servela an einem Bindfaden hinter sich herschleppten. Dabei hüpfte die Wurst über die Grasbüschel und landete

Abb. 45. Liegt ein Gegenstand zu nahe bei einem Winkel, nimmt ihn der Hund bei schräg einfallendem Wind zu früh wahr und verläßt die Spur.

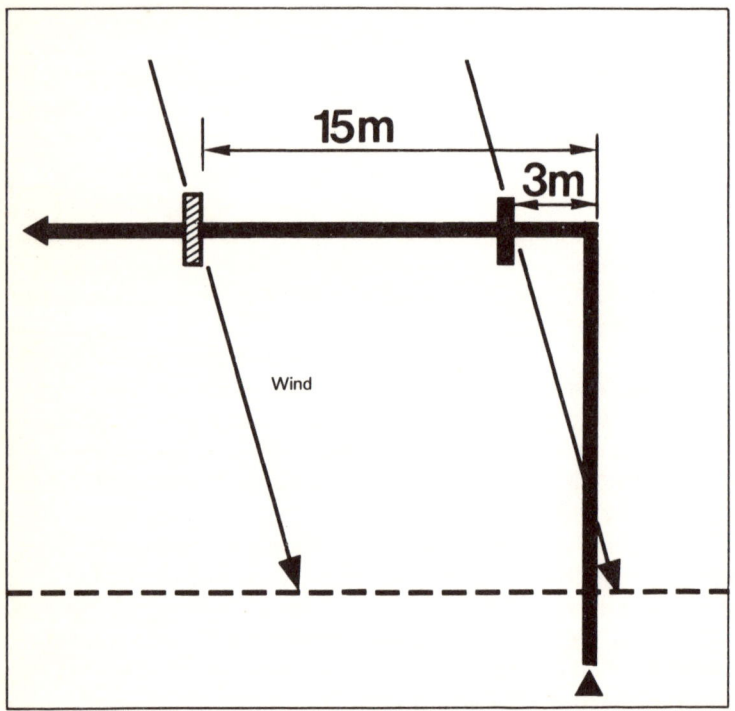

dabei oft neben der Trittspur. Das Schleppobjekt muß aber so schwer sein, daß es eine geradlinige Duftspur hinterläßt, die genau über der Trittspur liegt. Ein so schweres Fleischstück hat man aber nicht immer zur Hand. Deshalb sind einige Ausbilder dazu übergegangen, das Fleisch in einen kleinen Stoffsack zu packen, den sie vor sich herziehen und ihn dabei mit einem Fuß belasten und so auf die Fährte drücken. Unsere Mitarbeiterin Esther With hat nun ein Hilfsmittel einfachster Art konstruiert, das die Genauigkeit beim Legen der Futterfährte sicherstellt. In diesem Säcklein können Stückfleisch oder auch Wurststückchen untergebracht werden. Unsere Bilder leiten zum «Eigenbau» und zur Anwendung an. Ein großer Vorteil der einfachen Vorrichtung ist, daß sich der Fährtenleger nicht mehr speziell um die Schleppe zu kümmern braucht. Geht er schrittweise, legt er automatisch eine Tupf-Fährte, zieht er den mit dem Futtersäcklein versehenen Fuß schleifend nach, ergibt sich von selbst eine deutliche Schlepp-Fährte. So kann er sich voll und ganz auf das eigentliche Legen der Fährte und die dazu notwendige Orientierung im Gelände konzentrieren. Handelt es sich um eine vom Hundeführer gelegte Eigenfährte, ist es ja primär wichtig, daß man sich die genaue Lage der Fährte mitsamt ihren Winkeln und Gegenständen einzuprägen vermag (siehe Bilder 44 a – d, Seite 204 f.).

Ausarbeiten der Fährte

Ansetzen
Die Wartezeit bis zum Ansetzen auf die Fährte richtet sich nach dem Ausbildungsstand des Hundes. Vor Ablauf von dreißig Minuten brechen wir im Prinzip nie auf. Eine Stunde zu warten, ist normal, einein-halb Stunden machen die Sache in der Regel schon viel schwieriger. Zwei oder drei Stunden Wartefrist bei Tag scheinen dem Schwierig-keitsgrad von etwa vier bis sechs Stunden nachts zu entsprechen. Bei Bodenfeuchtigkeit und gleichzeitiger Sonneneinwirkung verkürzen wir die Wartezeiten stark.
Der Hund wird erst in der Nähe des Abgangs mit dem Spurengeschirr versehen. Das bedeutet für ihn: die Arbeit beginnt. Er stellt sich ganz darauf ein und ist konzentriert. Die Zehnmeter-Leine wird ausgeworfen, bevor der Hund am Abgang ist, damit er nicht abgelenkt wird. Die Spurenleine fassen wir ein bis zwei Meter hinter dem Hund und nähern uns dem Abgang, und zwar nicht immer von der gleichen Seite her, vor

allem nicht auf der Spur des Fährtenlegers. Letzteres machen wir nur am Anfang mit dem noch unerfahrenen Hund.

Wir verhalten uns entspannt und ermuntern den Hund leise mit *«Such Spur»*. Noch besser schnuppert man selber mit der Nase, wodurch junge wie erfahrene Hunde stark angeregt werden. Der Hund ist nicht auf den Abgang zu drängen und sollte auch nie mit Hör- und Sichtzeichen auf den ersten Schenkel gewiesen werden. Diese Arbeit kann nur der Hund selbst erledigen, weshalb wir ihn nicht durch gutgemeinte, aber falsche und störende Beeinflussung daran hindern.

Abb. 46. Abgang mit «vertretenem Duftfeld» nach Most (PO-VDH).

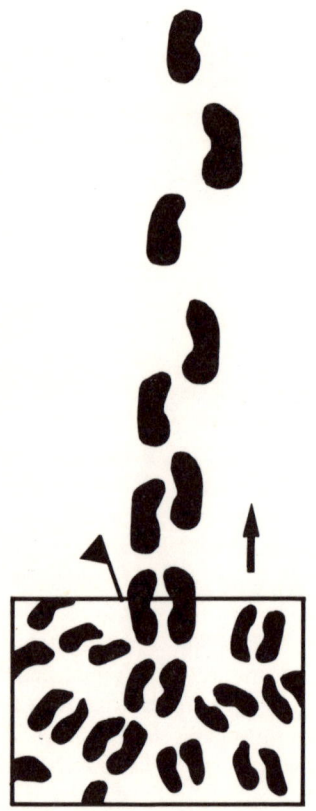

Die PO-VDH verlangt das «Vertreten» des Fährtenabganges: «eine etwa ein Quadratmeter große Fläche stark betreten ...» Most hat dieses «Vertreten» für nötig erachtet, weil sich der Hund beim Abschnüffeln des Duftfeldes auf den Fährtengeruch einstimmen kann. Es könnte aber auch sein, daß der Hund mit dem Duftfeld auf die Arbeit an sich eingestimmt wird, wie wir dies mit dem systematischen Aufbau der Freude am Spuren und zusätzlich mit dem Anziehen des Geschirrs im letzten Moment vor der Arbeit ebenfalls erreichen. Jedenfalls haben wir keine Schwierigkeiten mit dem Abgang ohne «Duftfeld», sofern der Fährtenleger ein, zwei Minuten neben dem Fähnchen verweilt. Dies wird übrigens auch vor dem Abgang aus dem oben beschriebenen Duftfeld verlangt. Hingegen läßt uns ein anderes Argument von Most erkennen, daß ein Duftfeld als Ausgangspunkt einer Fährte für Einsatzhunde von Vorteil sein kann. Most erklärt nämlich, daß die Spur in der Praxis sehr oft von einer Bodenfläche aus gefunden werden muß, die von der gesuchten Person vertreten worden ist.

Früh angewöhnte Hunde bereiten beim Ansetzen keine Schwierigkeiten. Anders verhält es sich mit spät, also erst im Alter von ein bis zwei Jahren zum Spuren gelangenden Hunden, oder mit Tieren, welche beim Spuren unter Druck gesetzt wurden, was stets falsch ist. Erst wenn der Hund sicher arbeitet, können wir ihn mehr oder weniger stark korrigieren. Diese nicht spurenfreudigen Hunde zeigen beim Ansetzen weniger Interesse als vielmehr Unruhe, manchmal gar Widersetzen und Sträuben. Am besten geht man dann auf die Führersuche zurück, fängt noch einmal ganz unten an und bleibt dabei so entspannt und locker wie nur möglich. Freilich setzt dies einen guten Kontakt zwischen dem Hund und seinem Führer voraus. Ist dieser nicht vorhanden, wird jede Bemühung sinnlos, da die Arbeit auf der Fährte ohne Vertrauensbasis nie zu erfreulichen oder auch nur einigermaßen sicheren Resultaten führen wird. Die Bereitschaft des Hundes zur Zusammenarbeit mit dem Führer ist in diesem Falle eben gestört oder angeschlagen. Mit einem anderen Führer ließe sie sich allenfalls wieder aufbauen, aber nur in monatelanger geduldiger Arbeit. Erfahrungsgemäß erfordert jede Umgewöhnung eines Hundes mindestens sechs Monate.

Geht der Hund nun vom Ansatzpunkt weg auf der Fährte voran, lassen wir, stehenbleibend, die Leine bis zu ihrem Ende auslaufen, gerade so weit, daß beim Angehen kein Ruck erfolgt, der den Hund stören würde. Damit schaffen wir uns den größtmöglichen Raum für das Einrevieren, falls der Hund später auf einer Fremdspur die falsche Richtung einschlägt. Meist macht er dann nach wenigen Metern von selber kehrt.

Sind wir ihm gefolgt, so besteht nun die Gefahr, daß wir auf dem richtigen Abgang stehen oder ihn kreuzten, was die Arbeit für den Hund unnötig erschwert. Im anderen Fall wird er sich den Abgang erneut suchen und ihn auch finden, denn seine Nase ist inzwischen bestimmt «warmgelaufen».

Nun folgen wir dem Hund mit hochgehaltener und leicht angelegter Leine, am leichten Zügel gewissermaßen, was das Gefühl von Kontakt ergibt. Legt er sich ins Zeug, zwingen wir ihn zu ruhiger Gangart; geht er langsam, lassen wir die Leine eben durchhängen. Schon aus diesem Grunde sollte sie leicht und gut biegsam sein. Plastikleinen eignen sich erfahrungsgemäß am besten. Nach Möglichkeit wählen wir die Abgangsrichtung mit Nackenwind. Für einen unschlüssig anziehenden Hund jedoch wählt man Gegenwind, bis er wieder flotter startet.

Beeinflussen des Hundes
Wie wir beim Ansetzen gesehen haben, ist unser eigenes Schnuppern für den Hund sehr anregend. Unser *«Such»* oder *«Such Spur»* geben wir nie im Kommandoton, sondern leise und eindringlich, einschmeichelnd und aufmunternd. Sind wir sicher, den Moment zu erkennen, da der Hund die richtige Spur aufnimmt oder wieder aufnimmt, folgt stets unser *«Brav, Spur»*. Wir erkennen jetzt, wie wichtig es ist, den Verlauf der Fährte genau zu kennen, sonst wäre es uns nicht möglich, im richtigen Augenblick und an der richtigen Stelle zu loben. Sind wir nicht ganz sicher, ob der Hund wirklich auf der Fährte ist, lassen wir das Lob besser weg. Wir könnten ihn sonst in einem Fehlverhalten bestärken.

Einmal auf der Fährte, läßt man den Hund ruhig arbeiten, ohne ihn zu stören. Die Arbeit des Führers besteht im Beobachten. Weicht der Hund von der Spur geringfügig zur Seite ab, ist das auf den Einfluß des Windes zurückzuführen. Solange er parallel zur Hauptrichtung spurt und zudem auf der Leeseite der Fährte, lassen wir ihn gewähren, verfolgen aber scharf seine Haltung, welche sich sichtbar ändert, sobald er die Spur nicht mehr riecht. Er «hängt» dann ab, wie wir dies nennen. In diesem Augenblick bleibt der Führer stehen, damit er – wie vorher beim Abgang – nicht in einen allfälligen Winkel oder eine Abweichung hineintritt und dem Hund zum Einrevieren viel Raum bleibt. Gerade wenn man weiß, wo die Spur durchführt, gilt es, sich jetzt so zu verhalten, wie es später auf einer Fremdspur gar nicht anders möglich ist. Wir sagen höchstens *«Such Spur»*, nicht mehr, und überlassen es ruhig dem Hund, sich erneut einzuschnüffeln. Dabei beobachten wir ihn genau, damit im Augenblick, da seine Haltung das Wiederaufnehmen der Fährte verrät, ein kurzes «*Brav Spur*» ihn bekräftigt und bestätigt. So wird ihm nach und nach seine eigentliche Aufgabe zur Gewohnheit, zur guten Gewohnheit, möchte man sagen. Mit aller zur Verfügung stehenden Konzentration suchen wir eine falsche Beeinflussung seiner Arbeit zu vermeiden, sonst lernt er nie, selbständig zu spuren. Wir leiten ihn nicht, sondern warten stets, bis er die Fährte selber findet. Viele Hunde heben kurz den Kopf und schnauben gleichzeitig durch die Nase, sobald sie die richtige Fährte wieder entdeckt und einige Meter weit verfolgt haben. Das ist ein typisches Merkmal, auf das sich der Hundeführer verlassen kann. Andere Hunde verhalten sich wieder anders – das muß der Führer beobachtend herausfinden.

Abb. 47. Labrador auf einer Fährte am Stadtrand. Der Schwierigkeitsgrad ist dem Ausbildungsstand anzupassen.

Nähern wir uns dem ersten Gegenstand, «bremsen» wir den schnell gehenden Hund, indes ohne ihn mit Worten aufmerksam zu machen. Er wird den Gegenstand in den meisten Fällen riechen, aber oft dennoch überlaufen. Dies darf nicht geschehen. Da wir (hoffentlich genau) wissen, wo der Gegenstand liegt, lassen wir den Hund nicht weiter als ein bis zwei Meter über ihn hinausgehen. Wir halten stumm an und warten ab, ob er nicht von selbst kehrtmacht und apportiert. Tut er es nicht, fordern wir ihn nach einiger Zeit durch ein einmaliges *«Apport»* dazu auf. Meist genügt dies, andernfalls wirken wir auf geeignete Weise und so «sparsam» wie möglich auf ihn ein, bis er den Gegenstand aufnimmt und bringt. Er hat dabei zum Führer zurückzugehen. Immer noch an derselben Stelle stehend, nimmt dieser den Gegenstand entgegen, untersucht ihn in aller Ruhe, indem er ihn am besten selber beschnuppert, lobt den Hund und gibt ihm je nach Gewohnheit auch einen Leckerbissen. Jetzt wird der Hund parallel zum Führer gestellt und das Geschirr kontrolliert.

Dies gilt freilich nur für Hunde, die schon einwandfrei apportieren. Junghunde, die noch nicht sicher sind, läßt man beim Gegenstand so reagieren, wie es ihnen ihre Natur eingibt. Man läßt die Leine fallen und tritt beim Nachvorngehen stets auf sie, damit der Hund die Spur nicht weiter verfolgen kann. Gedenkt man später «verweisen» zu lassen, lobt man den Hund, ordnet sein Geschirr und läßt ihn weiterspuren. Will man später aufnehmen oder apportieren lassen, gibt man den Gegenstand zuvor kurz in den Fang, ohne jedoch auf irgendeine Weise Druck auszuüben.

Das Parallelstellen des Hundes vor dem Weitergehen ist deshalb wichtig, weil der Hund nach dem Unterbruch sonst möglicherweise in falscher Richtung weitergeht und die Spur wieder einzurevieren hat. Da wir stets die Leine fallen lassen, wenn der Hund einen Gegenstand erreicht, gibt uns ihre Lage die Richtung der Fährte an (siehe Tafel 11, Seite 97 links). Nach der Übernahme des Gegenstandes schicken wir den Hund mit einem freundlichen *«Such Spur»* wieder auf die Fährte und warten ab, bis die Leine wieder fast ausgelaufen ist und unser Mitgehen ohne Ruck nötig wird. Dabei beobachten wir wiederum, ob der Hund die Spur wirklich aufnimmt. Sollte er trotz Parallelstellung in deutlich falscher Richtung abgehen, bleiben wir, ihn zurückhaltend, an Ort und Stelle stehen. Er wird dann wieder einrevieren.

Auch vor einem Winkel ist der Hund zu «bremsen», was heißt, daß wir ihn sanft zurückhalten und zu einer langsameren Gangart zwingen. Aus diesem Grunde benötigen wir ein gutes Spurengeschirr, das ihm beim

Zurückhalten nicht die Luft abschnürt, sondern das Abfangen des Gewichtes mit dem Nacken bewirkt. Dadurch wird der Kopf nicht hochgerissen, sondern eher zu Boden gedrückt, wo er beim Spuren ja auch sein soll. Die Atemwege bleiben unbelastet.
Beim Winkel wie beim Gegenstand ist immer die Windrichtung zu bedenken, bevor man sich dem Gefühl hingibt, der Hund mache es wieder einmal falsch. Bei Gegenwind kann der Hund viele Meter vor dem Winkel in die neue Richtung der Spur geraten und sich von der eigentlichen Spur lösen. Er kürzt also den Weg ab. Wir lassen das hingehen. Überläuft der Hund die Spur, läßt man ihn noch ein paar Meter weitergehen und hält an, bis er wieder einreviert. Das wird er meist von selbst tun. Wenn nicht, ertönt nach einiger Zeit unser einmaliges *«Such Spur»*. Auch wenn der Hund die entgegengesetzte Richtung wählt, lassen wir ihn – so weit die Zehnmeter-Leine reicht – gewähren, passen aber auf, um das deutliche Wiederauffinden und Wiederaufnehmen der Spur mit einem freundlichen *«Brav, Spur»* zu begleiten. Die Spur wird auf diese Weise weiterverfolgt. Hat der Hund den Schlußgegenstand aufgenommen (das Aufnehmen wird übrigens stets von einem freudigen Ausruf des Meisters begleitet) und überbracht, wird er überschwenglich mit *«Brav, Spur»* gelobt. Gleichzeitig befreien wir ihn vom Spurengeschirr, welches ihm zuvor erst einige Meter vor dem Abgangspunkt angezogen worden war. Danach führen wir ihn sofort weg, wobei er zu spielen verlangen wird, was ihm auch reichlich gestattet werden soll.
Arbeitet man später mit einem Pikör am Fährtenende (besonders bei Diensthunden), entstehen so keine großen Umstellungsschwierigkeiten. Wir halten den Hund ohne ein Wort knapp vor dem aufgefundenen Mann zurück, der sich seinerseits ebenfalls still und stumm zu verhalten hat. Meist bellt dann der Hund unaufgefordert. Nun wird dem Hund *«Platz»* befohlen. Wir gehen *«Hände hoch»* rufend nach vorn und lösen im Vorbeigehen die Spurenleine vom Geschirr, damit der Hund bei einem eventuellen Angriff beweglich bleibt. Jetzt untersuchen wir den Pikör von hinten nach Waffen, kehren zum Hund zurück und rollen die Leine auf. Zuletzt wird der Pikör in die gewünschte Marschrichtung beordert, und der Transport mit drei Meter Abstand zum Pikör beginnt. Der Hund geht dabei frei bei Fuß.

Eigenspur und Fremdspur
Die Eigenspur, die der Führer selbst legt, genügt zur Ausbildung vollkommen. Sie soll so lange in erster Linie gewählt werden, bis der Hund viel Spurenarbeit verrichtet und darin Übung erlangt hat. Nur bei der

Eigenspur ist der Führer imstande, genaueste Kontrolle auszuüben, sofern er die Spur mit der erforderlichen Konzentration legte und auf einer Skizze den Spurenverlauf und die Lage der Winkel und der Gegenstände festhielt. Zum Übergang auf eine Fremdspur bedarf der Hund keiner weiteren Ausbildung: er wird sie wie die Eigenspur laufen. Für den Führer freilich ist das Üben auf einer Fremdspur nötig, damit er sich an die nervliche Mehrbelastung gewöhnt. Ohne die Gewöhnung

Abb. 48. Polizeihund auf der Fährte. Eben haben Hund und Führer einen markanten Strukturwechsel im Gelände passiert. Gegenstände und Spurenwinkel sollten sich beim Üben nie näher als fünfzehn Meter von einer solchen Stelle befinden, da der Übergang von der einen Struktur zur anderen den Hund ohnehin vor eine schwierige Aufgabe stellt. Er muß sich nämlich auf die neue Geruchssituation einstellen.

kommt es sonst leicht zu unbedachten Einwirkungen auf den Hund, welche zwangsläufig zum Mißerfolg führen. Lernt der Hundeführer nicht auch auf der Fremdspur, sich auf seinen Hund zu verlassen, oder stört er den Hund aus Unsicherheit, vermag das Team nie zuverlässige Spurenarbeit zu leisten. Auf der Fremdspur soll sich der Führer aber stets vom Fährtenleger begleiten lassen, damit dieser die nötigen Orientierungshilfen geben kann. Grobe Fehler und schädliches Ausbleiben des Erfolgs werden so vermieden. Dem Führer fällt dabei die nicht einfache Aufgabe zu, sich dermaßen zu verhalten, als kenne er die Spur, während er bei der Eigenspur so tat, als wäre sie ihm unbekannt. Gemeint ist also das Verhalten des Führers gegenüber dem Hund. Obschon man sich so gibt, als kenne man die Spur, hat man dem Hund unbedingt zu folgen und zu vertrauen, solange seine Haltung uns verrät, daß er sich auf der Fährte befindet. Eine verzwickte Situation, bei der es darauf ankommt, das gegenseitige Vertrauen zwischen Hund und Führer stets aufrechtzuerhalten.

Spurentraining
Der Hund ist ein Lebewesen und als solches wie wir Leistungsschwankungen unterworfen. Nicht immer ist der Grund eines unerwarteten Versagens auf der Fährte zu entdecken. Er kann zum Beispiel in besonders ungünstigen Verhältnissen bei Bodenbeschaffenheit, Temperatur, Luftfeuchtigkeit und Wind liegen. Er kann aber auch beim Hund selbst liegen, weil er allgemein schlecht disponiert oder gar krank ist. Auf jeden Fall brechen wir das Training eines sonst sicheren Fährtenhundes ab, sobald wir sehen, daß er seine gewohnte Leistung nicht zu erbringen imstande ist.
Ein Hund muß dann auf der Fährte korrigiert werden, wenn er sich Abweichungen erlaubt, die nicht nötig wären. Das kommt fast bei jedem Hund vor. Er spricht dann jeden Nebengeruch und jede Verleitungsfährte kurz an, geht ein oder zwei Meter zur Seite und kommt schließlich wieder auf die Spur zurück. Hier setzt die Korrektur mit einem klaren «Nein» ein, und zwar im Augenblick des Abweichens. Sie darf nur erfolgen, wenn der Hundeführer absolut sicher ist, wo die Fährte liegt, was besonders auf einer Schneedecke etwa möglich ist. Geschieht die Korrektur im falschen Moment, beispielsweise wenn der Hund die Spur im Winkel übergangen hat und nun zum Einrevieren ansetzt, stiftet sie nur Verwirrung.
Beim Training wechseln wir das Gelände stets, ebenso die Wartezeit, die Länge der Schenkel, die Richtung der Winkel und die Art der Ge-

genstände. Wenn möglich hören wir nicht mit dem schwierigsten Teil auf, sondern in günstigem Gelände, damit bei einem vorhergegangenen Mißerfolg dennoch erfolgreich das Ende der Fährte zu erreichen ist.

Eine sehr attraktive Trainingsmöglichkeit mit sicheren Fährtenhunden bietet eine großangelegte freie Verlorensuche, die man in einen weiträumigen, ansteigenden Hang legt. Der Hund läßt sich so bei der Arbeit von unten beobachten und ist seitens des Hundeführers keinen falschen Einflüssen ausgesetzt. Dies verleiht dem Hundeführer noch größeres Vertrauen in die Arbeit des Hundes, dem Hund mehr Selbständigkeit. Im übrigen kann bei der freien Suche beurteilt werden, ob es sinnvoll ist, mit dem Hund auf freie Fährte überzugehen. Arbeitet er ruhig genug und läßt er sich auch auf leichteren Fährtenteilen durch Hörzeichen von einer allzuschnellen Gangart abbringen, ohne an Konzentration zu verlieren, ist nun das freie Fährten in Prüfungen oder im Einsatz möglich.

Verleitungsfährten
Nach der PO-VDH genügt für den fährtensicheren Hund ein Zeitunterschied von drei bis fünf Minuten, damit er eine entsprechend jüngere oder ältere Verleitungsspur nicht annimmt und auf der Ansatzfährte verharrt. Wir empfehlen indessen, im Training einen Zeitunterschied von mindestens zehn Minuten vorzusehen. Da jüngere Verleitungsfährten erfahrungsgemäß eher angenommen werden als ältere, genügt es, wenn wir nach dem Legen der Spur entweder selbst oder durch einen Helfer Verleitungsfährten anlegen. Die PO-VDH schreibt allerdings vor, daß dies ein Helfer tut, der dem Hund unbekannt ist.

Zu Anfang muß dem Hundeführer auch die Verleitungsfährte bekannt sein. Später wird der Fährtenleger ihn beim Ausarbeiten kontrollieren, um jeden Mißerfolg beim Üben auszuschalten.

Sehr instruktiv ist die Verleitungsfährte im Schnee, wo man freilich nur selten spuren sollte, es sei denn bei Schneefall, damit der Hund sich nicht daran gewöhnt, die Augen zu Hilfe zu nehmen. Öfters läßt sich bei Schnee dann arbeiten, wenn über die ganze Spur sehr viele Verleitungsfährten im Zickzack gelegt werden. Auf diese Weise wird der Hund gezwungen, die Ansatzfährte stets genau mit der Nase zu verfolgen und auszumachen. Unser «*Nein*» ertönt dann meist nur anfangs einige Male, da es der Hund bei so exakten Korrekturen bald aufgibt, der Verleitungsfährte auch nur einige Dezimeter zu folgen.

Schwierigkeiten
Hunde, die wenig Interesse an Fährten bekunden, lassen sich auf verschiedene Art ermuntern. Wie wir bereits darlegten, greifen wir am besten auf die Führersuche zurück. Ein Hund, der Freude an der Mannarbeit hat, wird sich durch den Pikör animieren lassen, der nach einem Angriff vor den Augen des Hundes auf einer Fährte «flüchtet» und im Gelände verschwindet. Beim späteren Ansetzen wird der Hundeführer ein Hörzeichen verwenden, das den Hund an den Pikör erinnert (z. B. «*Faß!*».
Wir lernten noch nie einen Hund kennen, der bei richtigem Aufbau nicht begeistert mit der Nase gearbeitet hätte. Es ist daher anzunehmen, daß ein bestimmter Grund vorliegt, wenn sich ein Hund nicht so verhält. Häufig ist auch hier der Mangel an Verständigung zwischen Führer und Hund die Ursache. Das führt dazu, daß der Hundeführer grobe Korrekturen im falschen Zeitpunkt und an falscher Stelle vornimmt. Und wer den Hund auf der Spur wegen fehlerhaften Apportierens oder Verweisens «straft», hat das Prinzip der Trennung noch nicht begriffen. Die Stimmung sollte auf der Spur erwartungsvoll gespannt, niemals aber gedrückt sein. Dafür sind der Ausbilder und der Hundeführer verantwortlich.

Sinnvoll korrigieren (Winkeltraining)

Wie an einem Kurs der Technischen Kommission für das Gebrauchs- und Sporthundewesen der SKG erklärt wurde, ist es nicht sinnvoll, stets eine vollständige Fährte zu legen und auszuarbeiten, wenn einzelne Vorgänge vom Hund zwar korrekt gemacht, andere dagegen mangelhaft ausgeführt werden. Man konzentriert sich besser auf jene Fährtenteile, wo noch Unsicherheiten bestehen.
Versagt der Hund beispielsweise vorwiegend in den Winkeln, sollte das Ausarbeiten der Winkel gesondert geübt werden. Wir nennen diesen Korrekturvorgang Winkeltraining.
Beim Winkeltraining werden einige kurze Fährten mit je einem Winkel und einem Endgegenstand gelegt, die nacheinander ausgearbeitet werden.

Das Vorgehen
– Es werden drei oder vier kurze Fährtenteile mit je einem Winkel und einem Endgegenstand gelegt, deren zweite Schenkel abwechselnd nach links oder nach rechts abbiegen.

SCHEMA WINKELTRAINING (FÄHRTE)
Länge der Schläge: ca. 20 Schritte

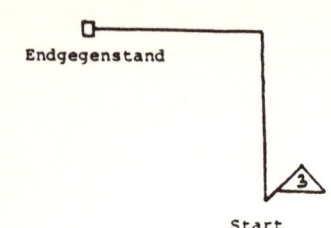

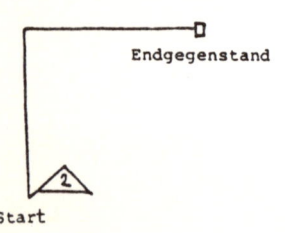

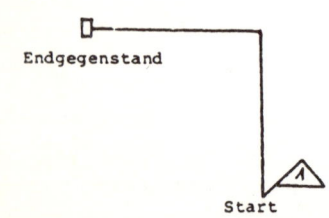

Abb. 49. Das Schema zeigt eine mögliche Anlage von drei kurzen Fährtenteilen, wie sie am Seminar «Teamwork Mensch + Hund» mit deutlichem Erfolg ausgearbeitet worden sind.

– Der Hund wird wie bei einer normalen (längeren) Fährte korrekt angesetzt und am Ende ebenso ausgeschirrt. Das wiederholt sich bei jedem folgenden Fährtenteil.
– Der Hund wird so kurz geführt, daß sein Führer auf Abweichungen sofort reagieren kann.
– Vor den Winkeln ist der Hund zu bremsen.
– Mit zunehmender Leistung kann der Hund an längerer Leine geführt und weniger gebremst werden.
– Die Länge der Schenkel muß nicht unbedingt 20 Schritte betragen. Mit Vorteil wird man die Winkel und Endgegenstände bei einer als Markierung dienlichen Geländestelle legen, so etwa bei einem markanten Grasbüschel. Damit ist ein exaktes Einwirken (Korrigieren) auf den Hund möglich.

Abb. 50. Winkeltraining
a. Der Führer hat den Hund vor dem Erreichen des Winkels sanft gebremst. Das Ausschlagen der Rute läßt erkennen, daß dieser den Winkel angenommen hat.
b. Mit tiefer Nase verfolgt der Hund die neue Richtung der Fährte. Voraussetzung beim Winkeltraining: Der Hund soll klar geführt, aber nicht gedrängt oder gar gedrückt werden. Seine Suchfreude darf nicht vermindert werden. Ziel bleibt ein intensives und freudiges Fährten.

Vorteile
– Bei der Kürze dieser Fährten können sich die Führer(innen) voll auf die Ausarbeitung des Winkels konzentrieren. Es kommt keine Unruhe im Hinblick auf eine noch auszuführende lange Fährte auf.
– Der Hund merkt in zunehmendem Maße, daß von ihm das genaue, ruhige und konzentrierte Ausarbeiten des Winkels verlangt wird. Damit gewöhnt er sich an eine intensive und exakte Arbeitsweise.
– Da den Führerinnen und Führern die Lage der jeweiligen Winkel genauer bekannt ist, kommt es nicht mehr zum Überlaufen dieser Winkel, das für den Hund sehr rasch zur Gewohnheit werden kann.

Freies Verlorensuchen

Unter diesem Titel wurden früher hier und dort Anfängerhunde unangeleint auf eine Fährte geschickt, die der Führer selbst gelegt und am Ende mit einem Gegenstand versehen hatte. Man ist davon abgekommen, da sich bei diesem Vorgehen zuviele Fehler ergeben konnten.
Hingegen ist das Freie Verlorensuchen nach wie vor eine interessante und ergiebige Art des Fährtens für erfahrene Hundeführer mit ausgebildeten Hunden. Denn nirgends wie hier ist es uns möglich, den Hund bei seiner Arbeit zu beobachten und dabei Schlüsse zu ziehen aus seinem Verhalten im Hinblick auf die Gestaltung des weiteren Fährtentrainings.

Der Vorgang
In Abwesenheit des Hundes wird eine Fährte mit Winkeln gelegt und mit einem Gegenstand abgeschlossen. Dies am besten in einem ansteigenden Gelände, das man vom Ausgangspunkt aus überblicken kann. Nach einer nicht zu kurzen Wartezeit (nie unter einer halben Stunde) wird der Hund angesetzt. Er hat der Fährte zu folgen und den Gegenstand am Ende zu apportieren oder zu verweisen.

Kapitel 11

Flächensuche (Such- und Sanitätshund)

Unter Flächensuche verstehen wir das Revieren des Hundes nach Gegenständen oder Personen in einem mehr oder weniger großen Geländeabschnitt. Auch hier sucht der Hund eigentlich nichts Bestimmtes, sondern reagiert auf Objekte, deren Witterung sich vom allgemeinen Geländegeruch unterscheidet. (Es wäre denn, der Hund sei auf einen spezifischen Geruch trainiert worden.)
Der Zeitfaktor spielt bei der Flächensuche eine große Rolle. Wie Abbildung 51 zeigt, paßt sich der anfangs starke Objektgeruch dem Geländegeruch zunehmend an, bis er auch für den Hund kaum mehr unterscheidbar ist. Dieser Anpassungsvorgang wird durch die Gelände- und Witterungsbedingungen beschleunigt oder verzögert. Starker Wind und Regen beschleunigen in der Regel die Anpassung, sofern die Feuchtigkeit nicht am Objekt einen chemischen Prozeß in Gang setzt, der einen neuen Objektgeruch erzeugt. Auch Sonneneinstrahlung und Trockenheit vermögen beschleunigend zu wirken. Kühle bis mittlere Temperatur, Schatten und gleichbleibende Feuchtigkeit wirken sich auf den Geruch eines Objekts eher konservierend aus. Glatte und harte Gegen-

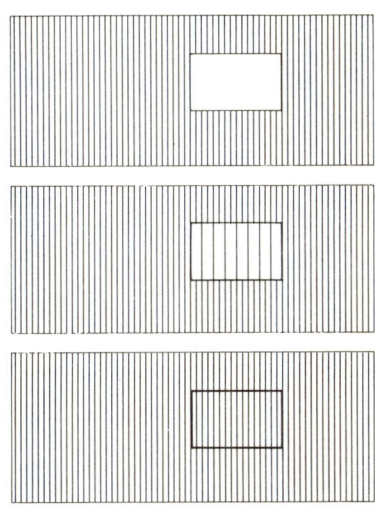

Abb. 51. Anpassung des Geruches eines Gegenstandes an die Grundwitterung eines Terrains. Oben: Bis zu dreißig Minuten. Mitte: Bis zu sechs Stunden. Je nach den Verhältnissen erfolgt in Stunden oder Tagen eine völlige Anpassung (unten). Der Hund vermag von einem gewissen Zeitpunkt an den Gegenstand nicht mehr anzuzeigen.

stände mit geringer Struktur und deshalb auch geringer Oberfläche haben in der Regel weniger Eigengeruch; poröse, weiche und stark strukturierte dagegen mehr. Ein Schlüsselbund ist zwar aus hartem Material, doch weist er eine vielfach gegliederte Struktur auf, an der menschliche Ausscheidungen wie Fett und Schweiß haften bleiben. Er ist deshalb auch nach längerer Zeit vom Hund meist noch gut auszumachen. Das Beispiel zeigt, daß das Zusammenspiel verschiedener Komponenten eines Geruchsträgers den Grad der Auffindbarkeit bestimmt. Lebende Personen schaffen allein schon durch ihre Atmung sehr gute Voraussetzungen. Bei leblosen Körpern erschwert die Geruchsveränderung das Aufspüren, sofern der Hund ausschließlich zur Suche nach lebenden Personen ausgebildet ist und deshalb gezielt einen bestimmten Geruch sucht.

Suche nach Gegenständen im kleinen Revier

Gemäß PO-SKG hat der Schutzhund aus einem Geländequadrat von 30 bis 50 Metern Seitenlänge drei kleine Gegenstände (10 x 2 Zentimeter) in zehn Minuten aufzufinden und zu apportieren oder zu verweisen. Dazu ist ein systematisches Absuchen des Feldes durch geradliniges Hin- und Hergehen erforderlich. Die Strecke vom einen Seitenrand zum anderen nennt man übrigens Schlag. Diese Arbeit bildet eine wertvolle Grundlage für jede Sucharbeit, da der Hund sich daran gewöhnt, der Aufforderung seines Führers folgend eine Fläche genau abzusuchen. Der Hund darf bei der Ausbildung auf keinen Fall gedrückt werden, sonst verliert er schon in dieser Phase die Suchfreude, was sich dann auf jede weitere Flächensuche überträgt.
Zuerst arbeiten wir auf der Grundlinie (auch dies wird sich bei jeder Flächensuche wiederholen). Das stufenweise Vorgehen schildern die folgenden Ausführungen.

Erste Übung
Punkt 1: Der Hund sitzt neben dem Führer. Dieser trägt zwei Fähnchen. Er geht ohne Hund fünf Schritte nach vorn, biegt im rechten Winkel nach rechts ab und steckt nach dreißig Schritten ein Fähnchen ein. Er wendet sich um 180 Grad, geht über die Grundlinie die doppelte Distanz zurück, macht insgesamt also sechzig Schritte, und steckt das zweite Fähnchen ein. Dann wendet er sich erneut um 180 Grad. Auf der Höhe des Hundes (nach dreißig Schritten) biegt er zu diesem ab und

stellt sich an seine rechte Seite (Abbildung 52, siehe auch Punkte 2–7). Der Hund hat sehr aufmerksam dem Beginnen seines Führers zugeschaut. Hunde, die nicht sicher sitzen bleiben, sind anzubinden.

Punkt 2: Nun zeigt der Hundeführer dem Hund einen Gegenstand, den er kennt und liebt, heißt ihn warten und begibt sich wie zuvor zum

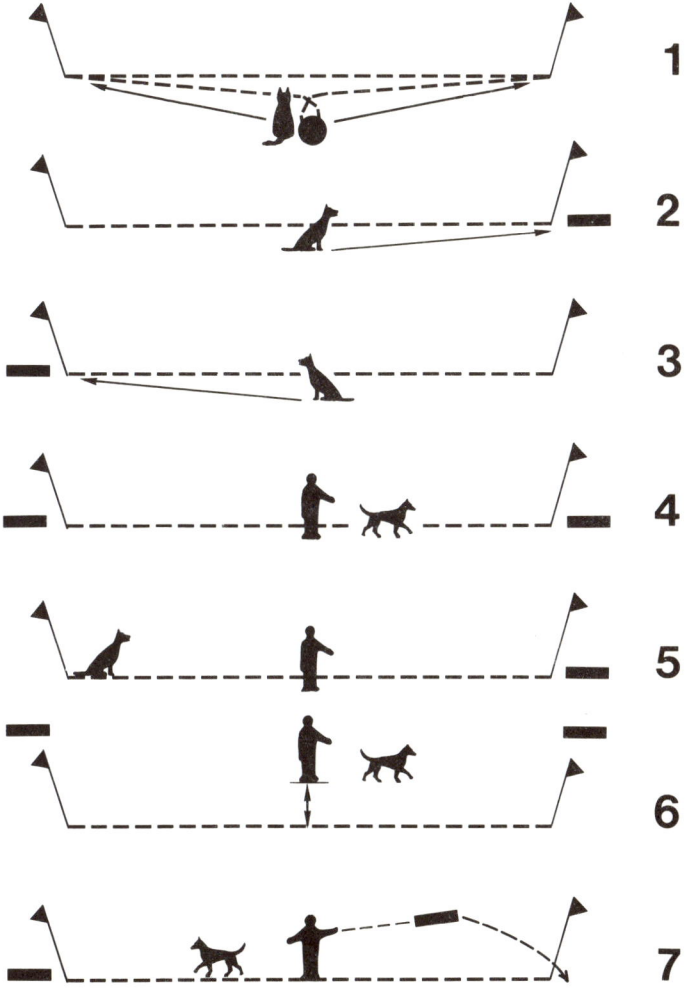

Abb. 52. Aufbau des Gegenstandreviers nach PO-SKG (SchH I–III)

Fähnchen rechts. Dort legt er den Gegenstand um etwa dreißig bis fünfzig Zentimeter über das Fähnchen hinaus und kehrt zum Hund zurück. Unter Sichtzeichen mit dem Arm nach rechts und «*Revier*» schickt er den Hund zum Gegenstand.

Da er sehr gespannt zugeschaut hat, wird der Hund geradewegs zum Gegenstand hinlaufen, ihn aufnehmen und zurückbringen. Der Hundeführer nimmt den Gegenstand, verstaut ihn in seiner Rocktasche und läßt den Hund bei Fuß sitzen.

Punkt 3: Der Hundeführer nimmt darauf den Gegenstand wieder hervor, zeigt ihn dem Hund und verfährt genau gleich wie vorher, nur daß er diesmal den Gegenstand etwas vom Fähnchen links entfernt deponiert. Die Arbeit geht wie in Punkt 2 beschrieben weiter. Damit ist die erste Übung im Revieren beendet.

Bemerkungen: Mit dem Vorgehen um fünf Schritte bis zur Grundlinie wird erreicht, daß der Hund nicht im Anfangsstadium der Arbeit ständig den «Fährtengeruch» der Grundlinie in die Nase bekommt. Es würde sich sonst eine unerwünschte Verknüpfung ergeben und der Hund später auf den im Revier vorhandenen Fährtengeruch ansprechen. Er würde besonders der Spur des Mannes folgen, der das Revier aussteckt, und jener, die der Prüfungsrichter beim Auswerfen der Gegenstände hinterläßt. Dies wollen wir vermeiden.

Die Gegenstände sind darum über die Fährte hinauszulegen, damit sich der Hund an das Überschreiten der markierten Grenze gewöhnt. Bei Seitenwind bekäme er ohne diese vorsorgliche Maßnahme die auf der Seitenlinie deponierten Gegenstände nicht in die Nase.

Hunde, die im Revier Apportierfehler begehen, zwingen wir nicht zu Korrektheit. Fällt ein Gegenstand einmal zu Boden, rennt der Hundeführer besser hin, läßt den Hund sich setzen, gibt ihm den Gegenstand in den Fang, eilt ohne Hund zurück und ruft ihn nun mit «*Zurück*» ab. Wird nicht apportiert, sondern verwiesen, holt der Hundeführer jeweils den Gegenstand und den Hund ab.

Zweite Übung

Zuerst werden die Punkte 1, 2 und 3 der ersten Übung wiederholt. Dann folgt

Punkt 4: Der Führer legt zuerst beide Gegenstände aus, kehrt zum Hund zurück und schickt ihn zuerst nach der Seite, wo er den zweiten Gegenstand deponiert hat. Er nimmt ihn dem apportierenden Hund ab und schickt ihn zur anderen Seite. Ein- bis zweimal wiederholen.

Dritte Übung
Zuerst werden die Punkte 1-4 der beiden bisherigen Übungen wiederholt. Es kommt nun
Punkt 5 dazu: Der Hundeführer geht mit dem Hund zum einen Fähnchen und läßt ihn dort mit Front zum anderen Fähnchen sitzen. Dann geht er zu diesem anderen Fähnchen und legt den Gegenstand ab. Hierauf begibt er sich an den früheren Ausgangspunkt (fünf Schritte vor der Mitte der Grundlinie) zurück. Von dort aus weist er nach kurzem Warten den Hund über die Grundlinie zum entlegenen Fähnchen und läßt sich den Gegenstand bringen. Anschließend nimmt er den Hund bei Fuß. Dieselbe Übung wiederholt er daraufhin nach der Gegenseite.
Bemerkung: Mit dieser Übung gewöhnt sich der Hund daran, am Hundeführer vorbei zu revieren.

Vierte Übung
Zuerst werden die bisherigen Übungen ganz oder teilweise wiederholt. Dann schließt
Punkt 6 an: Der Hundeführer verläßt mit dem Hund den Ausgangspunkt, überschreitet die Mitte der Grundlinie und geht auf der Mittellinie des Quadrats zehn Schritte geradlinig nach vorn. Er führt parallel zur Grundlinie die Übung 2 aus (Abbildung Nr. 52). Dann geht er mit dem Hund nochmals zehn Schritte nach vorn und wiederholt Punkt 5.
Bemerkung: Es geht darum, den Hund daran zu gewöhnen, nicht im Bogen zu den Fähnchen zurückzukehren, sondern stets geradlinig und parallel zur Grundlinie zu revieren. Zu diesem Zwecke empfiehlt es sich, ab und zu ohne Fähnchen zu üben.
Faßt der Hund einmal ein Fähnchen und will es apportieren, reagiert der Hundeführer mit ruhigem «*Nein, Aus*» und steckt das Fähnchen wieder ein. Der Hund wartet, bis die Sucharbeit weitergeführt wird.

Fünfte Übung
Wenn die bisherigen Übungen gut sitzen, führen wir diese Übung aus, vorher nicht.
Punkt 7: Während der Hund gemäß Übung 2, Punkt 4 arbeitet und nach dem zweiten Gegenstand sucht, wirft der Hundeführer den schon hereingebrachten Gegenstand an seinen Platz zurück. Hat der Hund den zweiten Gegenstand gebracht, schickt ihn der Hundeführer erneut nach dem ersten aus, also nach der Gegenseite.
Diese Übung wird auch nach Vortreten in die Fläche gemäß Punkt 6 durchgeführt.

Bemerkung: Der Hund gewöhnt sich nun daran, ohne sichtbar hingelegten Gegenstand hinauszurevieren.
Punkt 8: Ab und zu tut nun der Hundeführer dergleichen, als legte er einen Gegenstand hin, unterläßt es aber in Wirklichkeit. Der zu dem vermeintlichen Gegenstand hinausgeschickte Hund wird dann mit *«Zurück»* abgerufen, wobei der Hundeführer unter *«Revier»* nach der Gegenseite weist, also mit dem Arm das Sichtzeichen gibt. Er kann auch mit dem Arm, der das Sichtzeichen gibt, einen Gegenstand zur Seitenlinie werfen.

Sechste Übung
Punkt 9: Der Hundeführer steckt das Revier aus, ohne daß der Hund zuschaut, und legt einige Gegenstände auf die Seitenlinien. Er holt den Hund und beginnt mit einem Gegenstand zu revieren, den er vor den Augen des Hundes hinlegte. Dann bezieht er nach Möglichkeit die schon liegenden Gegenstände in das Vorgehen ein. Sobald der Hund nicht mehr anspricht, legt oder wirft er einen weiteren Gegenstand aus. Beim Auswerfen wird das Hörzeichen *«Revier»* mit dem entsprechenden Sichtzeichen nur immer dann angewandt, wenn uns der Hund sieht, sonst nicht.

Siebte Übung
Punkt 10: Der Hundeführer begibt sich mit dem angeleinten Hund in ein bereits ausgestecktes Revier, schreitet langsam der Mittellinie entlang und wirft ab und zu einen Gegenstand nach rechts oder links aus. Danach nimmt er den Hund für dreißig Sekunden in die Deckung zurück (später ist diese Wartezeit auszudehnen) und setzt ihn korrekt beim Ausgangspunkt zum Revieren an. Immer wenn der Hund die Seitenlinie erreicht, wird er mit *«Zurück»* zum Wenden gebracht. Nähert sich daraufhin der Hund dem Hundeführer, weist er ihn mit *«Revier»* und Sichtzeichen nach der Gegenseite. Der Hund ist stets munter zu halten. Die Arbeit darf nie länger als zehn bis fünfzehn Minuten dauern.
Ab und zu kann ein Gegenstand jetzt auch im mittleren Bereich des Reviers ausgelegt oder ausgeworfen werden. Weicht der Hund stark vom geradlinigen Revieren ab, ist er unter *«Nein»* und *«Revier»* mit Sichtzeichen zu korrigieren. Mehr als sechs Meter sollte sich der Hund nicht vor dem Führer befinden. Genügt dies nicht, geht man wieder auf die Grundlinie zurück.
Bemerkung: Beginnt ein Hund langsam zu werden, läßt sich auf der

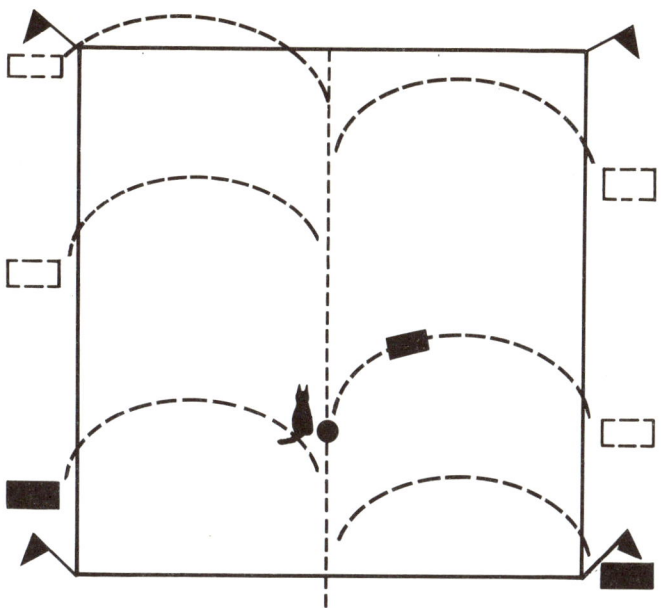

Abb. 53. Hunde, die im Gegenstandrevier langsam gehen, können zu lebhafterer Arbeit animiert werden, wenn sie beim Auswerfen der Gegenstände dabei sind. Der Hund wird vor dem Ansetzen für längere oder kürzere Zeit außer Sicht gebracht.

Grundlinie rechts und links ein Depot von mehreren Gegenständen auslegen, wobei man gemäß Übung 2, Punkt 4 vorgeht. Die einzelnen Gegenstände des Depots sollten dreißig Zentimeter voneinander entfernt liegen.

Die weiteren Übungen können frei gestaltet werden. Dabei legen wir die Gegenstände immer seltener vor den Augen des Hundes aus, so daß aus dem Hereinbringen allmählich eine Sucharbeit wird.

Die Suche nach Gegenständen im kleinen Revier stellt eine ideale Grundübung für jede Flächensuche dar. Hier muß der Hundeführer sein Tier richtig beobachten lernen, will er zu Erfolg kommen. Zudem hat er die Windströmungen einzubeziehen. Wie Abbildung 54 zeigt, verlagert eine seitlich schräg einfallende Luftströmung das vom Hund abzusuchende Revier. Es deckt sich nicht mit dem ausgesteckten Revier. Solche Strömungen können knapp über dem Boden völlig anders als die auf Kopfhöhe wahrgenommene Windrichtung verlaufen.

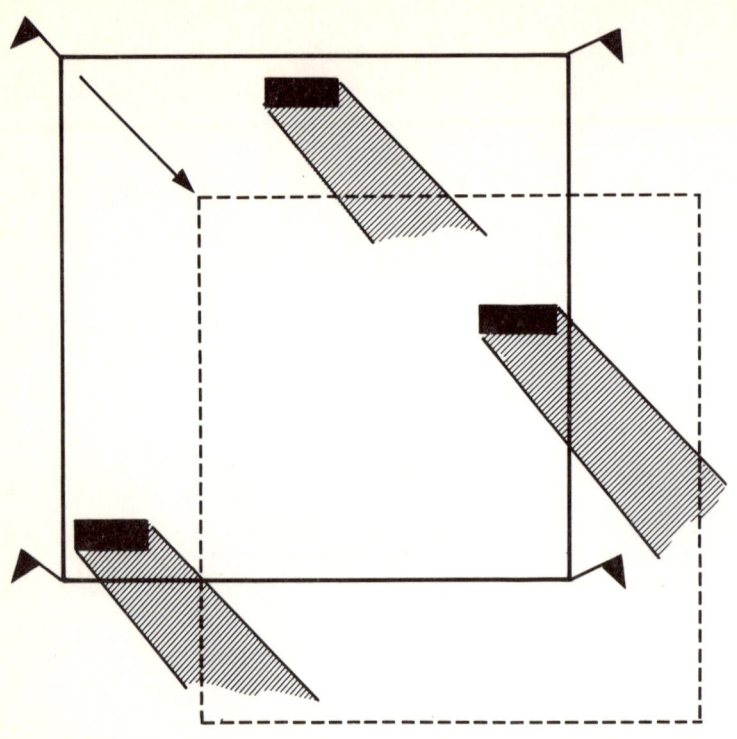

Abb. 54. Seitlich einfallende Luftströmungen tragen die Witterung von Gegenständen oder Personen oft aus dem abgesteckten Suchrevier hinaus.

Suche nach Gegenständen in der Praxis

Im eben beschriebenen Revier wirft der Prüfungsrichter die Gegenstände unmittelbar vor Beginn der Arbeit aus. Unter normalen Bedingungen bringt ein gut aufgebauter Hund die Gegenstände in einigen Minuten herein. Damit sind er und vor allem sein Führer jedoch noch nicht auf die praktische Sucharbeit nach einem verlorenen Gegenstand vorbereitet, die nicht unter so günstigen Bedingungen vor sich geht. Der Gegenstand liegt in diesem Fall bedeutend länger im Gelände, und meist weiß man nicht genau wo. Zudem wurde fast immer schon vorher gesucht, so daß das Gelände zertreten ist und der Gegenstand, falls es sich um Wiesland handelt, möglicherweise in die Erde gedrückt wurde. Es sind somit andere Kriterien in dieser Reihenfolge zu berücksichtigen:

- Genaue Einvernahme des Verlierers und allfälliger Zeugen, um den Ort des Verlierens so exakt wie nur möglich zu eruieren.
- Abstecken des betreffenden Geländeteils.
- Ist das abgesteckte Gelände nicht allzu groß, wird es in Kleinreviere von nicht mehr als zehn Meter Seitenlänge unterteilt.
- Ein oder mehrere Hunde suchen nun jeden Quadratdezimeter der Kleinreviere ab (Feinsuche).
- Ist das abgesteckte Gelände größer, kann mit einer Grobsuche begonnen werden. Der Führer markiert dabei jene Stellen, wo der Hund sich auffallend anders verhielt, wo er Interesse zeigte, aber keine Anzeige machte.
- Die markierten Stellen werden nachträglich in Feinsuche von einem oder mehreren Hunden durchgearbeitet.

Zur besseren Information hier *zwei Beispiele aus der Praxis.*
Unsere Abbildung 55a und b zeigt die Suche nach einem am Vortag verlorenen goldenen Feuerzeug auf einem Übungsplatz. Zeitaufwand: Abstecken des Feldes etwa dreißig Minuten, Feinsuche pro Quadrat von acht Meter Seitenlänge etwa zehn bis fünfzehn Minuten, Zwischen-

Abb. 55a: Grundriß des einem Wald vorgelagerten Geländes. Der Kreis mit Fragezeichen umschreibt jenen Geländeteil, wo nach Angaben des Verlierers das Feuerzeug vermutlich liegt.

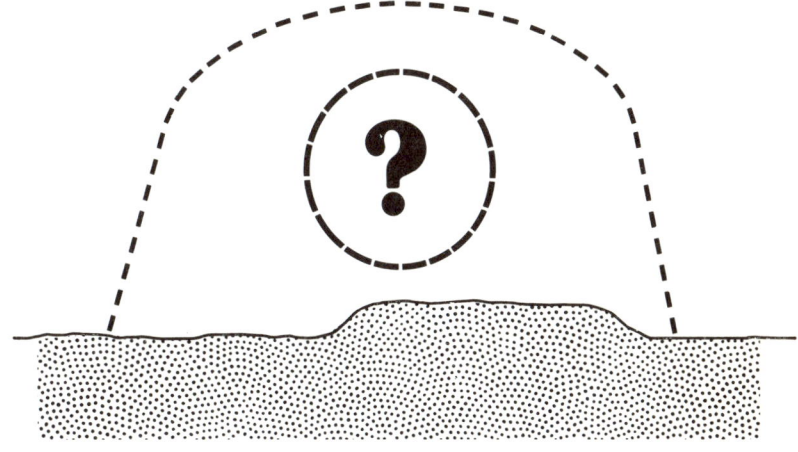

Abb. 55 b: Über dem vom Verlierer bezeichneten Bereich wird ein Revier ausgeflaggt, dessen Parzellen in Feinsuche durchgearbeitet werden. Das Feuerzeug wurde in Revier Nr. 4 gefunden, also außerhalb des vom Verlierer angegebenen Bereichs, was häufig vorkommt.

pause etwa zehn Minuten. Da im vierten Quadrat gefunden wurde, ergibt das insgesamt 130 Minuten, also mehr als zwei Stunden. Die Nacht war kühl gewesen, die Wiese mit halbhohem Gras bewachsen, das von den übenden Leuten niedergetreten worden war. Die Suche wurde um 6 Uhr früh begonnen und bald durch Sonneneinstrahlung erschwert. Das Feuerzeug steckte zur Hälfte im Humus. Obschon die Abgrenzung bedeutend weiter gesteckt wurde, als vom Verlierer angegeben worden war, fand sich das Feuerzeug an der äußersten Grenze. Das ist typisch, denn oft weiß der Verlierer nicht mehr genau, wo er das Objekt das letzte Mal in Händen hatte und wo er dessen Verlust erstmals bemerkte. Es kommt auch vor, daß er sich bei eingehender Befragung plötzlich daran erinnert, daß er das Objekt zu Hause liegen ließ.

Die Abbildung 56 stellt einen Fall dar, bei dem die Angaben klar waren, sich jedoch auf ein großes Gebiet bezogen, nämlich auf ein abgeerntetes Maisfeld von 120 Meter Länge und 50 Meter Breite. Eine Hundeführerin hatte hier am Vorabend einer Prüfung die Hunde versäubert und dabei ihr Portemonnaie verloren. Die Grobsuche ergab am anderen Tag drei diffuse (unklare) Anzeigen. Erst die Feinsuche brachte die Geld-

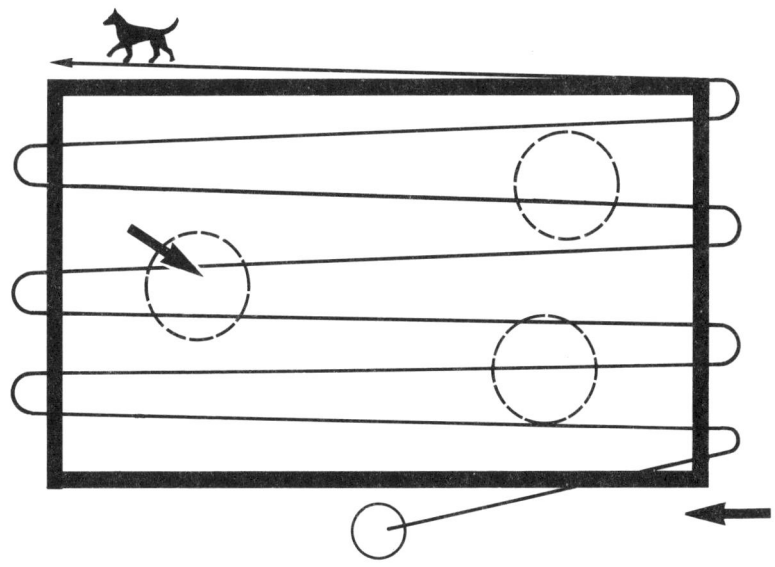

Abb. 56. Suche nach einem Geldbeutel in einem Maisfeld. Bei der Grobsuche wurden drei Bereiche festgestellt, wo der Hund zwar nicht anzeigte, aber doch leicht reagierte. Diese Bereiche wurden dann in Feinsuche durchgearbeitet. Der Pfeil weist auf die Fundstelle des Geldbeutels hin.

börse zum Vorschein, und zwar im mittleren Bereich, wie die Führerin richtig angegeben hatte. Zeitaufwand: Grobsuche etwa 35 Minuten, Pause 10 Minuten, erste Feinsuche 15 Minuten, zweite Pause 10 Minuten, zweite Feinsuche bis zum Auffinden etwa 10 Minuten. Total: 1 Stunde 20 Minuten. Erschwert war die Suche, weil viele Personen zuvor gesucht hatten und auch einige Hunde schon zum Revieren angetreten waren.
Aus diesen beiden Beispielen geht hervor, daß die Suche nach verlorenen Gegenständen in der Praxis einige Kenntnisse und auch Geduld erfordert. Gerade diese Geduld bringen meistens die Leute, welche den Gegenstand verloren haben, selber nicht auf. Am besten sucht man in ihrer Abwesenheit, weil sie sich sonst ständig störend bemerkbar machen.

Anzeigen bei Flächensuche nach Personen (Vermißtensuche)

Unter Anzeigen versteht man jene Reaktion des Hundes, an der sein Führer erkennt, daß er etwas gefunden hat. Es gibt drei Anzeigearten: das Verbellen, das Verweisen ohne Gegenstand und das Verweisen mit Gegenstand.

Verbellen
Der Hund verharrt bei der gefundenen Person und verbellt diese so lange, bis sein Führer herbeigekommen ist.
Anwendungsbereich: Mann- oder Polizeihunderevier, wie es auch in der PO-VDH und der IPO angelegt ist.
Vorteil: Direkte Verknüpfung der Anzeige mit dem Erfolgserlebnis. Der Hund findet und bellt spontan.
Nachteile: Je nach dem Gelände und seiner näheren und weiteren Umgebung sowie der herrschenden akustischen Verhältnisse (Störgeräusche wie Regen oder Verkehrslärm) ist die Hörbarkeit des Bellens nicht gewährleistet. Echowirkungen können die Lokalisierung des bellenden Hundes noch zusätzlich erschweren. In einem von Gräben und Schluchten durchschnittenen Gelände wird es überdies zu einem zeitraubenden Problem, einen Weg zum anzeigenden Hund zu finden, besonders nachts. Hinzu kommt, daß der Hund sein Lautgeben bis zum Eintreffen des Führers fortsetzen sollte. Das dauert unter Umständen lange, und nicht jeder Hund ist dazuzubringen, längere Zeit bellend an Ort zu verharren.
Damit in Zusammenhang steht ein weiterer Punkt, der schon von Konrad Most hervorgehoben wurde. Gewöhnen wir nämlich den Hund daran, eine aufgefundene Person aus aggressiver Einstellung zu verbellen, indem wir eine natürliche Reaktionsweise ausnützen, so wird das Lautgeben zwar spontan erfolgen, aber je nach Veranlagung des Hundes eine stark drohende Haltung gegenüber dem Aufgefundenen bewirken. Zeigt dieser Angst und flüchtet er gar, ist durchaus ein Angriff möglich. Wir bekommen es also mit einem ähnlichen Problem zu schaffen, wie beim Einsatz eines sehr scharf gemachten Hundes im Mannrevier. Stößt das Tier nicht auf den vermuteten Täter, sondern auf andere Personen, wie Holzarbeiter, Spaziergänger, Pilzsammler und spielende Kinder, hängt es vom Zufall ab, ob trotzdem alles gut abläuft. Dennoch ist das Verbellen eine sehr brauchbare Form des Anzeigens, besonders in übersichtlichem Gelände. Aber es setzt schon eine spezielle Eignung des Hundes voraus, zuverlässig und ungefährlich zugleich zu sein. Von der

Jagdhundeausbildung wissen wir, daß es nur wenige Jagdhunde gibt, die sichere Totverbeller sind, beim niedergebrochenen Wild unerschütterlich verharren und bis zum Eintreffen des Jägers bellen.

Verweisen ohne Gegenstand (Leerverweisen)
Beim Verweisen ohne Gegenstand kehrt der Hund von der gefundenen Person zum Führer zurück und gibt ihm auf irgendeine Weise (Anspringen, Erfassen der Leine, Hinsetzen) zu erkennen, daß er gefunden hat. Anwendungsbereich: Vermißtensuche.
Vorteile: Der Hund zeigt dem Führer den Weg zum Gefundenen. Es ergibt sich keine Belastung durch einen Gegenstand. Die Anzeige erfolgt lautlos. Keine Gefährdung der gesuchten Person durch einen scharfen Hund.
Nachteile: Die Anzeige erfolgt nicht spontan beim Auffinden, sondern erst später, so daß die Ausführung durch mancherlei Ablenkungsmöglichkeiten gefährdet wird. Auch wird diese Anzeige oft (ohne daß der Hund gefunden hat) durch das erwartungsvolle Verhalten des Hundeführers ausgelöst, weil er den Hund beim Anzeigen zu loben pflegt. Der Hundeführer darf sich seine Spannung also nicht anmerken lassen, was in der Praxis sehr schwierig ist. Das Leerverweisen ist demnach eine recht unsichere Angelegenheit. Dennoch wird es zum Beispiel in den USA von den Rettungshundegruppen angewandt.

Verweisen mit Gegenstand (Bringselverfahren)
Der Hund bringt einen Gegenstand, den er von oder bei der gefundenen Person aufgenommen hat, und geleitet seinen Führer an der Zehnmeter-Leine zum Gefundenen zurück. Diese Anzeigeart wird bei den Sanitätshunden verwendet, der ältesten Art von Rettungshunden, die wir kennen. Früher mußten sie die Kopfbedeckung oder einen Handschuh des Gefundenen zurückbringen! Später ging man zum Bringselverfahren über.
Das Bringsel ist ein kleines Lederstück, das am Halsband oder an der Schabracke befestigt wird. Der Hund nimmt es in den Fang und trägt es dem Führer zu, wenn er eine Person oder einen Gegenstand gefunden hat. Es ist somit ein Gegenstand, der dem Hund vertraut ist und den er beim Auffinden stets mühelos aufnehmen kann. Anwendungsbereich: Vermißtensuche oder jede andere Sucharbeit in gangbarem Gelände.
Vorteile: Im Augenblick des Auffindens erfolgt auch der entscheidende Akt des Anzeigens, nämlich das Aufnehmen des Bringsels. Bei sauberer Bringselaufnahme ist die Anzeige klar; der Hund zeigt dem Führer an-

schließend den Weg zum Gefundenen. Er arbeitet mit dem Bringsel praktisch lautlos. Nachteile: In schwerem Gelände, vor allem in dichtem Gestrüpp oder Unterholz, besteht die Gefahr, daß das Bringsel abgerissen wird. Bei Hitze oder Erschöpfung läßt es der stark hechelnde Hund oft fallen. Allerdings sind dann auch die anderen Anzeigearten beeinträchtigt.
Bemerkung: Von allen Formen des Verweisens mit einem Gegenstand hat sich allein das Bringselverfahren durchgesetzt. Es ist die charakteristische Anzeigeart für den Sanitätshund geworden.

Sanitätshund

Stößt ein Hund auf eine gesuchte Person, bedarf es einer positiven Erregung, damit der Impuls zur Aufnahme des Bringsels erfolgt. Mit anderen Worten: der Hund muß sich freuen. Das tut aber nur der wesenssichere Hund, der zudem Kontakt zu Menschen hat. Schon aus diesem Grunde wäre die Annahme, Sanitätshunde könnten aus Versagern im Schutzhundbereich geformt werden, völlig verfehlt. Bedenkt man ferner, daß diese Hunde in schwierigstem Gelände bei Wind und Wetter zu arbeiten haben, kommt man zum Schluß, daß nur Hunde in Frage kommen, die auch als Schutzhunde genügend Wesenssicherheit aufweisen würden. Die Erfahrung bestätigt dies immer wieder. Auch der Hundeführer ist bei dieser Arbeit, bei der der Hund auf große Distanz unter Kontrolle zu halten ist, mindestens so gefordert wie der Schutzhundeführer, ganz abgesehen von der robusten Kondition, über die er verfügen muß.
Wie wir wissen, empfiehlt es sich, bei jeder Ausbildung stufenweise vorzugehen. Tut man das folgerichtig, läßt sich später, wenn der Hund bei irgendeinem Teil der Arbeit versagt, auf der untersten Stufe neu beginnen und in sehr kurzer Zeit über die bekannten Stufen wieder jene Phase erreichen, in der er fehlerhaft zu arbeiten begann. In den meisten Fällen wiederholt er dann den Fehler nicht mehr. Diese Methode hat den Vorteil, daß Hund und Führer locker bleiben und sich keine Verkrampfungen einstellen, die sich auf die Arbeitslust so abträglich auswirken. All dies gilt besonders für die Ausbildung des Sanitätshundes.

Bekanntmachen des Bringsels
Das kann ausgiebig lange vor der ersten Übung schon zu Hause erfolgen. Wir zeigen dem Hund das Bringsel, geben es ihm kurz in den Fang,

lassen ihn aber nie damit spielen. Wir können es dem Hund auch anhängen und auf dem Spaziergang gar tragen lassen, bedeuten ihm aber mit aller Ruhe, daß er es nicht aufnehmen darf. Es ist auch möglich, das Bringsel erst kurz vor Beginn der ersten Übung vorzuzeigen und fassen zu lassen. Ziel bleibt in jedem Fall, daß der Hund mit dem kleinen Lederstück genügend vertraut ist, bevor er erstmals mit ihm zu tun bekommt.

Vorschlag: Der Hundeführer zeigt kurz vor Beginn der ersten Übung seinem Hund das Bringsel, läßt es ihn in den Fang nehmen, aber nicht mit ihm spielen.

Dieser Vorschlag gilt für die nachstehend beschriebene Methode, welche das Übergeben des Bringsels am Anfang durch den Figuranten vorsieht. Die beiden anderen Möglichkeiten, nämlich dem Hund das Bringsel von Anbeginn an das Halsband zu hängen oder aber das Bringsel erst viel später zu verwenden, beschreiben wir am Schluß des Kapitels über den Aufbau.

Arbeiten auf der Grundlinie
Wie beim Gegenstandrevier Schutzhund I bis III arbeiten wir zuerst auf der Grundlinie und verlegen später das auf der Grundlinie Gelernte in die Fläche. Dabei ist es von Vorteil, wenn die Situation von Anfang an jener der späteren Revieranlage gleicht, denn jede Prüfung oder Übung beginnt schließlich ebenfalls auf der Grundlinie. Je früher wir den Hund an diese Grundlage gewöhnen, desto besser. Das bedeutet, daß wir einen Waldrand oder Feldrand wählen, der nach rechts und links mindestens sechzig Meter mißt. In Front zu diesem Geländerand, etwa zehn Meter davon entfernt, stellen wir uns mit dem angeleinten Hund auf und lassen ihn bei Fuß sitzen. Jetzt leinen wir ab und ziehen die Schabracke aus der Tasche, entlassen den Hund aus seiner Sitzstellung und ziehen ihm die Decke an, wobei wir seine Erwartung auf das Kommende durch verheißungsvolles Reden steigern. Wir halten nun den aufmerksam gewordenen Hund am Halsband, nehmen das Bringsel aus der Tasche, zeigen es dem Hund und übergeben es vor seinen Augen dem vor uns stehenden Figuranten. Dieser sollte dem Hund nicht unbekannt sein, besonders nicht einem Tier, das noch wenig Gewöhnung an Fremdpersonen erfuhr. Auch der Figurant zeigt dem Hund das Bringsel, läßt es ihn in den Fang nehmen (ohne zu spielen) und geht dann fünf Meter auf den Wald- oder Feldrand zu, während er dauernd mit dem Hund spricht und ihn ruft. Danach geht er in raschem Tempo nach rechts, läuft unter mehrmaligem Rufen etwa sechzig Meter dem

Geländerand entlang, legt sich – noch immer in Sichtweite des Hundes – nieder, stützt den Ellbogen auf und hält dem Hund das Bringsel entgegen.

Inzwischen hält der Hundeführer seinen Hund so zurück, daß er ihm nicht weh tut. Er kann beispielsweise seine Arme um die Brust des Tieres legen. Nun hält er den Hund mit der linken Hand am Halsband, erhebt sich, weist mit dem rechten Arm unmißverständlich zum Figuranten hin, sagt gleichzeitig freundlich und anspornend *«Revier»* und läßt einen Sekundenbruchteil später den Hund los. Gewöhnlich rennt dieser daraufhin in großen Sätzen zum Figuranten. Tut er es nicht, ruft ihm der Figurant zu, springt allenfalls auch auf und winkt mit dem Bringsel. Hilft auch das nicht, geht der Führer mit dem Hund eilends zumindest in die Nähe des Figuranten.

Im Normalfall wird der Hund das Bringsel, das der Figurant ihm entgegenhält, unverzüglich aufnehmen. Jetzt lockt ihn der Hundeführer, der seinen Standort nicht verlassen hat, mit *«Zurück»* oder *«Kehrt»* zu sich, empfängt ihn lobend, nimmt ihm – ohne zuerst groß in Unterordnung zu machen – das Bringsel ab, befestigt die Zehnmeter-Leine an der Decke oder am breiten Lederhalsband und sagt ermunternd *«Zeig den Mann»*. Gleichzeitig wiederholt er mit dem Arm das Sichtzeichen. Reagiert der Hund nicht wie gewünscht, bedeutet der Hundeführer dem Figuranten durch Hochheben der Hand, den Hund zu rufen. Sobald der Ruf ertönt, wiederholt der Hundeführer sein anspornendes *«Zeig den Mann»*. Falsch wäre es, jetzt den Hund zu drängen. Es lohnt sich, Geduld zu üben, bis der Hund aus eigenem Impuls zum Figuranten rennt. Das *«Zeig den Mann»* soll nie wie ein Schimpfwort ausgesprochen werden, sondern eher ein Lockruf sein. Beim Figuranten angelangt, ermuntern wir den Hund ohne jeden Druck, Platz zu nehmen. Der Figurant hilft dabei und lobt und streichelt den Hund ausgiebig. Er kann ihm auch einen Leckerbissen verabreichen, doch nur, wenn es wirklich nötig ist, bei Hunden also, die Menschen gegenüber zurückhaltend sind. In einem solchen Fall muß mit dem Tier neben der Sanitätsausbildung eine systematische Gewöhnungskur an Menschen durchgeführt werden.

Bevor nun die Leine abgenommen wird, befestigen wir das Bringsel wieder. Der Hundeführer vergißt dies gerne, und der Hund weiß dann nicht, wie den nächsten Figuranten anzeigen. Nun geht es im Laufschritt zurück, wobei der Hundeführer die Zehnmeter-Leine aufschießt. Genau am Ausgangspunkt und genau in der vorherigen Frontstellung nimmt er den Hund bei Fuß und lobt ihn freudig mit *«Brav,*

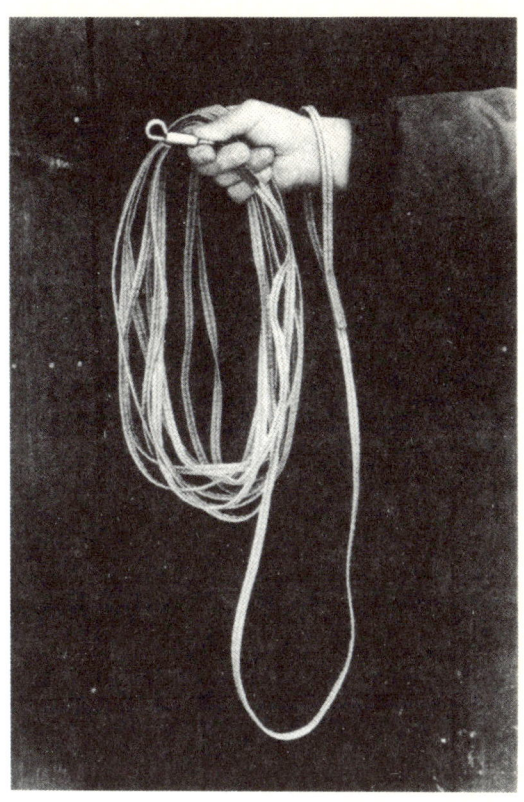

Abb. 57. Richtiges Halten der Zehnmeter-Leine. So vermag der Hundeführer jederzeit den Hund an die Leine zu nehmen, ohne daß sich diese verwickelt.

Revier» oder ähnlichen Hörzeichen. Die Übung ist nun beendet und wird abgebrochen, indem wir (immer noch lobend) die Schabracke abnehmen. Erweist sich der Hund von Anfang an als recht sicher, wiederholen wir die gleiche Übung nach der Gegenseite hin mit demselben Figuranten. Wir gehen dabei genau gleich wie beim ersten Mal vor. Mehr als zwei Schläge läßt man den Hund nicht machen. Erst einige Tage später wird das ganze wiederholt.

Bemerkungen: Es wird oft auf viel kleinerer Distanz begonnen, aber eher aus Bequemlichkeit, denn aus Überlegung. Gewöhnen wir nämlich den Hund gleich zu Beginn an die Sechzig-Meter-Distanz, ersparen wir uns viel Arbeit in späteren Phasen der Ausbildung. Überhaupt muß der Hundeführer bei dieser Arbeit aus sich herausgehen können, sich selber dafür begeistern, sonst bringt er seinen Vierbeiner nicht auf Touren. Jener Spitzenkönner, der an einer Prüfung scheinbar unbeteiligt und kaum je rufend auf der Mittellinie durchs Revier schreitet, während sein Hund es wie selbstverständlich nach links und rechts in raschem Tempo durchläuft, mußte sich dies durch eine temperamentvolle und gleichzeitig auch beherrschte Ausbildungsweise schwer erarbeiten. Dies als Randbemerkung für Anfänger, damit sie nicht gleich bei der ersten Schwierigkeit verzagen.

Klappt bei der Wiederholung die Sache gut, hängen wir nach den ersten zwei Schlägen, wiederum rechts beginnend, zwei weitere an. Hat der Figurant die Sechzig-Meter-Grenze erreicht, geht er außer Sicht des Hundes rufend in Deckung und wartet dort sitzend oder liegend, das Bringsel in der Laufrichtung des Hundes haltend, die Ellenbogen aufgestützt.

Wir können nun auch versuchen, wie der Hund reagiert, wenn man ihm das Bringsel anhängt. Dazu befestigen wir es am Halsband, während sich der Figurant entfernt. Nimmt der Hund beim Start das Bringsel gleich auf – wobei die meisten Hunde stehen bleiben –, fordern wir ihn mit freundlichem «*Nein, aus*» auf, es fallen zu lassen. Oder wir nehmen es ihm sanft aus dem Fang und wiederholen das auffordernde «*Revier*», verbunden mit dem Sichtzeichen. Oft läuft der Hund dann ohne weiteres zum Figuranten. Dort angekommen, nehmen manche Hunde das Bringsel aus eigenem Antrieb auf. Andere bedürfen der Hilfe des Figuranten, sei es, daß er mit dem Zeigefinger an das Lederstück tippt, sei es, daß er das Bringsel dem Hund in den Fang schiebt.

Kurz vor oder im Moment der Bringselaufnahme erteilen wir nie ein Lob oder ein Kommando, da der Hund sonst künftig auf dieses Hörzeichen wartet. Das wäre ein sehr unangenehmer Fehler bei einer Handlung, die der Hund ja später allein aus sich heraus zu vollziehen hat. Der Figurant mag zwar mit dem Hund sprechen und ihn ermutigen, doch darf der Hundeführer höchstens akustisch mit «*Kehrt*» oder «*Zurück*» auf den Hund einwirken, und auch dies nur, wenn er allzulange beim Figuranten bleibt oder schon am Zurückkommen ist, damit sich dieses Hörzeichen immer besser mit dem Herankommen verknüpft.

Arbeitet man noch auf Sicht und nimmt der Hund das Bringsel schon einige Meter vor dem Erreichen des Figuranten auf, läßt man den Figuranten wenige Meter in die nächste Deckung treten. Sollte der Hund durch das umgehängte Bringsel zu sehr aus dem Konzept geraten, arbeiten wir ruhig wie zuvor weiter, indem der Figurant das Bringsel dem Hund übergibt. Wir haben später immer noch genügend Zeit, die korrekte Bringselarbeit in allen Einzelheiten eingehend einzuüben.

Arbeit nach zwei Seiten
Das Vorgehen ist gleich wie bei der Arbeit nach der einen Seite, nur benötigen wir jetzt zwei Figuranten, die gleichzeitig und spiegelbildlich eingesetzt werden. Miteinander weisen sie zu Beginn dem Hund das Bringsel vor, und miteinander entfernen sie sich, jeder nach seiner Seite. Befinden sie sich auf der Sechzig-Meter-Marke, wird der Hund nach rechts geschickt, und nachdem dieser Figurant angezeigt ist, nach links. Geht der Hund vom Start aus zuerst nach links, läßt man ihn natürlich laufen. In der Regel läßt man ihn aber zuerst nach rechts laufen, weil der Hundeführer so den links bei Fuß sitzenden Hund besser in die gewünschte Richtung (parallel zur Grundlinie) dirigieren kann. Notfalls nimmt er dabei selbst eine Wendung nach rechts vor.
Bei der ersten Übung bleiben die zwei Figuranten vor dem Absitzen oder Abliegen in Sicht des Hundes. Bei der Wiederholung ziehen sich die Figuranten in ein Versteck am Feld- oder Waldrand zurück, das indes nur wenige Meter von jenem Punkt entfernt liegt, wo sie der Hund zuletzt noch sah. Klappt die Arbeit nach beiden Seiten gut, verlegen wir die Grundlinie nach vorn in die Deckung. Sie befindet sich nun etwa zehn Meter hinter dem Feld- oder Waldrand. Später dringen wir noch tiefer in die Deckung vor. Wir arbeiten jedoch immer noch auf einer Linie und sorgen dafür, daß die Figuranten erst einige Meter nach vorn gehen, ehe sie sich im rechten Winkel ihrer Seite zuwenden. So wird vermieden, daß sich der Hund beim Start ständig auf der Spur aufhält und dadurch eine falsche Verknüpfung entsteht.

Zwischenbemerkung
Mit fortschreitender Ausbildung geben wir je nach der Reaktionsweise des Hundes dort schwächere Sicht- und Hörzeichen, wo das Tier schon mit einiger Sicherheit arbeitet. Da jeder Hund anders reagiert, müssen Hundeführer und Übungsleiter flexibel genug sein, um seine Stärken und Schwächen zu berücksichtigen. Allerdings darf uns eine erstmals richtig ausgeführte Handlung nicht zu der Annahme verleiten, der Hund habe die nach unseren Wünschen erfolgte Reaktion «verstanden». Sie gelang unter den gegebenen Umständen nur mehr oder weniger zufällig. Eine geringe Ablenkung, die wir selber gar nicht bemerken, oder eine kleine Veränderung der Ausgangssituation können ihn dazu veranlassen, beim nächsten Mal anders vorzugehen. Wir rücken daher nie eine Stufe weiter vor, ehe wir nicht eine Arbeit so oft übten, daß sich der Hund an den bestimmten und erwünschten Ablauf gewöhnen konnte. Und selbst wenn dies der Fall war, dürfen wir uns nicht wun-

dern, wenn der Hund einmal für uns völlig unmotiviert etwas «Neues» unternimmt. Einer der Kapitalfehler bei der Ausbildung besteht darin, in solchen Augenblicken zu meinen, der Hund tue dies bewußt und mit der Absicht, uns zu ärgern. Er will uns aber keineswegs ärgern – das wissen wir vom zweiten Teil dieses Buches her. Es liegt nur ein Mißverständnis vor, dessen Grund und Ursache wir noch nicht entdeckten. Am besten machen wir überhaupt kein Aufhebens davon, sonst setzt sich der Fehler gerade deswegen fest. Wir gehen vielmehr stillschweigend darüber hinweg und tun, als wäre nichts geschehen. Das fällt uns bei der Stufenmethode leicht, weil wir stets auf der Stufe wieder neu anfangen können, auf welcher der Hund letztmals einwandfrei arbeitete.
Kommt der Hund einmal von einem Figuranten zurück, ohne das Bringsel aufgenommen zu haben, stoppen wir ihn nicht, sondern weisen ihn sogleich nach der Gegenseite, geben deutlich das Sichtzeichen und sagen anspornend *«Revier»*. Das zügige Hin und Her im Revier unterbrechen wir nie. Neigt der Hund zu solchen Unterbrechungen, so sei man bereit, mit ihm zur Sechzig-Meter-Linie hinauszulaufen. Schimpfen oder gar strafen hat keinen Sinn. Damit verdirbt man dem Hund lediglich die Arbeitsfreude, und bei jeder Sucharbeit ist dies so ziemlich das Schlimmste, das passieren kann.

Arbeit ohne Sicht auf die Figuranten
Bisher sah der Hund die Figuranten noch bis kurz vor ihrem Verschwinden, so daß er sie rasch und sicher finden konnte. Eigentliche Sucharbeit war das noch nicht. Bezweckt wurde lediglich die Gewöhnung an schnelles und geradliniges Hinausrevieren auf die Sechzig-Meter-Linie. Nun aber begeben sich die Figuranten, noch bevor der Hund auf dem Platz ist, auf einer Grundlinie, die wir schon benützten, in ihre Endposition. Sie tun dies wieder vom Ausgangspunkt her, wobei ihre Witterung dem Hund helfen wird, das Revieren aufzunehmen. Freilich gibt es Hunde, die dann gleich die Spur zu suchen und aufzunehmen anfangen, und das wollen wir vermeiden. Wir beordern deshalb in solchen Fällen die Figuranten auf einem Umweg von der Seite her zu ihrer Endposition. Nun holt der Hundeführer seinen Hund herbei, wiederholt wie stets das Ritual am Ausgangspunkt (Ableinen, Schabracke anziehen, eventuell Bringsel anschnallen) und weist dann den Hund mit den bekannten Sicht- und Hörzeichen ins Revier. Wenn zuvor klar und konsequent gearbeitet wurde, rennt der Hund meist aus lauter Gewöhnung hinaus. Tut er es nicht, so rennen wir mit. Eine weitere Möglichkeit: Wir verabreden mit den Figuranten, daß sie den

Hund, den wir noch zurückhalten, entweder auf ein Zeichen hin oder auch ohne Zeichen aus der Deckung heraus zu sich rufen – natürlich nicht zu gleicher Zeit. Infolge besonderer akustischer Verhältnisse kann es allerdings vorkommen, daß der Hund in falscher Richtung läuft. Oft wirkt sich dieses Vorgehen jedoch günstig aus. Das Moment der Überraschung, den Figuranten im Versteck zu finden, ohne ihn vorher gesehen zu haben, regt den Hund meist so sehr an, daß er das Bringsel gut aufnimmt und zurückträgt. Hatte er bisher mit dem Bringsel Schwierigkeiten, kann man es ruhig auch jetzt noch durch den Figuranten übergeben lassen. Hauptziel unseres Trainings ist ja immer noch die Gewöhnung an geradliniges und rasches Revieren auf der Grundlinie.

Hat der Hund im Anzeigen der zuvor nicht erblickten Figuranten nach beiden Seiten hin eine gewisse Sicherheit erlangt, verlegen wir diese Arbeit auf andere Grundlinien, wo nicht schon vorher geübt wurde, und später auch in die Fläche eines Reviers, doch stets noch auf der Grundlinie arbeitend. Das will sagen, daß wir zuerst vor dem Geländerand die Grundlinie ausarbeiten, dann den Hund zwanzig Meter weit nach vorn in den Wald oder in das Feld führen und ihn hier aufs neue nach rechts und links revieren lassen. Natürlich müssen die Figuranten über unser Vorgehen orientiert sein. Je länger wir so auf der Grundlinie arbeiten – auch wenn diese am Ende über eine ganze Revierfläche nach vorn getragen worden ist –, desto gewisser reviert unser Hund auch weiterhin geradlinig und sauber. Unsere Geduld und Konsequenz wird sich bezahlt machen.

Auf dieser Stufe setzen wir nun ab und zu nur auf der einen Seite einen Figuranten ein, damit sich der Hund daran gewöhnt, auch dann zurückzukommen, wenn er keinen Figuranten findet. Wir erleichtern ihm dies im richtigen Augenblick durch *Kehrt* oder *Zurück*. Die Zusammenarbeit mit den Figuranten bedarf genauer Absprachen. So zum Beispiel, wenn man den einen Figuranten bei Meter 20, 60, 100 usw. in Deckung gehen läßt, während sich der andere bei Meter 0, 40, 80, 120 usw. in Deckung begibt. Bei jedem Vorlegen der Grundlinie befindet sich dann nur auf einer Seite ein Figurant, es wäre denn, daß der Wind dem Hund die Witterung des weiter entfernten Figuranten zuträgt, was hie und da vorkommen wird und selbstverständlich positiv zu bewerten ist. Die Arbeit wird nun immer abwechslungsreicher und nimmt immer mehr den Charakter einer Sucharbeit an. Die Figuranten müssen aber, wie gesagt, genau instruiert sein, da jedes Mißverständnis mit ihnen Unsicherheit in die Ausbildung bringt. Geschieht etwas Unerwartetes, bemüht sich der Hundeführer, in aller Ruhe systematisch weiterzuarbeiten.

Der Wind und lokale Luftströmungen geben uns nun immer mehr Probleme auf, die wir zu lösen haben. Die Revieranlage läßt sich ja nicht immer gegen den Wind ausrichten, wir müssen uns dem Gelände anpassen. Immerhin kann der Standort der Figuranten entsprechend gewählt werden, wie dies aus den Zeichnungen hervorgeht.

Hat man als Hundeführer mit einem Hund eine gewisse Fertigkeit bei der Arbeit auf der Grundlinie erreicht (die ja durch mehrmaliges Vorschieben auch eine Fläche bedeckt), legt man nun in Abwesenheit des Hundes ein prüfungsmäßiges Revier selber an, dies in einem gut zu übersehenden Gelände, damit die Arbeit des Hundes kontrolliert werden kann. Dieser Vorgang entspricht dem Anlegen einer Eigenspur bei

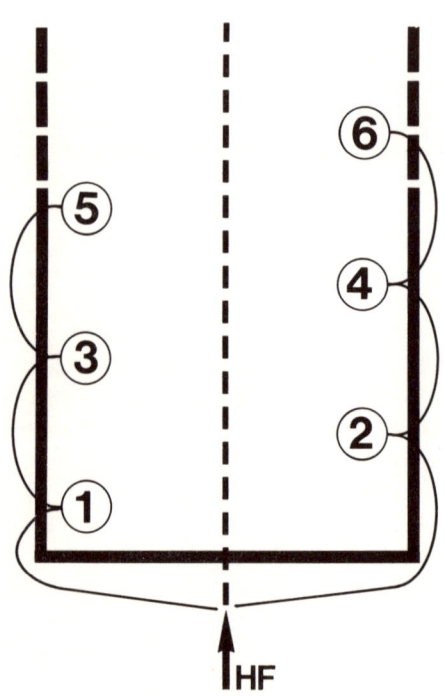

Abb. 58. Revier des Such- oder Sanitätshundes. Mit zwei Figuranten, die sich stets von außen her ins Revier begeben, kann ein ganzes Revier durchgearbeitet werden (auch Figuranten sollten oft gewechselt werden).

der Fährtenarbeit, und wie man dort die Lage der Winkel und Gegenstände sowie die Richtung der Schenkel genau kennt, sofern man seriöse Arbeit leistet, so hat man auch im Eigenrevier das Gelände und die Position der Figuranten im Kopf oder besser noch als Skizze auf einem Zettel. Gute Vorbereitung macht sich auch hier bezahlt. Man plaziert deshalb die Figuranten am besten selbst, wobei man auf seitliches Hineingehen ins etwa 200 Meter lange Revier achtet. Ist dies geschehen, holt man den Hund ab und beginnt nun wie gewohnt auf der Grundlinie. Der Hauptunterschied liegt darin, daß der Hund nun weniger oft und sehr unregelmäßig auf Figuranten stößt, also häufig von der Sechzig-Meter-Seitenlinie mit hängendem Bringsel hereinläuft. Der Führer konzentriert sich darauf, daß der Hund ohne irgendwo länger zu verweilen und geradlinig reviert. Natürlich ruft er ihn nicht ab («abreißen»), wenn er vom Wind Witterung eines weiter vorn im Revier liegenden Figuranten erhält und diesen «sticht». Aber er greift sofort ein, wenn der Hund grundlos das System verläßt, nimmt ihn auf der Mittellinie bei Fuß und weist ihn wie gewohnt zum Revieren an. Notfalls rennt er mit. Er greift auch in angemessener Weise ein, wenn der Hund klebt (nicht von seiner Seite will) oder gar stehen bleibt, ermuntert ihn und führt ihn wenn nötig selbst in schneller Gangart an der Leine zur Sechzig-Meter-Marke. Wenn die Arbeit in übersichtlichem Gelände gut gelingt, verlegen wir das Eigenrevier später in weniger offenes Gelände und steigern mit der Zeit die Anforderungen. Analog zur Eigenspur bei der Fährtenarbeit hat der Hundeführer auch im Eigenrevier alle Daten zu kennen.

Arbeit im unbekannten Revier
Wenn der Hundeführer bis anhin über die Lage der Figuranten und die Gestalt und Größe des Reviers im Bilde war, so gilt es nun, in einem unbekannten Revier zu trainieren. Wie bei den ersten Fremdspuren bei der Fährtenarbeit folgt ihm der Übungsleiter, welcher das Revier angelegt und für den Hundeführer gut sichtbar markiert hat. Er unterstützt ihn und orientiert ihn notfalls. Dies ist deshalb notwendig, weil das Hauptziel ja immer noch im Training des Hundes besteht. Dieses Ziel konsequent zu verfolgen, ist nicht möglich, wenn der Hundeführer aus dem Konzept gerät. Der Übungsleiter sollte bestimmen, wann der Hundeführer in der Lage ist, ein unbekanntes Revier allein anzugehen. Dies wird desto früher geschehen, je exakter der Hundeführer beim Anlegen der Eigenreviere arbeitete und je besser er sich mit dem Figuranten zu verständigen wußte. Ohne diese Vorarbeit wäre es unverantwortlich,

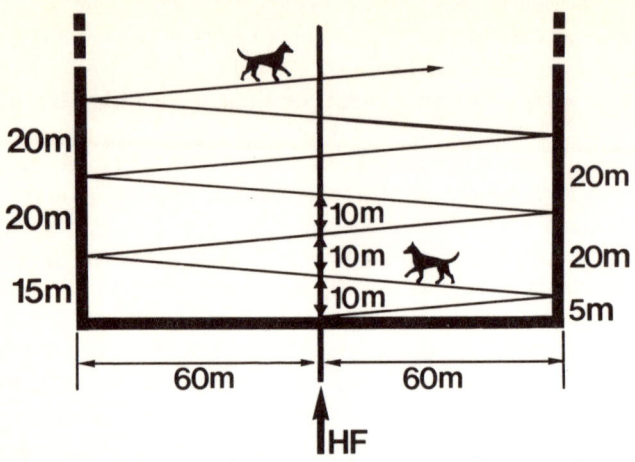

Abb. 59. Sanitätsrevier nach Most. Erfahrungsgemäß nimmt der Hund die Witterung einer Person auch bei ungünstigen Verhältnissen (Windstille, Regen) noch mit Sicherheit auf zwanzig Meter Distanz wahr.

einen Hundeführer mit seinem Vierbeiner in ein unbekanntes Revier zu schicken. Das zweite dieser Reviere kann auch prüfungsmäßig angelegt werden, damit sich der Hundeführer an die Prüfungssituation gewöhnt und der Hund mit dem Spaziergänger und dem Schuß vertraut wird. (Die PO-SKG verlangt, daß während des Reviers vor und hinter dem Hund ein Spaziergänger umhergeht und daß bei halber Revierzeit aus 25 Meter Distanz zum Hund ein Schuß abgegeben wird.) Geht alles gut, kann an eine erste Prüfung gedacht werden. Für die weiteren Prüfungen ist allerdings noch mehr Training und für den allfälligen Einsatz in Ernstfällen eine bedeutend längere und umfassendere Ausbildung des Hundeführers erforderlich.

Arbeit mit dem Gegenstand
Da auch das Auffinden eines Gegenstandes (zum Beispiel bei einer Vermißtensuche) wichtig sein kann, verlangt die PO-SKG das Anzeigen von drei Personen und einem Gegenstand. Es ist jedoch zu empfehlen, die Arbeit mit dem Gegenstand nicht zu früh anzufangen. Der Übergang dazu bringt übrigens nur selten Schwierigkeiten mit sich. Am besten beginnen wir wieder auf der Grundlinie, legen rechts einen Gegenstand, postieren links einen Figuranten auf Sicht und beobachten nun den Hund, wenn er den Gegenstand erreicht.

Oft genügt es, den Hund in diesem Augenblick zum Aufnehmen des Bringsels zu ermuntern. Wenn nicht, geht der Hundeführer mit dem Hund zum Gegenstand hin und schiebt ihm wenn nötig das Bringsel sanft in den Fang. Einige Übungen im Wald genügen meist, um beim Anzeigen Sicherheit zu erreichen. Die Arbeit mit dem Gegenstand darf aber nicht übertrieben werden, Hauptsache bleibt nach wie vor das Auffinden und Anzeigen von Personen. Bei temperamentvollen Hunden empfiehlt es sich, die Gegenstände festzubinden, damit sie nicht apportiert werden.

Aufbau ohne Bringsel
Bei Hunden, die sich schwer vom Führer lösen, sei es aus Mangel an Vertrauen zu ihm, sei es aus allgemeiner Unsicherheit, wird das Bringsel erst sehr spät in die Revierarbeit einbezogen. Dasselbe gilt für Hunde, die gegenüber Fremdpersonen wenig kontaktfreudig sind. Es geht in erster Linie darum, den Hund zum Figuranten zu bringen und in ihm Interesse für diesen Vorgang zu wecken. Sofern es angezeigt scheint,

Abb. 60. Polizei- und Katastrophenhunde müssen auch in Räumlichkeiten suchen. Dies erfordert spezielle Übung.

kann der Figurant den Hund bei seiner ersten Ankunft mit einem Leckerbissen loben. Zwar wird sich daraus eine unerwünschte Verknüpfung ergeben, doch läßt sie sich später wieder auflösen.

Einsatz von Sanitätshunden
Gut ausgebildete Sanitätshunde mit ebensolchen Hundeführern eignen sich für den Einsatz bei Vermißtensuchen. Das Gelände wird dabei entweder in Suchreviere aufgeteilt, oder es wird von einer gemeinsamen Grundlinie aus – einer Straße etwa – gearbeitet und gestaffelt vorgerückt. Bei dieser sogenannten Korridor-Suche achten wir besonders darauf, daß die Verbindung mit den Helfern, welche auf den Grenzlinien mit nach vorn gehen, stets aufrechterhalten bleibt.

Bringseltraining

Es kommt vor, daß ein Hund, der das Bringsel während längerer Zeit korrekt seinem Führer zugetragen hat, es plötzlich vorzeitig aus dem Fang läßt oder gar nicht mehr aufnimmt.
Bevor nun korrigiert wird, sollte untersucht werden, ob nicht ein medizinischer Grund zu diesem Fehler führt. Es kann sich zum Beispiel um eine Zahnfleischentzündung handeln oder um eine Veränderung der Halswirbel.
Im ersten Fall erleidet der Hund beim Fassen des Bringsels einen heftigen Schmerz. Nach Behandlung und Heilung der Entzündung wird der Hund wieder korrekt arbeiten.
Im zweiten Fall ist es die zum Aufnehmen des Bringsels nötige Schleuderbewegung, die den Schmerz auslöst. Hier kann nach der tierärztlichen Abklärung und Behandlung mit einem Bringsel gearbeitet werden, das einen rechten Winkel aufweist und so vom Hund ohne starke Schleuderbewegung aufgenommen werden kann.
Ein Hund kann aber auch ohne gesundheitliche Störung mit unexakter Bringselarbeit beginnen. Statt nun auf der großen Distanz Korrekturversuche zu machen, welche die Suchfreude des Hundes beeinträchtigen würden, empfiehlt es sich, auf kurze Distanz zu gehen, wie es unsere beiden Skizzen zeigen. Der Hund muß nun nicht suchen, und wir können ihn bei diesem Bringseltraining in Ruhe merken lassen, was wir von ihm wünschen. Nämlich, daß er das Bringsel beim Figuranten sauber aufnimmt und korrekt dem Führer zuträgt. Auf diese Weise wird sowohl zu frühes Fassen des Bringsels (beim Aufnehmen der Witterung

des Figuranten auf Distanz), als auch zu frühes Auslassen vor dem Erreichen des Führers korrigiert. Außerdem kann das korrekte Hinlegen und Verharren beim Zeigen des Figuranten geübt werden, sofern auch dies ungenau ausgeführt wurde.

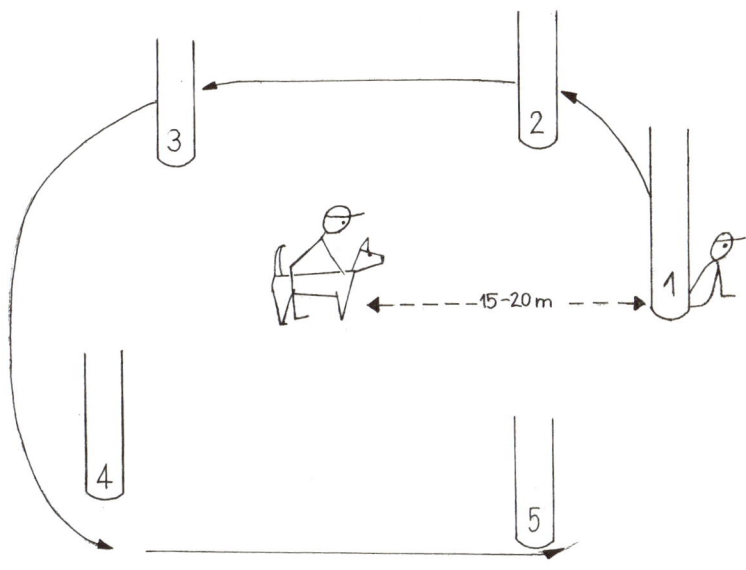

Skizze 1: In einem Waldstück mit weit auseinanderstehenden Bäumen stellt sich das Führer-Hund-Team in der Mitte einiger ungefähr im Kreis stehender Stämme auf. Der Figurant begibt sich in Sicht des Hundes hinter einen ersten Baum, und nachdem der Hund bei ihm das Bringsel aufgenommen hat, wechselt er – von Stamm zu Stamm eilend – seine Position. Diesen Wechsel soll der Hund beobachten können, denn das motiviert ihn zur raschen Arbeit und schnellem Aufnehmen des Bringsels infolge seiner Erregtheit.

Andere Arten der Flächensuche

Mit Hunden, die zum Revieren und Stellen eines Pikörs ausgebildet worden sind, kann ein sogenanntes Polizeirevier abgesucht werden. Die Anzeige besteht im Verbellen.

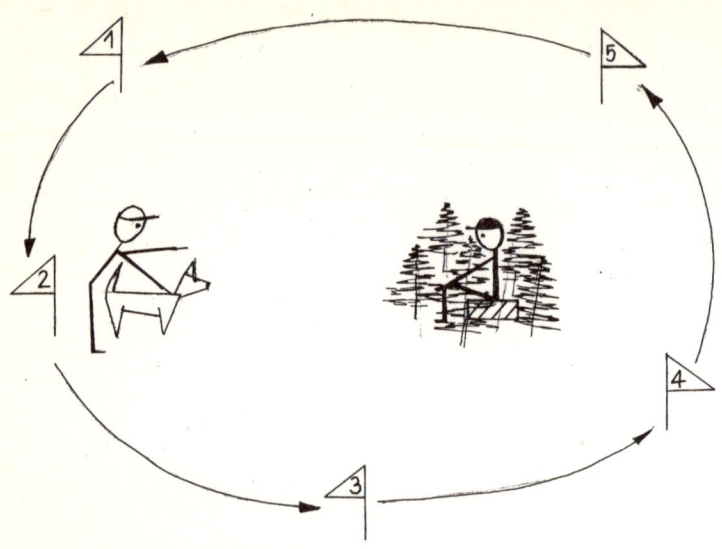

Skizze 2: Der Figurant befindet sich in einem Gebüsch oder einer anderen Deckung, die er in Sicht des Hundes erreicht hat. Der Führer setzt nun den Hund aus verschiedenen Richtungen unter Einhaltung einer Distanz von etwa 15 bis 20 m ein. Auch hier geht es nicht um Sucharbeit, sondern allein um die Bringsel-Technik.

Ausländische Rettungshundegruppen, zum Beispiel in England und in den USA, wenden oft als einzige Technik das Suchen gegen den Wind an, wobei sich der Hund seitlich nicht weit vom Führer entfernt. Es ergibt sich ein Vor- und Zurücklaufen. Das Anzeigen geschieht durch Leerverweisen. Diese Art des Suchens ist nicht unproblematisch, besonders bei Windstille. Auch hier wäre das von einer Basis aus erfolgende Hinausrevieren nach rechts und links von großem Wert, da der Führer dabei die Übersicht behält und weiß, wo gesucht wurde und wo nicht.

Kapitel 12

Lawinenhund

Barry vom Großen St. Bernhard ist in die Geschichte als ein Hund eingegangen, der viele Menschen (angeblich vierzig) aus Schneesturm, Verwehungen und möglicherweise auch aus Schneerutschen befreite. Seine Nachfahren sind fast doppelt so schwer wie Barry es war und deshalb für den Lawinenrettungsdienst ungeeignet, obschon sie dafür talentiert wären. Für diesen Dienst benötigen wir einen mittelgroßen, kräftigen Hund. Jede dieser Norm entsprechende Rasse ist verwendbar, aber im großen ganzen wird doch dem Deutschen Schäferhund der Vorzug gegeben, der dazu alle erforderlichen Voraussetzungen mitbringt. In der Schweiz wurde das Lawinenhundewesen von 1940 an systematisch betrieben und organisiert. Das Institut für Schnee- und Lawinenforschung Weißfluhjoch-Davos registrierte laufend alle Vorkommnisse und Erfahrungen, so daß wir heute die wesentlichen Fakten der meisten Ernstfälle kennen und die Effizienz des Lawinenhundes als Geruchsdetektor zahlenmäßig nachweisen können. Im Gegensatz zu den schweren Apparaturen ist der Hund beweglich und leicht zu transportieren. Es gibt kein technisches Gerät, das ihn zu ersetzen vermöchte. Ein winterlich gekleideter Mann hat in einem Schneebrett oder einer Lawine bei einer Überdeckung von anderthalb bis zwei Metern eine Überlebenschance von achtzig Prozent. Nach 45 Minuten sinkt die Überlebenschance auf fünfzig Prozent und nach einer Stunde auf weniger als vierzig Prozent. Nach zwei Stunden liegt sie unter zwanzig Prozent, nach drei Stunden unter zehn Prozent. Schockauswirkung und Unterkühlung sind die Hauptgründe dieses rasanten Verlaufs. Hauptziel jeder Hilfe muß demnach das möglichst schnelle Auffinden sein. Hier leistet der Lawinenhund ganz Ausgezeichnetes. Er wurde zu Anfang noch mit dem Flugzeug und Fallschirm eingesetzt, heute bringt ihn der Helikopter so nahe wie möglich an den Einsatzort heran. Bei schlechtem Wetter und ungenügenden Sichtverhältnissen ist man freilich nach wie vor auf den Einsatz zu Fuß angewiesen, und damit auch auf eine hervorragende Kondition des Lawinenhundes und seines Führers.

Grundausbildung

Wir sprechen hier von der Ausbildung des Hundes. Ein Einsatz wird jedoch nur dann erfolgreich sein, wenn der Hundeführer eine Spezialausbildung erhält, auf die wir am Schluß des Kapitels kurz eingehen.

Vorübungen
Auf Skiwanderungen und Touren gewöhnen wir den Hund zuerst an das neue Erscheinungsbild seines Meisters auf den Skiern. Es gibt Hunde, die dabei große Schwierigkeiten bereiten, weil das Ungewohnte der Fortbewegung offenbar ihren Schutztrieb anspricht. Sie stürzen sich ständig auf den Führer, beißen in die Skier und Schuhe und versuchen den Mann aufzuhalten. Das ist für den Hund höchst gefährlich, denn eine Skikante vermag ohne weiteres eine Sehne zu zerschneiden, was unter Umständen einen irreparablen Schaden zur Folge hat. Ist die Angewöhnung an die Skier nicht durch Ignorieren des Verhaltens des Hundes beim Gehen in flachem Gelände zu erreichen, ist man gezwungen, sehr hart durchzugreifen. Bei Skitouren zeigt sich auch, ob die Pfoten des Hundes den ungewohnten Strapazen und Anforderungen standhalten und ob der Hund die Kälte erträgt. Zur weiteren Gewöhnung kann man größere Gegenstände im Schnee bis zu vierzig Zentimeter tief vergraben und sie suchen lassen, doch ist dies nicht unbedingt notwendig. Der Schnee ist im übrigen für den Hund ein ganz herrlicher Stoff, der ihn zum Suchen anregt. Diese Vorübungen können Junghunde jeden Alters ausführen. Mit der eigentlichen Ausbildung fangen wir aber nicht vor Abschluß der geschlechtlichen Entwicklung an, also nicht vor eineinhalb bis zwei Jahren.

Die Vierphasenmethode
1. Wir bereiten eine kleine Schneehöhle vor, in der sich eine Person oder zur Not zwei Personen aufhalten können und die sich leicht zuschaufeln oder mit Schneeblöcken abschließen läßt. Der Zugang ist eben und einfach. Ein Helfer hält den Hund in etwa fünfzehn Meter Entfernung fest, während sein Meister in das offene Schneeloch schlüpft und den Hund herbeiruft, sobald er darin Platz genommen hat. Der Hund darf nun hinrennen und wird möglichst weit in die Höhle hineingelassen, damit er sich an die Enge drinnen gewöhnt. Beim zweiten Versuch decken wir die Höhlung schon so weit zu, daß der Hund zum Scharren angeregt wird. Der Besitzer muß aber noch durch eine schmale Öffnung zu sehen sein.

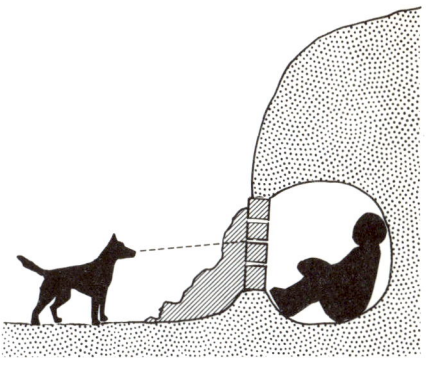

Abb. 61. Vergrabestelle im Schnee für Grundschulung und Anzeigeübungen des Lawinenhundes.

2. Nun gehen wir dazu über, den Führer in der Schneehöhle vor den Augen des Hundes ganz einzuschließen und den Hund nach einer Weile freizulassen. Da er zuvor mit den Augen suchte, schießt er nun möglicherweise weit über das Ziel hinaus. Dem ist keine Beachtung zu schenken. Wir lassen ihn im Gegenteil ungestört suchen, stöbern und schließlich finden und scharren. In seltenen Fällen sind wir genötigt, ihn zur richtigen Stelle zu führen und ihm dort beizustehen, indem wir selber mit der Hand zu scharren anfangen. Diese Phase kann auch wiederholt werden, wobei der Hund während des Zudeckens des Meisters weggebracht wird.
3. Für Hunde, die wenig kontaktfreudig sind und die als Junghunde nicht systematisch aufgebaut wurden, ist besonders diese dritte Phase wichtig. Der Führer kriecht nun vor den Augen des Hundes mit einem dem Hund unbekannten Helfer in die Schneehöhle, welche verschlossen wird. Nach einer Weile läßt der Ausbilder den Hund los, und sofern sich die Notwendigkeit dazu ergibt, unterstützt er ihn, bis er zu scharren beginnt und so tief wie möglich ins Loch zum Hundeführer und dessen Helfer vordringt. Beide loben ihn natürlich ausgiebig und herzlich. Auch diese Phase wird bei Bedarf wiederholt, wobei in Abwesenheit des Hundes eingegraben wird.
Bei sehr kontaktfreudigen und sauber aufgebauten Hunden kann diese dritte Phase weggelassen werden, weil sie meist ohne weiteres auf eine Fremdperson ansprechen.
4. Diesmal setzt sich nun ein dem Hund möglichst unbekannter Helfer ins Schneeloch, das wir vor seinen Augen zuschaufeln. Der Hundeführer hält den Hund und spornt ihn mit «*Such*» zum Finden und Scharren an. (Dieses ermunternde Hörzeichen gab zuvor stets der

Ausbilder.) Der Hundeführer hält sich jedoch zurück und läßt den Hund so selbständig wie möglich agieren. Nur bei passivem Verhalten des Hundes unterstützt er ihn stärker. Der Helfer wiederum versucht, den Hund weit in die Höhlung hereinzulocken, und lobt ihn, wenn dies gelungen ist. Reagiert der Hund aktiv, wiederholen wir diese Phase, doch verschließen wir die Höhle, ohne daß der Hund zugegen ist. Damit beenden wir den ganzen Vorgang und legen anderswo Schneelöcher an. Sobald aber das Interesse des Hundes erlahmt, gehen wir wieder zur Vierphasenmethode über.

Die Reiz- oder Kampfmethode
Sie ersetzt nicht die Vierphasenmethode, sondern ergänzt sie. Ihre Anwendung ist indes nur mit solchen Hunden sinnvoll, die ein Mindestmaß an Wesenssicherheit aufweisen und – einmal aus ihrer Interesselosigkeit aufgestört – gern angreifen. Diese ergänzende Methode besteht darin, daß der Helfer den vom Führer gehaltenen Hund mehr oder weniger stark reizt (Bewegungen, Stimmäußerungen, Drohen mit einem Stock, ohne zu schlagen). Dann stürzt er sich in die Höhle. Hat sich der Hund sichtlich beruhigt, nähert sich der Führer mit ihm der

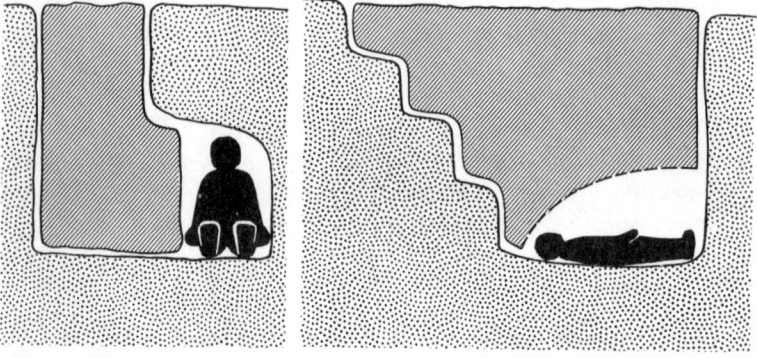

Abb. 62. Vergrabetechnik für Suchübungen des Lawinenhundes.
a: In die Wand des Schachtes wird eine Kaverne für den Figuranten ausgehoben.
b: Die Seitenansicht läßt die Treppe erkennen, die in den Schacht führt. Überdeckungen bis zu vier Meter sind üblich. Die Vergrabestelle wird vermessen. Der Figurant erhält ein Funkgerät oder eine Sonde, die so eingegraben wird, daß er sie notfalls selbst aus dem Loch zu schieben vermag. An Sauerstoffmangel leidet er nicht. Man kann in solchen Schneehöhlen bis zu drei Stunden ohne Gefährdung ausharren.

Schneehöhle, von der aus der Helfer nochmals reizt. Jetzt wird der Hund zurückgenommen und der Helfer in der Höhle eingeschlossen. Nach einer dem Temperament des Hundes angemessenen Wartezeit wird dieser losgelassen. Er dringt nun vehement zum Helfer vor, der ihn mit großem Lob empfängt. Auch ein scharfer Hund wird den Gefundenen nie beißen, sofern dieser den Stock hinter sich legte und der Hundeführer nicht zu eng aufschließt, damit der Schutztrieb nicht ins Spiel kommt. Vor dem Eingreifen weiterer Helfer beim Ausgraben nehmen wir scharfe Hunde aber weg.

Haben wir den Hund so weit gebracht, daß er freudig sucht und beim Auffinden der Witterung scharrt und wenn möglich auch bellt, gehen wir zu Übungsanlagen mit ein oder zwei Schneelöchern über, die mit einer Schneeabdeckung von ein bis zwei Meter Dicke oder mehr versehen werden (Abbildung 62a und b).

Grobsuche und Feinsuche

Ein Hund erfaßt bald, was diese Arbeit bedeutet, und ist er temperamentvoll und kontaktfreudig, wird er sich sogleich auf die Suche machen, wenn er am Rande eines Übungsfeldes gegen den Wind losgeleint wird. Dieses selbständige Vorgehen hat sich in der Praxis als sehr nützlich erwiesen, denn der Hund kann dabei sein Talent voll entfalten und gelangt häufig in kurzer Zeit zum Erfolg. Man nennt dieses Vorgehen Grobsuche. Die Aufgabe des Hundeführers besteht darin, den Hund zu beobachten, sich zu merken, wo er vielleicht vermehrte Neugier zeigt, aber nicht verharrt oder scharrt, und in welchen Geländeteilen er gewesen ist und wo nicht. Hat der Hund das Feld abgesucht, dirigiert ihn der Hundeführer nach dorthin, wo er bisher nicht suchte. Bringt dies keinen Erfolg, geht der Hundeführer an jenen Stellen zur Feinsuche über, wo der Hund mit einiger Neugier reagierte. Oder er beginnt an Stellen, die sich auf Grund der Zeugenaussagen oder anderer Hinweise (gefundene Gegenstände, Skispuren etc.) als primäre Suchbereiche anbieten (Abbildung 63). Er beschränkt sich also auf ein Teilgebiet des Feldes, wo aller Wahrscheinlichkeit nach ein Verschütteter liegen könnte. Damit gelangen wir zur einsatztechnischen Ausbildung des Hundeführers, die aber hier nur gestreift werden kann.

Feinsuche nach Gegenständen

Bei der Feinsuche wird engmaschig jeder Quadratmeter vom Hund systematisch abgesucht. Der Hundeführer weist ihn dabei in möglichst geradlinigen Schlägen nach links und rechts und muß sich eindeutig darüber im klaren sein, wo er schon gesucht hat und wo nicht.

Da wir bei Übungen im Lawinenfeld meist schon mit der Grobsuche zum Ziel gelangen, weil wir ja lebende Figuranten suchen lassen, deren Atem sehr viel Witterung abgibt, müssen wir zur Suche nach Gegenständen übergehen, wenn wir die Feinsuche üben wollen. Wir begraben deshalb größere Objekte wie etwa einen Rucksack mit einer Überdeckung bis zu sechzig Zentimetern. Der Hund wird zu planmäßigem Hin- und Hergehen in gleicher Weise wie beim Revieren nach Gegenständen ausgebildet (Kapitel 11, Seiten 222 ff.), indem man zuerst auf Sicht, später in Abwesenheit des Hundes Gegenstände wie Handschuhe, Mützen, Taschen etc., auslegt und sie nur so weit mit Schnee bedeckt, daß sie der Hund nicht ohne weiteres erkennt. Nach einer gewissen Zeit verwenden wir dazu größere Gegenstände, welche immer tiefer vergraben werden. Die Feinsuche wird stets in einem Teilgebiet des Arbeitsfeldes geübt, das nicht mehr als vierzig Meter breit und sechzig Meter lang ist.

Einsatzbereich

In der Schweiz wird das Lawinenhundewesen auch als Sport betrieben, wobei zum Teil schon hohe Anforderungen gestellt werden. Der Übergang zur Einsatzarbeit erfordert eine entsprechende technische Weiterbildung des Hundeführers. Nur wenn er in der Lage ist, den Hund richtig einzusetzen, kann er zuverlässig mit ihm arbeiten. Einer einfachen taktischen Annahme liegt Abbildung 63 zugrunde. Zwei Skifahrer traversierten den Hang von rechts nach links, doch gelangte nur einer zur linken Hangseite. Der andere wurde von einem Schneebrett erfaßt. Anhand der Einfahrts- und Ausfahrtsspuren sowie der Lage gefundener Gegenstände läßt sich ein primärer Suchbereich annehmen. Bei der gegebenen Windrichtung ist der Hund an der rechten Feldkante zur Grobsuche anzusetzen. Das Material und allfällige Helfer werden so deponiert, daß ihre Witterung nicht übers Feld getragen wird und beim Aufnehmen der Witterung des Verschütteten durch den Hund keine Verzögerung eintritt.

Lawinenhunde werden nicht nur mit Helikoptern, sondern auch mit Sesselliften, Gondelbahnen und Pistenfahrzeugen transportiert. Auch das muß vorher unbedingt geübt werden.

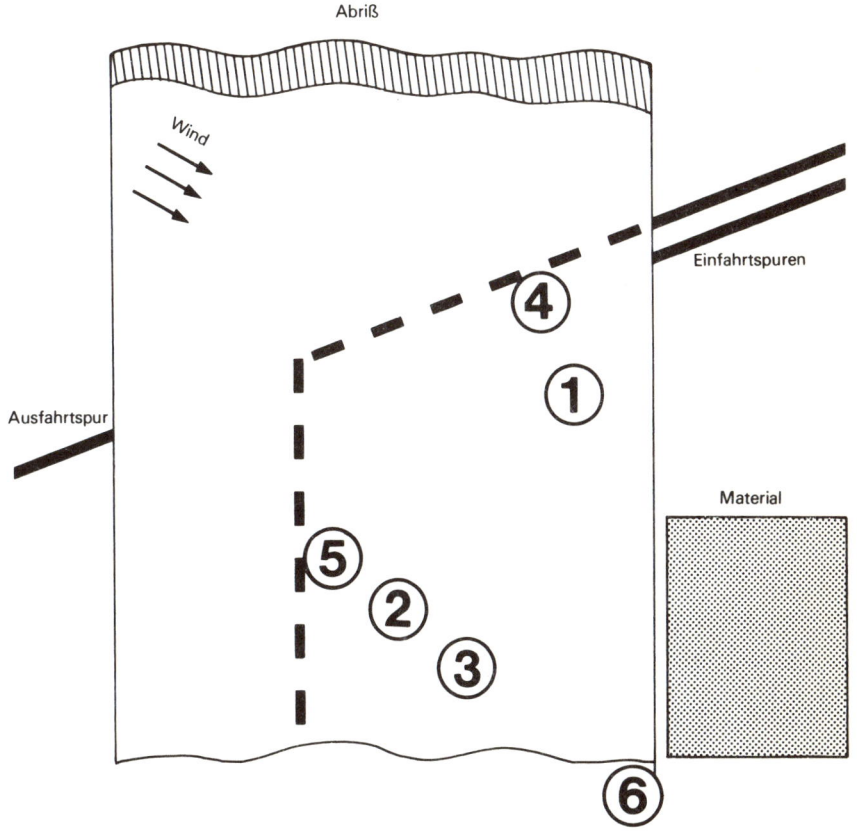

① Skistock des Vermißten
② Mütze des Vermißten
③ Ski des Vermißten
④ Fortsetzung Einfahrtspur
⑤ Senkrechte Begrenzung des primären Suchbereichs
⑥ Hier wird der Hund zur Grobsuche angesetzt

Abb. 63. Beispiel für die taktische Annahme bei einer Suchübung im Lawinenfeld.

Abb. 64. Lawinenhund des Pikettdienstes Hoch-Ybrig, Schweiz.

Kapitel 13

Katastrophenhund

Es ist kein Zufall, daß die erste fundierte Ausbildungsmethode für Trümmersuchhunde in der Schweiz entwickelt wurde. Die PO-SKG enthält seit Jahrzehnten nicht weniger als drei Rettungshundeprüfungen im Sportbereich: für den Sanitätshund, den Suchhund und den Lawinenhund. Dazu kam 1973 die vom Schweizerischen Verein für Katastrophenhunde (SVKA) geschaffene Prüfungsordnung für Katastrophenhunde. Aus den Teilnehmern all dieser Rettungshundeprüfungen rekrutieren sich jene Hundeführer, die sich mit ihren Hunden für die Verwendung in der Praxis vorbereiten und deren Einsatzfähigkeit speziell geprüft wird.
Im Jahr 1903 erschien von Major A. Berdez in Bern das Büchlein «Anleitung zur Dressur und Verwendung des Sanitätshundes», das auch im Ausland Beachtung fand und 1917 neu aufgelegt wurde. Ferdinand Schmutz leitete 1940 die systematische Ausbildung von Lawinenhunden ein und beschrieb sie in seinem 1954 veröffentlichten Buch «Mein Hund». Melchior Schild vom Eidgenössischen Institut für Schnee- und Lawinenforschung Weißfluhjoch–Davos wiederum hielt die Erfahrungen bei den Einsätzen fest und wertete sie aus, so daß wir heute über Fakten und Zahlen verfügen, welche die rettende Wirksamkeit des Lawinenhundes belegen. Und im Jahre 1972 gab der SVKA eine offizielle Ausbildungsanleitung für Katastrophenhunde heraus, welche inzwischen auch in französischer und englischer Sprache erschien und ebenfalls von ausländischen Rettungshundeorganisationen benützt wird. Im Zweiten Weltkrieg wurden im Ausland Hunde zur Suche nach Personen eingesetzt, die von Trümmern verschüttet worden waren, und man hatte dabei Erfolge zu verzeichnen. Man verwendete nicht speziell ausgebildete Suchhunde, sondern stellte auf den bekannten Spürsinn bei fast allen Hunden ab. Die dabei gemachten Erfahrungen wurden unseres Wissens nirgends gesammelt oder ausgewertet. Als 1968 die Versuche in der Schweiz begannen, mußte man von Grund auf neu anfangen. Die bei kleineren Einsätzen gemachten Erfahrungen wurden ausgewertet. Daraus ergab sich die oben erwähnte Anleitung, welche eine Ausbildungsmethode darstellt, die sich bei den Erdbebenkatastrophen von Friaul (Italien 1976) und Bukarest (Rumänien 1977) bewährte. Dies in

Vertrümmerungen von Häusern älterer wie auch neuerer Bauweise (Tafeln 31 und 32).
Gegenüber dem Lawinenhund muß ein in Trümmern suchender Hund mit noch schwierigerem «Gelände» fertig werden, wobei jedes sprunghafte Vorgehen zu Verletzungen führen kann. Zudem stellt die Praxis noch höhere Ansprüche an sein Unterscheidungsvermögen, finden sich doch in einem eingestürzten Haus vielerlei und zum Teil starke Gerüche, aus denen er die menschliche Witterung herausspüren muß. Im Schnee dagegen kommen verhältnismäßig wenige «Verleitungsgerüche» vor. Die Aufgabe, aus einem Geruchsgemisch einen Sondergeruch herauszufinden, stellt sich dem K-Hund in ähnlicher Weise wie dem Drogen-Spürhund (siehe Kapitel 14, Seiten 276ff.). Es ist nicht möglich, einen Lawinenhund mit seinem Führer in Trümmern einzusetzen, da er sich wahrscheinlich verletzen und zu keiner Lokalisierung gelangen würde. Beides haben Versuche und Erfahrungen bei Ernstfällen erwiesen. Doch kann in etwa sechs Monaten aus einem Lawinenhund und seinem Führer durch gezielte Weiterbildung und Training ein K-Team geformt werden. Aus der Arbeit mit Lawinenhunden hat sich dann auch in der Schweiz die Entwicklung des Katastrophenhundewesens ergeben.

Was ist zu tun, damit ein Hund auch unter widrigsten Verhältnissen seine Sucharbeit intensiv fortsetzt?
Diese Grundfrage fand die folgenden Antworten:

- Der Hund muß durch gezielte Beeinflussung schon im Welpen- und Jugendalter möglichst wesenssicher gemacht werden.
- Beim Junghund ist die Suchfreude zu fördern und zu vertiefen.
- Die Geländegängigkeit ist vom Junghundealter an zu trainieren, damit der Hund nicht durch die Fortbewegungsschwierigkeiten derart in Anspruch genommen wird, daß er nicht mehr sucht.
- An unangenehme Umwelteinflüsse, wie penetrante Gerüche (Rauch, Sprengstoffrückstände, Desinfektionsmittel), Lärm und Geräusch (von Kompressoren, Abbauhämmern, Trennscheiben, Schweißbrennern) sowie arbeitende Bergungsmannschaften, aber auch an zu begehende glatte oder strukturierte Materialien (Glas, Gitter, Wellblech, scharfe Trümmerteile) ist der Hund sorgfältig zu gewöhnen.
- Zur Führung auf Distanz in schwierigem Gelände sind Hund und Führer auszubilden.

Ziel der Ausbildung ist einerseits ein Hund, der selbständig und intensiv sucht, ohne sich von irgendwelchen Dingen und Geschehnissen ablenken zu lassen, der jedoch trotzdem ansprechbar bleibt und sich vom Führer auf Distanz dirigieren läßt. Andererseits braucht es einen Hundeführer, der den Kontakt zum Hund aufzubauen versteht und zu erkennen vermag, was sein Hund bei der Suche erlebt. Außerdem muß er aufgrund der Trümmerlage und der Zeugenaussagen die Situation beurteilen, sich für einen primären Suchbereich entscheiden und durch richtiges Einsetzen des Hundes in bezug auf Luftströmungen und viele weitere Faktoren die Arbeit möglichst aussichtsreich gestalten können. Man sieht, daß an den Hundeführer hohe Ansprüche gestellt werden.

Grundausbildung

Verrät ein Junghund schreckhaftes Wesen, wenig Kontaktfreude oder irgendwelche andere Unsicherheiten, ist es sinnlos, an eine Ausbildung überhaupt zu denken. Wir benötigen einen Typ, der mindestens die Qualitäten eines potentiellen Schutzhundes aufweist. Die Grundausbildung erfolgt gemäß den Kapiteln 4 und 5, wobei der Gewöhnung an schwieriges Gelände und beeindruckende Umwelterscheinungen besondere Aufmerksamkeit zu schenken ist. Wir achten aber auch darauf, daß der Hund vor schlechten Erfahrungen verschont bleibt. Er muß sehr vorsichtig und stufenweise angewöhnt werden. Gleichzeitig festigen wir die Suchfreude durch nicht allzuhäufige, aber regelmäßig durchgeführte Nasenarbeiten verschiedener Art, was fachgerecht exaktes Vorgehen voraussetzt. Die Fährtenarbeit schließen wir keinesfalls aus, wie dies etwa in der irrigen Annahme getan wird, ein Suchhund dürfe vom Fährten nichts wissen, da er sonst bei der Suche auf Spuren anspreche. Jeder Hund kennt die Fährten- und Stöberarbeit von Natur aus, und er vermag sehr wohl beides auseinanderzuhalten. Aus dem Stöbern wird beim K-Hund (wie beim Lawinenhund) die Suche in die Tiefe entwickelt.

Mit dem Junghund nehmen wir die Kontaktübungen gemäß Kapitel 8 durch. Es empfiehlt sich, die Flächensuche im kleinen Revier nach Gegenständen (Kapitel 11) sauber aufzubauen, damit die Führigkeit auf Distanz jetzt schon geübt wird. Als gute Grundlage im Sportbereich hat sich die Schutzhund I-Prüfung nach PO-SKG erwiesen. Bei vorgängiger Sanitätshundearbeit können sich Schwierigkeiten beim Anzeigen ergeben, doch lassen auch sie sich überwinden. Sehr gut als Vorbereitung für den angehenden K-Hund ist ferner die Lawinenhundeprüfung der ersten Stufe.

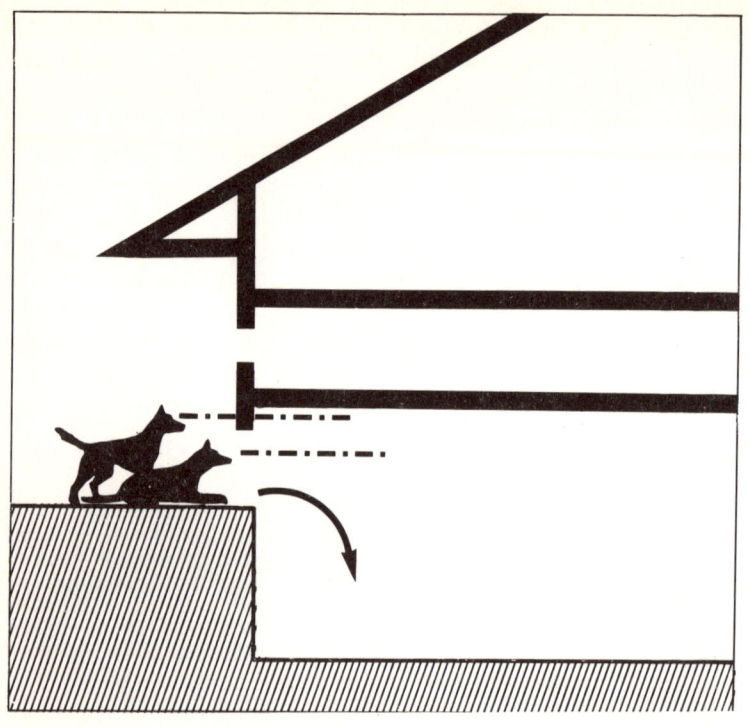

Abb. 65. Der stehende Hund hat Hemmungen, durch dieses Kellerfenster einzudringen. Der liegende Hund dringt kriechend ohne weiteres ein.

Angst, Neugier, Selbständigkeit
Gerät der Junghund in den Bereich von etwas, das er als akute Gefahr einschätzt (ein knatterndes Blechstück zum Beispiel), darf er nicht gezwungen werden, näher heranzugehen. Leider verlangt der Besitzer von seinem Hund oft eine Art von Mut, über welche er selbst nicht verfügt und die auch keinem gesunden Hund zueigen ist. Wenn sich der Hund ängstigt, so ist das nur natürlich. Läßt der Führer seinem Vierbeiner genügend Zeit, sich von der erwachenden Neugier getrieben an das Schreckgespenst heranzumachen und auf seine Weise herauszufinden, daß die vermeintliche Gefahr gar nicht vorhanden ist, so wird er erleben, wie selbständig Hunde mit solchen Situationen fertig werden, wenn man sie nur machen läßt. Durch stimulierendes Einreden auf seinen Hund kann diesem nicht geholfen werden, wohl aber durch gelasse-

nes Ruhigbleiben und Verständnis für sein ängstliches Verhalten. Das eben Beschriebene gilt auch für ausgebildete und erprobte K-Hunde. Auch auf sie kann ein Objekt, das uns völlig harmlos scheint, unerwartet schreckhaft wirken. Aber ein erfahrener Hund wird nicht ruhen, bis er sich dem «Unding» vorsichtig genähert hat, wobei er schliesslich feststellt, dass kein Grund zur Furcht gegeben ist. Mit entschiedenem Urinieren wird er am Ende die Sache als erledigt betrachten. Besteht doch eine Gefahr, zum Beispiel durch die Hitze eines laufenden Motors, wird der Hund sich einen Sicherheitsabstand merken und auch diesen demonstrativ markieren. Man erkennt: Was der unverständige Mensch als dumme Angst des Hundes betrachtet, ist in Wirklichkeit der Ausgangspunkt eines höchst respektablen Unternehmens und Abklärens, wozu allerdings nur der an eine gewisse Selbständigkeit gewöhnte Hund fähig ist. Aber gerade diese Selbständigkeit, dieses Sich-selber-sein-Dürfen, müssen wir beim Hund fördern, wenn er später im Katastrophenrevier gute Arbeit leisten soll.

Mit dem jungen Hund lassen sich überall Angewöhnungsübungen durchführen. Verhalten wir uns dabei richtig, indem wir den Hund weder drängen noch irgendwie forcieren, bemerken wir bald, dass die Entdeckerfreude des Hundes erwacht. Er findet Spass daran, selber Experimente zu unternehmen. Er beginnt, auf alle möglichen Dinge hinaufzusteigen, in Öffnungen zu kriechen, an vermeintliche Gefahren sich heranzupirschen, sie zu verbellen, zu beschnuppern und schliesslich stolz zu markieren. Diese Aktivierung muss angestrebt werden, denn sie ist ein untrügliches Zeichen für die innere Entwicklung des Hundes.

Liegt irgendwo ein Brett, lässt sich daraus durch Unterschieben eines Gegenstandes von zuerst nur geringer Höhe eine Wippe machen, die etwas nachgibt, wenn der Hund sie begeht. Auf einem schrägen eisernen Schachtdeckel lernt er, dass er auf seinen gut haftenden Zehenballen viel sicherer geht, als wenn er sich verkrampft mit den Krallen festzuhalten versucht. Ein kurzes Rohrstück dient ihm dazu, die Angst vor Beengung zu verlieren. Der Anblick einer Baustelle mit einer arbeitenden Rammaschine, die stark befahrene Hauptstrasse, eine laufende Druckerpresse oder eine Holzbearbeitungsmaschine, der Spaziergang in der Nähe des Schiessstandes – das alles sind Gelegenheiten, dem Hund die Furcht vor solchen und ähnlichen Situationen zu nehmen. Das Mitgehen beim Einkaufen auf stark belebten Trottoirs, der Spaziergang im Bahnhof zu Stosszeiten und viele andere Möglichkeiten lassen sich zum gleichen Zwecke benützen. Bei alledem erstarkt auch das Vertrauen des Hundes zu seinem Führer, denn jedes Erlebnis an dessen Seite wirkt auf ihn bindend und hilft jenen Kontakt zu vertiefen, auf den wir später bei der Arbeit angewiesen sind. Erst wenn der Hund älter und recht sicher geworden ist, empfiehlt es sich, planmäßig an den vom SVKA für den Prüfungsfall vorgesehenen Geräten zu arbeiten, wobei wir die Anforderungen nur langsam und schrittweise steigern.

Angewöhnung an schwierige Verhältnisse
Je besser wir unseren Hund auf alle Schwierigkeiten vorbereiten, die ihm erfahrungsgemäß im Trümmergelände begegnen, desto weniger wird er sich von einer intensiven Suche abhalten lassen, desto eher bleibt ihm die Freude an der Arbeit erhalten. Ein ungeübter Hund sieht sich im Trümmerfeld mit Problemen konfrontiert, die ihn dermaßen absorbieren, daß er selbst bei ausgeprägter Suchfreude nur schwach oder gar nicht weitersucht. Ein Hund jedoch, der nicht sucht, findet nichts.
Hinzu kommt, daß der in schwierigem Gelände unerfahrene Hund bei nachgebendem Untergrund, beim Herabfallen von Trümmerstücken und bei plötzlich auftretender Lärmentwicklung sprunghaft ausweicht und sich dabei verletzt. Der K-Hund muß daher lernen, sich stets ruhig fortzubewegen und nur dort zu einem beherrschten und gezielten Sprung anzusetzen, wo es anders nicht geht. Sicheres und ruhiges Gehen unter allen Umständen ist der beste Schutz gegen Verletzungen. Nach unserer Erfahrung macht auch der beste Pfotenschutz (Hundeschuh) selbst nach langer Angewöhnung die Hunde im Gelände unsicher, so daß die Verletzungsgefahr eher wächst als abnimmt.
In vielen Übungen und mehreren Ernstfällen hat sich folgender *Katalog von Anforderungen* herausgebildet, die an den K-Hund in der Praxis gestellt werden:

- Übersteigen oder Erklettern von Trümmerteilen, Begehen von Brettern und Leitern.
- Durchschlüpfen von engen Spalten, Fensteröffnungen, Hohlräumen unter herabgestürzten Decken oder aufgerissenen Böden.
- Ruhiges Verhalten auf nachgebendem Untergrund, auf glattem oder sonstwie unangenehm wirkenden Material sowie bei herabstürzendem Schutt, Staubentwicklung und Lärm.
- Ruhiges Suchen zwischen arbeitenden Rettungsmannschaften und dem Lärm ihrer Werkzeuge und Maschinen.
- Suchen bei Rauch und penetranten Gerüchen sowie bei Hitzestrahlung noch nicht völlig erloschener Brandherde. Ruhiges Verhalten auf allen Transportmitteln, vom Motorrad mit Seitenwagen bis zum Helikopter.

Arbeit im Hindernis-Parcours
Es ist in jedem Falle zu versuchen, die Leistungen des Hundes im Parcours nicht durch Unterordnung zu erzwingen, sondern auf jede erdenkliche Art und Weise durch Ermunterung und Anregung zu erreichen. Entscheidend wird stets der Kontakt des Führers zu seinem Hund sein. Die Leine brauchen wir nur am Anfang, einerseits um keine Kommandos geben zu müssen, andererseits zur Sicherung des Hundes. Später arbeiten wir ohne Leine, Halsband oder Schabracke, um jedes Hängenbleiben zu vermeiden. Die Angewöhnung im Parcours will den K-Hund so weit bringen, daß er die Hindernisse schließlich aktiv angeht und überwindet, ohne daß ihn sein Führer stark zu beeinflussen braucht. Jeder Appell ist demnach gemäß dem «Prinzip der Trennung» wegzulassen. Dennoch kann beim späteren Training eine Unterordnung auf Distanz geübt werden, indem der Hund auf einem geeigneten Hindernis (Wippbrett, Faßbrücke, Schwebebalken) gestoppt und zum Wenden, Sitzen, Abliegen oder Lautgeben veranlaßt wird. Danach halten wir ihn wieder zu selbständiger Weiterarbeit an.
Anfängern sei geraten, nur unter Aufsicht zu arbeiten, da sie gern dem Fehler verfallen, eine Übung, die ihr Hund zufällig gut und gern macht, vor Freude so lange zu wiederholen, bis unweigerlich ein Rückschlag eintritt. Tierpsychologen haben festgestellt, was auch unsere Praxis bestätigt: Macht der Hund eine schlechte Erfahrung, stößt er sich oder fällt er, so setzt sich dieses Erlebnis in ihm nicht sogleich als stark hemmendes Moment fest. Er wird die Aufgabe vielleicht sogar erneut anpacken und mehrmals hintereinander einwandfrei lösen. Aber nach zwei, drei Tagen wird er sich dazu nicht mehr bereitfinden, da sich das negative Erleben erst jetzt auszuwirken beginnt. Wir kennen einige Fälle, da Hunde von gutem Wesen durch diesen schlimmsten Abrichtefehler, durch Überforderung, in ihrem Verhalten gegenüber bestimmten Situationen beeinträchtigt wurden.
Wenn ein Hund die Faßbrücke zum erstenmal sehr ruhig besteigt und verläßt, als wäre er ein erfahrener Katastrophenspezialist, kann es sich unter Umständen um einen Scheinerfolg handeln. Beim zweiten oder dritten Versuch, ganz bestimmt aber dann, wenn noch weitere Versuche gemacht werden, kann er indes – plötzlich unsicher geworden – erschrecken, abspringen und beim Auseinanderfallen des Gerätes für immer eine Hemmung erwerben. Aus diesem Grunde hat besonders bei gefährlicheren Übungen (etwa beim Besteigen einer Leiter) ein erfahrener Helfer jedem Unfall vorzubeugen.
Es versteht sich, daß sämtliche Hindernisse auch für den größten Hund

auf dem Platz gut begehbar sein müssen, denn Gewicht und Figur sind für den Schwierigkeitsgrad ausschlaggebend. Ein Parcours sollte nie fest gebaut, sondern stets neu und verschiedenartig konzipiert und improvisiert werden. Nur so läßt sich ein zu schnelles Begehen durch Hunde, die hier schon gearbeitet haben, verhindern.
Bei fortgeschrittener Ausbildung ist der Führer nun imstande, seinen Hund mit einem Hinweis zum Begehen eines Hindernisses zu veranlassen und die Arbeit aus Distanz zu verfolgen. Das einzige Hörzeichen, das er immer wieder verwendet, heißt «*Langsam*». Auf dieses Hörzeichen hin hat der Hund seine zu schnelle Gangart sogleich deutlich zu verlangsamen.

Die Hindernisse

Wippbrett (von Rund- oder Kantholz unterlegtes drei bis sechs Meter langes, nicht zu schmales Brett): Mit niedriger Unterlage beginnen. Hund zuerst an der Leine führen, aber sich nicht in die Leine stemmen lassen! Er muß im eigenen Gleichgewicht gehen. Kein Kommandoton, keine Unterordnung verlangen. Nur nach und nach die Unterlage etwas erhöhen. Bei Unsicherheit sofort auf kleinste Unterlage zurückgehen. Höchstens ein- bis dreimal am gleichen Tag begehen lassen. Übungsort und Gerät stets wechseln, da sonst der Hund jeden Respekt vor der Aufgabe verliert und das Tempo beschleunigt, was unbedingt vermieden werden muß.

Faßbrücke (zwei leere Blechfässer werden von genügend Breite ergebenden Brettern überbrückt und mit Steinen so gesichert, daß sie nicht unter den Brettern wegrollen können, wenn der Hund das Gerät in Bewegung bringt): Der Hund wird anfangs an der Leine gerade an eine der Schmalseiten der Faßbrücke herangeführt und zum Hinaufsteigen aufgefordert, aber *nicht* mit dem Kommando «*Sprung*» oder «*Hopp*». Unterordnung ist auch hier fehl am Platz. Stellt der Hund nur die Vorderpfoten an, hilft man vorsichtig nach. Drängt er seitwärts in die Leine, lehnt man sich gegen ihn, läßt die Leine durchhängen und rückt langsam von ihm ab, bis er im Gleichgewicht steht. Sobald er auf der Brücke ist, wird er einige Zeit beruhigt und gelobt, desgleichen nach jedem Schritt, der eine Bewegung der Brücke auslöst. Bei Beginn nur einmal am selben Tag üben. Es genügt, wenn er nur die Vorderläufe angestellt hat. Wichtig ist, daß er ganz ruhigbleiben lernt. Auch das Heruntergehen des Hundes von der Faßbrücke darf nicht sprunghaft vor sich gehen. Je weniger das Gerät in Bewegung kommt, desto besser.

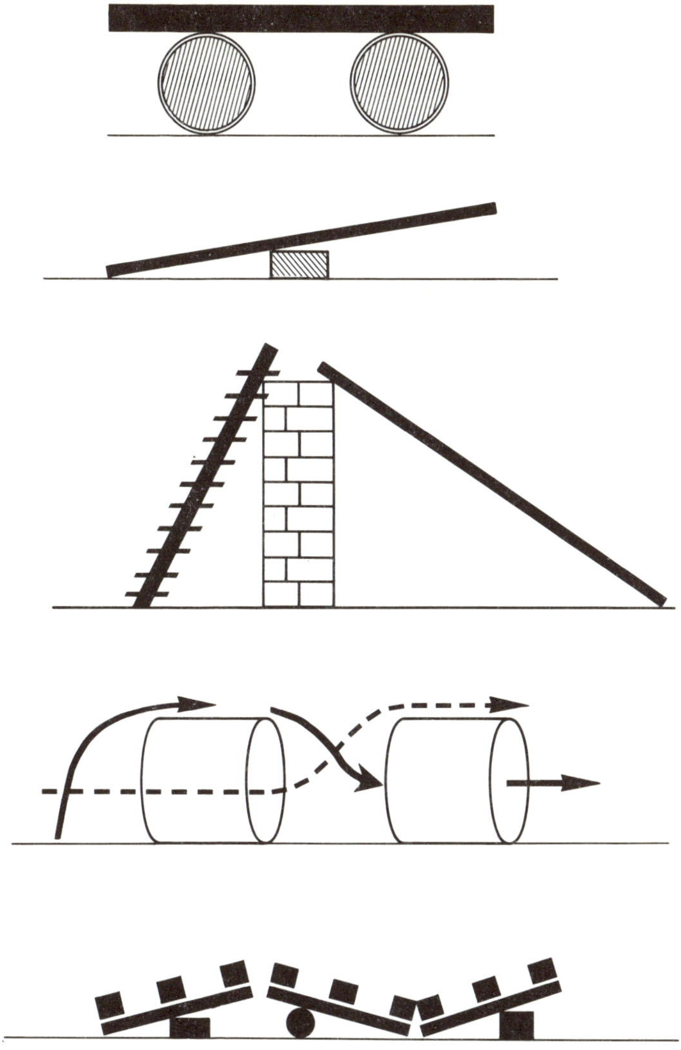

Abb. 66. Klassische Hindernisse für Katastrophenhunde.
Sie stehen für typische Probleme, die sich in der Praxis ergeben (von oben): Faßbrücke (sich verschiebender Untergrund), Wippe (nachgebender Untergrund), Leiter (steile Partien), Schlüpf- und Antisprunggerät (Engstellen, Auf- und Absprünge), Paletten mit Unterlage (wackliger und unangenehmer Untergrund).

Schwebebalken (nicht zu schmaler Balken oder dickes Brett wird von einer stabilen und für den Hund ohne jede Schwierigkeit erreichbaren Auflage zur anderen gelegt, zuerst nicht hoch über dem Boden): Hund mit durchhängender Leine gerade heran- und hinaufführen. Unter beruhigenden Worten, ohne Kommandoton und ohne Unterordnungsversuch hinübergeleiten. Nach und nach die Anforderungen steigern durch Wahl eines dünneren, sich durchbiegenden Brettes, durch Vergrößern der Höhe über Boden oder durch ungleich hohe Auflagen, so daß das Brett aufwärts oder abwärts führt.

Röhren (Rohrstücke aus Zement oder Metall von verschiedener Länge und Weite; später auch zur Wasserführung eingegrabene Röhren): Anfangs den Hund vor nicht zu enge und kurze Rohrstücke bringen und ihn ermuntern, hineinzugehen und durchzuschlüpfen. Keinen Zwang ausüben. Der Führer kann auch mit dem guten Beispiel vorangehen, durch die Röhre kriechen und von der anderen Seite her den Hund, den der Helfer inzwischen an der Leine hält, zu sich rufen.

Unangenehmes Material (Glasflächen, Wellblech oder Plastikstücke verschiedener Formung, Folien jeder Art, lackiertes Blech; ideal ist ein Abbruchwagen): Der Hund ist daraufzuführen und zu beruhigen. Er lernt bald, auf das gute Haften seiner Zehenballen zu vertrauen, entspannt sich und geht nicht länger auf den Krallen. Nach und nach lassen sich die Anforderungen durch Schrägstellen der Materialien oder durch Unterlegen von Steinen oder Holzstücken steigern, wobei die Materialteile beim Begehen in Bewegung geraten und Geräusche erzeugen. Unangenehm für den Hund ist auch jedes Gitterwerk aus Metall oder Holz, so zum Beispiel Paletten.

Leiter (anfangs wenn möglich Bockleiter mit flachen Treppenstufen, später jede Leiter oder jedes aufstellbare leiterartige Material wie Paletten oder Holzgitter. Die Leiter muß so lang sein, daß der Hund nicht in Versuchung gerät, hinaufzuspringen. Zudem muß sie auf eine feste Auflage führen, von der aus der Hund ohne Schwierigkeiten hinabgelangen kann. Sie ist gut zu verankern und genügend steil aufzustellen): Die Arbeit an den verschiedenen Hindernissen, die wir im Parcours zusammenfassen, ruft oft Kritik von Kynologen hervor, die nicht erkennen, daß wir dieser Gewöhnung an schwierige Verhältnisse unbedingt bedürfen, damit im Katastrophenrevier die Sucharbeit zuverlässig geleistet und die Verletzungsgefahr herabgesetzt wird. Besonders bei den Kletterübungen an der Leiter riskieren wir den Vorwurf, wir richteten Zirkushunde ab. Aber gerade an diesem Beispiel läßt sich deutlich darlegen, daß die Arbeit im Katastrophenparcours unerläßlich und zweckdienlich ist. Jeder Hund, dessen Rückenlinie beim Aufwärtssteigen einen gewissen Winkel erreicht, sieht sich plötzlich außerstande, weiterzukommen. Während er mit den Vorderpfoten noch ausgreift und damit deutlich den Willen bekundet, weiterzugelangen, ist seine Hinterpartie wie blockiert. Ohne Übung wird er nicht versuchen, mit den Hinterpfoten tastend eine Auflage, einen Halt zu suchen, um sich, darauf fußend, weiterzuschieben. Gerade dieses Ertasten von Trittstellen mit den Hinterläufen ist es, was wir unseren Hunden an der Leiter beibringen. Die meisten Hunde erfassen es sehr schnell, und sooft sie irgendwo im Gelände jene kritische Neigung ihres Rückens erreichen, machen sie sofort Gebrauch davon. Voraussetzung ist jedoch auch hier sorgfältiges Vorgehen beim Anlernen. Der Hund ist bei Beginn angeleint gerade an die Leiter heranzuführen und zum Hinaufgehen anzuregen. Der Führer bleibt vorn am Hund und krault ihm, neben der Leiter stehend, den Kopf und läßt ihn mit den Vorderbeinen so hoch hinaufgelangen, bis die Hinterläufe gestreckt sind. Jetzt ergreift ein Helfer

Abb. 67. Am Hindernis muß sorgfältig trainiert werden. Der Hund darf keine schlechten Erfahrungen machen. Das meist verwendete Hörzeichen heißt «Langsam!»

den einen Fuß und setzt ihn auf die unterste Stufe der Leiter. Reagiert der Hund sehr unruhig, wird die Übung unter besänftigendem Sprechen und Tätscheln abgebrochen und erst einige Tage später wiederholt. Bleibt der Hund ruhig und beginnt er, die Stufe auszunützen und sich abstützend emporzuschieben, setzt der Helfer auch den anderen Fuß höher. Bald wird der Hund oben sein. Viele Hunde sind schon nach kurzem Üben in der Lage, eine Leiter zu besteigen. Aber gerade dies verlockt ihre Führer oft, diese wichtige Übung mehrmals zu wiederholen. Dabei wird der noch unerfahrene Hund fast immer zu schnell und zu hastig, stößt sich oder fällt gar und wird künftig nie mehr ungehemmt an der Leiter arbeiten. Deshalb darf an der Leiter nur unter kundiger Aufsicht geübt werden, und zwar nur einmal am selben Tag. Der Hund darf an diesem Tag die Leiter höchstens dreimal erklettern.

Lärmquellen (Trommel, Motorfahrrad, Hupe, Kettensäge, Rasenmäher, Kompressor und pneumatische Werkzeuge, Hammerschläge): Der schon jung an Lärm gewöhnte Hund lernt rasch, recht massive akustische Einwirkungen zu ertragen, doch ist er auch in dieser Hinsicht nicht zu überfordern, da sonst starke Rückschläge und schwer zu behebende Hemmungen zu erwarten sind. Im Parcours wird die Lärmquelle mit Vorteil gegenüber einer Wand aufgestellt, so daß der Führer mit seinem Hund zwischen dem Lärmapparat und jener Wand passieren kann. Ein an dieser Stelle aufgebautes, leichtes Hindernis lenkt den Hund meist ab und erleichtert ihm die Aufgabe. Gut ist auch das Lärmerzeugen mit einem Hammer auf dröhnendem Material, damit sich der Hund an ruhiges Verhalten neben der Bergungsmannschaft gewöhnt. Zu Beginn ist zwischen der Lärmquelle und dem Hund ein großer Abstand zu wählen, später kann er verkürzt werden.

Rauch, Gerüche, Hitzestrahlung (Feuer, erhitzte Mauerpartien, angebrannte und noch warme Balken): Auch hier wird der Hund am besten durch eine Passage geleitet, die ein einfaches Hindernis enthält. Je näher und intensiver die Einwirkung, desto größer ist natürlich die Anforderung, aber um so vorsichtiger hat man auch vorzugehen. Auf die Rauch- und Geruchseinwirkung ist nicht zuviel Gewicht zu legen. Die Erfahrung hat gezeigt, daß K-Hunde in dieser Beziehung viel ertragen, ohne von der Sucharbeit abzulassen.

Führigkeit auf Distanz

Durch die Übungen zur Förderung der Suchfreude und bei der Arbeit im Parcours ergibt sich ein Zusammenspiel zwischen Führer und Hund, das sich durch die Kontaktübungen noch vertiefen ließ. Die Praxis verlangt nun immer wieder, daß wir den K-Hund im Revier auf Distanz zu dirigieren vermögen, sei es, um ihn vor Gefahr zu bewahren, sei es, um ihn bezüglich der Luftströmungen in eine günstige Suchposition zu bringen. Oft hat der K-Hund auf einem Terrain zu arbeiten, das wegen Einsturzgefahr von Menschen nicht betreten werden darf. Um den K-Hund und seinen Führer auf solche Aufgaben vorzubereiten, wurden zwei spezielle Prüfungsaufgaben geschaffen.

Detachieren: Der Führer schickt seinen Hund über eine Distanz von etwa fünfzehn Meter zu drei gleichförmigen Erhöhungen, ohne selbst seinen Standort zu verlassen. Diese Erhöhungen (Podien, Kisten, Erdhügel) hat der Hund nacheinander zu besteigen und darauf zu verharren, wobei die Reihenfolge freigestellt ist. Dann kehrt der Hund zum Führer zurück.

Wesentlich an dieser Übung ist, daß sich der Hund loslösen muß und daß er auf Zeichen des Führers seinen Standort wechselt. Von der Arbeit zur Förderung der Suchfreude und zur Angewöhnung an schwierige Verhältnisse her bringt der Junghund soviel Führigkeit mit, daß dieses Detachieren für ihn kein Problem sein dürfte. Sein Interesse für alle erdenklichen Übungsgelegenheiten ist ja bereits geweckt worden. Er wird bald herausfinden, welches Verhalten ihm das Lob des Führers auch hier einbringt. Sicher kann man schon den Junghund bei jeder sich bietenden Möglichkeit aus Distanz auf etwas hinaufschicken. Auch jetzt, bei der eigentlichen Detachierung, wird man mit nur *einer* Erhöhung beginnen. Arbeitet man in einer schon bereitgestellten Anlage, wird man sogleich das seitliche Hinübergehen einflechten, wobei man den Hund zuerst auf kleine Distanz leitet. Unsere Gebrauchshunderassen reagieren, im Gegensatz zu Jagd- und Hütehunden, zwar nur schlecht auf solche Sichtzeichen, aber im vorliegenden Fall werden sie es bald lernen, sie zu beachten. Der Hund muß an dieser Übung Freude haben, jeder Druck, jede starre Unterordnung ist zu vermeiden. Im übrigen sind diese Erhöhungen keine Hindernisse, sondern feststehende, leicht begehbare und genügend Standfläche aufweisende Gebilde aus irgendwelchem Material. Wir stellen sie auf einen freien Platz, wo sie sich gut von der Umgebung abheben, damit es für den Hund nicht rätselhaft bleibt, wo er sich hinbegeben soll. Der Hundeführer muß sich hier, wie überall sonst, zu ganz bestimmten Hörzeichen entschließen. Ein Beispiel: *«Voran»* – *«Geh 'rauf»* – *«Geh 'rüber»* – *«Steh»* – *«Geh 'rüber»* usw. Es ist dem Führer überlassen, ob er den Hund nach jeder seitlichen Verschiebung auf der erreichten Standfläche stehen, sitzen, liegen oder auch bellen lassen will. Einmal angewöhnt, macht diese Übung viel Spaß. Sie erfordert guten Kontakt und gibt deshalb Auskunft über das Verhältnis zwischen Führer und Hund. Ein K-Hundeführer, der viele dröhnende Kommandos von sich gibt, um einen Hund zu dirigieren, der völlig lustlos und unsicher herumstreicht, stellt sich kein gutes Zeugnis aus.

Seitwärts-Revier: Dieses Revier nach Gegenständen wurde aus dem Schutzhund I-Revier nach Gegenständen (SKG) entwickelt, indem man den Führer aus dessen Mitte herausnahm und an die Seitenlinie stellte und den Hund nur die vom Führer weiter abliegende Revierhälfte absuchen ließ. Es entstand ein Kleinrevier von fünfzehn auf fünfzehn Meter, was genügt, weil die Praxis vom K-Hund meist das Absuchen von relativ kleinen Flächen verlangt. Zudem ergibt die Suche unter realistischen Bedingungen selten eine spontane und deutliche Anzeige, vielmehr ein diffuses Reagieren, sichtbar allein an der verstärkten Erregung des Hundes. Darum muß der K-Hund auf dem gleichen Platze längere Zeit in kleinen Schlägen revieren lernen, bis endlich eine deutlichere Anzeige erfolgt. Zum Anlernen empfehlen wir, das Schutzhund I-Revier zu üben. Von dessen Aufbau wurde bereits gesprochen. Man arbeitet lange Zeit nur auf der Grundlinie, doch wird sie für den bewegungsfreudigen wie für den weniger lauffreudigen Hund mit Vorteil sehr groß gewählt. Es wird ja auf Sicht gearbeitet. Wenn später das Suchmoment hineingebracht wird, lassen sich die Distanzen ohne weiteres reduzieren. Wenn das Revieren nach rechts und links ordentlich geht, läßt man den Hund beim Zurückkommen ab und zu an der Mittellinie anhalten und in jener Richtung zurückgehen, aus der er eben gekommen ist. Hat er sich daran gewöhnt, stoppt man ihn aus immer weiterer Entfernung, wozu man sich natürlich nach der anderen Seitenlinie verschieben muß. Schließlich schicken wir den Hund nur noch von dort aus ins Revier. Die genauen Angaben über das Seitwärts-Revier sind der PO-SKG für K-Hunde zu entnehmen.

Es empfiehlt sich (vor allem beim Junghund), auch außerhalb der Revierarbeit bei günstiger Gelegenheit Gegenstände suchen zu lassen. Das systematische Revieren hingegen ist so lange auf der Grundlinie und mit Gegenständen, die unter den Augen des Hundes ausgelegt wurden, zu üben, bis sich der Hund ein freudiges, bewegungsbetontes

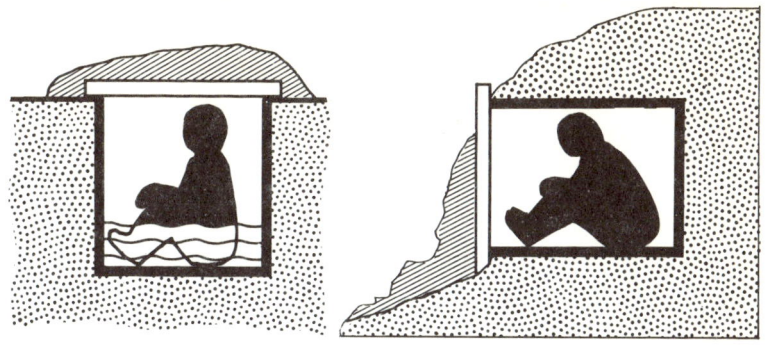

Abb. 68. Vergrabestellen für Anzeigeübungen mit Katastrophenhunden. Links eine für Übungen günstige Anlage, die sich jedoch bei Schlechtwetter mit Wasser füllt. Rechts die meistverwendete Form des «Anzeigelochs». Wichtig: Genügend weiches Material (Sand, Erde), das zum Scharren anregt.

Hereinholen angewöhnt hat. Hie und da wird er hinausgeschickt, ohne daß ein Gegenstand liegt. Geht er trotzdem gutwillig hinaus, beginnt sich die Angewöhnung zu festigen. Bleibt er stehen, so ist es am Führer, sein Temperament zu beweisen, indem er mit dem Hund hinausrennt. Bei der Dynamik ist es klar, daß Revierübungen anfänglich nur wenige Minuten dauern können. Je mehr das Suchmoment hereingebracht wird, desto ruhiger wird auch die Arbeit. Dabei wandelt sich die äußere Bewegungsbetontheit des Hundes in Suchintensität um.

Anzeigen

Mit unseren Bestrebungen, die Suchfreude des Junghundes zu fördern, haben wir die Grundlage zu dem wichtigsten Vorgang gelegt, der im Katastrophenrevier zu erfolgen hat: das deutliche Anzeigen eines Gefundenen. Ein Hund, der wohl menschliche Witterung wahrnimmt, diese aber undeutlich oder gar nicht anzeigt, ist im Katastrophenrevier nutzlos.

Da die Anzeige so eminent wichtig ist, dürfen wir ihre Ausführung nicht dem Zufall überlassen. Wir müssen sie mit K-Hunden – auch erproben – immer wieder trainieren. Um dies ohne Beeinträchtigung der Suchfreude im Revier machen zu können, findet die Anzeigeübung außerhalb des Trümmerfeldes statt, und zwar an einer Stelle, wo ein Mann (in einem Rohr oder einem Schacht) eingeschlossen oder abgedeckt werden kann. Die Abdeckung soll dicht und fest sein, damit sie der Hund nicht ohne weiteres wegzudrücken vermag. Doch ist darauf zu achten, daß die Witterung des Eingeschlossenen herausgelangen kann. Vor oder auf der Abdeckung häufen wir genügend weiches Material an (Sand, Erde), das den Hund zum Scharren animiert. Die Anzeigeübung ist keine Suchübung, da der Führer weiß, wo der Figurant liegt. Er setzt seinen Hund auf etwa zehn Meter Distanz an, indem er ihn in Richtung Vergrabestelle voranschickt. Es ist äußerst wichtig, daß der Führer seinen Standort nicht verläßt, denn gerade dies zwingt ihn, seinen Hund zu beobachten und ihn höchstens auf Distanz zu beeinflussen, wenn das überhaupt nötig wird. Je weniger der Führer tut, desto selbständiger lernt sein Hund arbeiten. Er beschränkt sich deshalb darauf, genau im Moment der ersten Anzeige (Scharren und Bellen) den Hund zu loben und zu weiterem intensivem Anzeigen anzuregen. Dann eilt er zur Vergrabestelle und beteiligt sich begeistert am Freilegen des Figuranten, zu dem der Hund schließlich hineingehen darf, wobei er nochmals sehr gelobt wird.

Für Anfängerhunde läßt sich die Anzeigeübung zur Führersuche ausgestalten. Hunde, die anfangs wenig Begeisterung an den Tag legen, reizt der Figurant vor seinem Verschwinden, so daß sie sich danach voll Kampflust auf die Deckung stürzen. Der Figurant riskiert übrigens nicht, vom Hund verletzt zu werden, doch sind die Helfer, die ihn befreien wollen, in hohem Maße gefährdet. Der Führer hält deshalb den Hund beim Wegnehmen der Abdeckung zurück und läßt ihn erst danach zum Figuranten im geöffneten Schacht laufen.

Die Anzeigeübung kann und soll mehrmals hintereinander unter den genau gleichen Bedingungen durchgeführt werden. Der Hund muß so lange an diesen Vorgang gewöhnt werden, bis er sich aus reiner Gewohnheit richtig verhält.

Die Anzeigeübung ist das A und O der ganzen Katastrophenarbeit und steht darum im Mittelpunkt jeder Übung. Ein Hund, der darin sicher ist, wird auch im Revier nicht versagen.

Beide Anzeigeformen, sowohl das Scharren als auch das Bellen, sind unerläßlich. Im Katastrophenrevier ist der Hund oft unseren Blicken entzogen, sein Lautgeben allein kann uns dann die Anzeige vermitteln. Bellen läßt jedoch im Trümmerfeld nicht immer einen Schluß auf jene Stelle zu, wo die angezeigte Witterung austritt. Dies müssen wir aber wissen, damit wir – ein Trümmerstück nach dem andern wegräumend

– der Geruchsspur folgen können. Der Hund wird dabei stets neu zur Anzeige angesetzt und scharrt genau bei der oft sehr kleinen Öffnung, einer Spalte zum Beispiel, wo er die Witterung wahrnimmt.
Eine ebenso praktische wie zweckmäßige und saubere Anzeigeübung läßt sich im Schnee durchführen. Hier kann man den Figuranten gefahrlos mit einem geruchdurchlässigen Material abdecken, das den Hund überdies zum Scharren anregt. Nicht von ungefähr sind die allermeisten K-Hunde auch als Lawinenhunde ausgebildet worden.

Arbeit im Suchrevier

Erblickt ein richtig ausgebildeter K-Hund ein Trümmerfeld, drängt er sich auch schon mit angehobener Nase hinein. Lassen wir ihn seinem höchst erwünschten Drange folgen; beobachten wir ihn genau, aber halten wir uns selbst in jeder Beziehung zurück. Der Hund wird ganz selbständig eine Tätigkeit entfalten, die uns in Kürze den Erfolg bringen kann. Wir nennen diesen Vorgang Grobsuche.
Führt die Grobsuche nicht zum Ziel, so hat der Führer aufgrund der gegebenen Lage das Revier in Teilreviere aufzugliedern und diese Stücke genau abzusuchen, wobei weitere Hunde zugezogen werden können. Hier beginnt die eigentliche Arbeit des K-Hundeführers. Er muß sich gleich zu Anfang von der Situation ein Bild verschaffen. Zeugenaussagen und Informationen von allfälligen Bergungsmannschaften oder deren Chef, aber auch eigene technische Kenntnisse über die Trümmerlage liefern ihm entscheidende Hinweise dafür, wie und wo er den Hund mit Aussicht auf Erfolg einsetzen kann. Natürlich hat er die Luftströmungen zu erkunden und zu berücksichtigen. Der K-Hundeführer

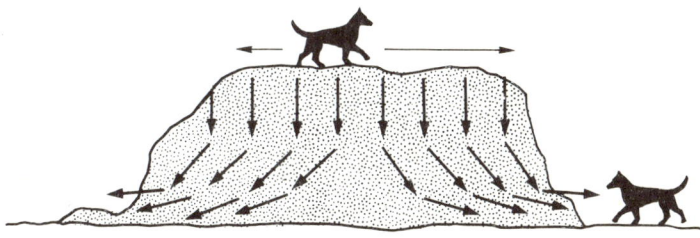

Abb. 69. Bei Winddruck von oben vermag der Hund auf den Trümmern kein Opfer zu finden. Dagegen bringt das Absuchen der Randtrümmer Erfolg.

ist aber zugleich auch Rettungshelfer und muß auch in dieser Beziehung über eine entsprechende Ausbildung verfügen.

Jedes stark kupierte Gelände eignet sich zum Katastrophenübungsrevier, es braucht sich nicht unbedingt um ein Trümmerfeld zu handeln. Das Gelände muß jedoch von vielen Leuten begangen werden, bevor man mit Hunden darin arbeitet. Und je nach Vergrabetiefe und -dichte weisen wir die Figuranten mindestens zehn Minuten vor dem Ansetzen des Hundes in ihre Verstecke.

Die Hunde dürfen beim ersten Aufnehmen einer Witterung nicht schon aus weiter Entfernung anzeigen, sondern erst ganz nahe beim Figuranten oder an einer Stelle, wo die Witterung konzentriert austritt, aber ein Weitervordringen des Hundes unmöglich ist. Jede Arbeit im Katastrophenrevier muß gut vorbereitet sein. Ist das Revier klein und sind viele Katastrophenteams auf dem Platz, wird es besser in eine Anzahl Anzeigestellen aufgeteilt, wo dann intensiv geübt werden kann. Damit wird bedeutend mehr erreicht als mit einer nicht genau durchdachten Suchübung.

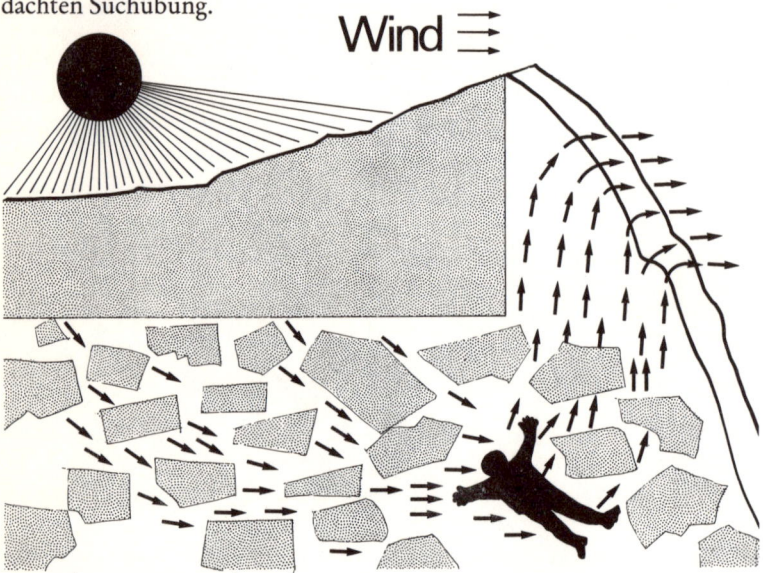

Abb. 70. Nicht nur der Wind, sondern auch thermische Einflüsse erschweren die Sucharbeit in Trümmern. Wärmestrahlung kann eine starke Luftströmung auslösen, wobei die Witterung wie von einem Kamin in die Höhe transportiert wird. Der Hund muß der Mauer entlang oder auf ihr selbst eingesetzt werden, um Verschüttete orten zu können.

Über das an Prüfungen verwendete Revier gibt die Prüfungsordnung der SKG Auskunft. Es bleibt zu wiederholen, daß sich der richtig ausgebildete K-Hund auch im Suchrevier richtig verhalten und selbständige, intensive Arbeit leisten wird. Sein Führer hat sich zurückzuhalten und nur einzugreifen, wenn der Hund aus irgendeinem Grund der Unterstützung bedarf. Bleibt allerdings ein Hund im Suchrevier stehen und zeigt er keine Lust zu selbständiger Arbeit, ist das Vorgehen zu ändern. Dann wird sich der Führer voll und ganz an der Sucharbeit des Hundes beteiligen, damit auch in diesem Falle das Abrichteziel verfolgt werden kann. Notfalls läßt er sich eben die Lage des Figuranten angeben, um die mißlungene Suchübung wenigstens mit einer erfolgreichen Anzeigeübung abzuschließen.

Erziehung zum Beobachten

Soll ein K-Team (einsatzfähiger Führer mit ebensolchem Hund) mit einiger Sicherheit Rettungserfolge bringen, muß der Hundeführer zum Beobachten erzogen werden. Hierin liegt eine große Verantwortung des Übungsleiters. Er hat bei den Übungen für das Einhalten der Platzdisziplin besorgt zu sein. Das heißt, daß Hunde, welche nicht arbeiten, weggebunden oder freiabgelegt sind. Auch der Hund des zum Einsatz gelangenden Führers bleibt abseits abgelegt, solange sein Führer vom Übungsleiter den Auftrag entgegennimmt und daraufhin seine Überlegungen macht und die nötigen Entschlüsse faßt. Hat er den Hund angesetzt, muß sich der Führer dauernd vergegenwärtigen, was sein vierbeiniger Partner tut und empfindet. Es darf ihm kein Wedeln oder anderweitiges Reagieren entgehen, und er muß nach der Sucharbeit wissen, wo im Trümmerfeld sich diese Äußerungen ereignet haben. Bei alledem soll er ständig die folgenden Überlegungen anstellen:

- Wo hat der Hund schon gesucht und wo nicht? (Später ist der Hund in die noch nicht abgesuchten Trümmerbereiche zu dirigieren.)
- Welches ist die generelle Windrichtung, und wie wirkt sich diese auf die Strömungen im Trümmerbereich aus?
- Gibt es im Trümmerbereich Stellen, die durch Sonneneinfall oder Brandhitze besondere Turbulenzen auslösen und es dem Hund verunmöglichen könnten, konzentrierte Witterung aufzunehmen?

Es ist klar, daß diese Arbeit volle Konzentration erfordert. Zuschauende Hundeführer, die sich nicht auf die im Gange befindliche Arbeit konzentrieren und durch Geschwätz stören, sind wegzuweisen.

Kapitel 14

Weitere Such- und Arbeitshunde

Drogen-Spürhund

Große Suchfreude und Ausdauer sind die Voraussetzungen für einen Hund, dessen Aufgabe darin besteht, aus verschiedensten Gerüchen die spezifische Witterung einer bestimmten Droge herauszufinden und anzuzeigen. Hinzu kommt, daß dieser Hund gegenüber Menschen nicht aggressiv sein darf, da oft in Anwesenheit von Verdächtigen gesucht wird, die ihrerseits in aggressiver Stimmung sind. Der Hund könnte sonst sehr schnell in eine Stimmung versetzt werden, in welcher er glaubt, den Meister verteidigen und also die betreffende Person angreifen zu müssen. Mit der Sucharbeit wäre es dann mindestens vorübergehend vorbei. Aus diesem Grunde eignen sich die verträglichen Labrador-Retriever für diese Aufgabe besonders gut. Natürlich lassen sich

Abb. 71. Drogen-Spürhund der Zollverwaltung.

auch andere Rassen verwenden, so etwa der Spaniel und Golden Retriever. Nicht selten werden auch Deutsche Schäferhunde eingesetzt. Die Grundausbildung, die im vorliegenden Buch dargestellt ist, kann unter Anpassung an die beschriebenen Voraussetzungen auch für künftige Drogenspürhunde angewandt werden. Der Hund muß für diese Arbeit ebenfalls über gute Wesenssicherheit verfügen, auf allen möglichen Böden sowie zwischen Einrichtungsgegenständen und gestapelten Waren beweglich bleiben und darf sich durch nichts erschrecken lassen.
Die eigentliche Ausbildung kann unter Verwendung irgendeines Duftstoffes erfolgen. Später läßt sich immer noch zum gewünschten Drogenstoff übergehen. Man wirft Textilien oder festere poröse Gegenstände zum Suchen aus, denen jener Duft anhaftet. Dies wird so lange geübt, bis der Hund eine wahre Suchwut und Apportierlust entwickelt. Richtig angewandtes Lob spielt dabei eine hervorragende Rolle. Findet der Hund schließlich den speziellen Duft aus vielen anderen Düften heraus und apportiert er freudig den damit behafteten Gegenstand, kann mit dem Anzeigen ohne Apportieren begonnen werden. Das ist nicht einfach, weil die Suche den Hund so freudig erregt, daß die Steigerung dieser Erregung im Moment des Auffindens der Droge nur dem geschulten Beobachter nicht entgeht. Auch hier kennt der Hundeführer zuerst das Versteck genau, damit er das Erfassen der Veränderung im Verhalten seines fündig gewordenen Hundes üben kann. Um noch zuverlässiger zum Ziel zu gelangen, wird vom Drogenhund meist das Anzeigen mit der scharrenden Pfote verlangt. Wie wir wissen, beruht diese Methode auf dem Bewegungsablauf beim Milchtritt des Welpen. Deshalb ist das Pfotenzeichen, verbunden mit dem Verharren am Fundort, die sicherste und daher am meisten verwendete Anzeigeform.
Zwei Beispiele mögen die Arbeit des ausgebildeten Haschhundes erläutern. Im ersten Fall hatte ein sich seiner Sache sicher fühlender Ganove die Polizei selbst aufgefordert, eine Durchsuchung seiner Wohnung vorzunehmen. Vor dem Eintreffen der Suchequipe hatte er noch schnell einen Blick in das Tiefkühlfach seines Kühlschrankes geworfen, wo der Stoff seiner Ansicht nach so stark unterkühlt lagerte, daß ein Aufspüren nicht zu befürchten war. Aber der Hund drängte sogleich zum Kühlschrank und zeigte die Droge richtig an. Der Delinquent hatte nicht bedacht, daß beim Öffnen des Fachs infolge des erheblichen Temperaturunterschieds eine starke Luftumwälzung entstand, welche den Drogengeruch in den Raum transportierte.
Der zweite Fall zeigt, wie entscheidend auch hier die Kenntnis des Hundes und das Vertrauen in seine Leistung sind. In einer Wohngemein-

schaft war alles erfolglos abgesucht worden, und der betreffende Hundeführer verließ eben das Haus, als er sich daran erinnerte, daß die Hündin Interesse am Kehrichtkübel bekundet hatte. Mit einem «*Pfui*» hatte er sie weggewiesen, weil er annahm, es seien irgendwelche Abfallgerüche, die sie ablenkten. Jetzt wandte er sich – unsicher geworden – ins Haus zurück, wo die brave Hündin zielbewußt den Kehrichteimer anging und binnen kurzem die im Abfall versteckte Droge anzeigte.

Sprengstoff-Spürhund

Die heikle Aufgabe, in irgendeiner Umgebung den Geruch von Sprengstoffen zu lokalisieren, wird in ähnlicher Weise gelöst wie das Suchen nach Drogen. Die Anzeige mit der Pfote ist allerdings zu riskant. Man ist deshalb ganz auf die Beobachtungsgabe des Hundeführers angewiesen, der aus der genau erarbeiteten Kenntnis des Verhaltens seines Hundes beim Auffinden der betreffenden Witterung seine Schlüsse zieht. Besonders exponiert sind bei dieser Aufgabe die Minen-Suchhunde, deren Bewegungsweise im Training so beeinflußt wird, daß sich die Gefahr, einen Zugdraht zu zerreißen oder auf einen Zünder zu treten, auf ein Minimum reduziert.

Pipeline-Spürhund

Der Kanadier Glen R. Johnson, Physiklehrer und Berater der kanadischen Polizei, prüfte mit einer von ihm ausgebildeten Suchhundegruppe nach Erledigung anderer spektakulärer Aufträge, ob bei einer Erdgasleitung von 94 Meilen Länge an Rißstellen Gas austrat. Die Rohre befanden sich zwischen 1,80 und 6 Meter unter Grund. Eine Anzeige erfolgte bei fast sechs Meter Überdeckung mit lehmhaltigem, nassem Material. Was chemischen, elektronischen und Schalldetektoren nicht gelungen war, erreichte die Hundenase. Hauptprobleme waren die große Distanz und das kalte, oft stürmische Wetter mit Schneetreiben. Johnson bediente sich dreier Deutscher Schäferhunde, die in Nasenarbeit ausgebildet und trainiert waren. Eingeübt wurden die Hunde mit Hilfe sterilisierter Kanister, welche den Gasgeruch enthielten. Sie wurden zuerst an der Oberfläche versteckt und dann immer tiefer vergraben.
Die Hundeführer legten täglich fünfzehn Meilen, die Hunde ein Mehrfaches davon zurück. Es steht außer Zweifel, daß diese Angaben richtig

sind, konnten wir doch die Unterlagen einsehen. Glen Johnson ist ein überaus geschickter Hundeführer mit unerhört konsequenter und fachlich fundierter Arbeitsweise. Das geht auch aus dem folgenden Abschnitt hervor.

Schädlings-Spürhund

Ebenso positiv wie die Suche nach Rissen in Erdgasleitungen gestaltete Johnson das Auffinden von Eigelegen des Schwammspinners, eines gefährlichen Holzschädlings. Er verwendete dazu ebenfalls drei Deutsche Schäferhunde, die bereits viel Nasenarbeit geleistet hatten. Beim Einsatz stellten sich zweimal besondere Probleme. Zum einen, weil bei der Ausbildung vom zuständigen Labor irrtümlich ein falsches Eigelege zur Verfügung gestellt worden war und die Hunde nun nicht reagierten. Johnson gelang es freilich in wenigen Stunden, die Hunde auf die zu suchenden Eigelege einzustellen. Zum anderen zeigten die Schäfer während der Arbeit auf dem Versuchsfeld, wo viele Eigelege an bekannten und registrierten Orten (unter Holz- oder Borkestückchen) versteckt worden waren, oft keine Reaktion. Johnson, der dank seiner Erfahrung der Hundenase mehr traute als der Zuverlässigkeit einer Versuchsanlage, ließ die Angelegenheit untersuchen. Es stellte sich heraus, daß die nicht angezeigten Eigelege abgestorben waren ...

Trüffel-Spürhund

Er ist schon seit Jahrhunderten bekannt. In der Gegend von Asti (Norditalien) werden noch heute solche Hunde eingesetzt, welche die schwer auffindbaren Pilze suchen. Sie sind Konkurrenten der Trüffel-Schweine, deren Nase jener des Hundes nicht nachsteht, die aber dazu neigen, die gefundenen Pilze gleich selber zu fressen.

Brunst-Spürhund

Es werden bereits auch Versuche unternommen, um abzuklären, ob nicht Hunde in der Lage wären, die Empfängnisbereitschaft der Kühe und Rinder großer Herden geruchlich festzustellen. Auf diese Weise ließe sich eine weit größere Fruchtbarkeit des Rindviehs erzielen, denn sonst ist es unmöglich, alle weiblichen Tiere im günstigsten Zeitpunkt für die künstliche Besamung zu erfassen.

Krankheits-Spürhund

In den USA stellt man sich gegenwärtig die Frage, ob nicht die durch eine bestimmte Krankheit hervorgerufenen spezifischen Ausscheidungen von Hunden geruchlich festgestellt und frühzeitig als Symptome erkannt werden könnten. Dies, wie man hofft, zu einem Zeitpunkt, da eine Behandlung noch aussichtsreich wäre. Verläuft dieses Experiment nun erfolgreich oder nicht – es bezeugt auf jeden Fall das große Vertrauen von Wissenschaftlern in die Leistungsfähigkeit des Geruchdetektors Hundenase.

Blindenführhund

Der Blindenführhund wird zu Recht als der Inbegriff des Arbeitshundes im Dienste des Menschen angesehen. Wir erwähnen ihn bewußt am Schluß dieses Buches, weil gerade da noch einmal ganz deutlich wird, daß der Leistungsgrad nicht allein vom Hund, sondern vom Zusammenwirken der beiden Partner Mensch und Hund abhängt. Auch hier gilt, daß ein geschickter Führer selbst einen mittelmäßig begabten Hund zu optimalen Leistungen bringen kann, während der beste Führhund mit einem ungeschickten menschlichen Partner auf die Dauer nicht zuverlässig zu arbeiten vermag.
Bemerkenswert ist der Umstand, daß der Führhund einem Befehl seines blinden Meisters zuwiderhandeln muß, wenn diesem aus der Befolgung eine Gefahr erwüchse. Nähert sich beispielsweise ein Fahrzeug so leise (ausrollen), daß es der Blinde nicht hört, und weist er ahnungslos seinen Hund an, ihn über die Straße zu geleiten, hat der Hund energisch Widerstand zu leisten. Derselbe Hund muß aber für jede klar geäußerte Anweisung des Führers ansprechbar bleiben, wenn dies zu keiner Gefährdung führt. Das erinnert uns an die selbständige Nasenarbeit jedes richtig ausgebildeten und sicheren Hundes, der sich – einmal auf die richtige Fährte oder Witterung gelangt – vom Führer nicht mehr davon abbringen läßt, dieser Fährte oder Witterung zu folgen. Derselbe Hund reagiert bei fachgerechter Ausbildung dennoch rasch und willig auf die Sicht- und Hörzeichen des Führers, und er läßt sich von ihm

Abb. 72. So schwierige Passagen hat ein Blindenführhund zu meistern *(a)*. «Bessie» hat sich für diese Möglichkeit entschieden, am Motorrad vorbeizukommen. Sie betrachtet kritisch die herausragende Lenkstange *(b)*. Nun ist sie am Motorrad vorbei und biegt vor dem Baum ab *(c)*. Und jetzt schreitet sie in der ursprünglichen Gehrichtung flott weiter *(d)*.

auch auf Distanz dirigieren, sofern die beiden als Team zu arbeiten gewohnt sind. Zu dieser Kooperation ist jeder gut aufgezogene und ausgebildete Hund bereit. Inwieweit sie zustande kommt, hängt vom Verständnis, der Konsequenz und Geduld des menschlichen Partners, des Hundeführers ab.

Behindertenhunde

In Kalifornien/USA werden seit wenigen Jahren systematisch Hunde als Helfer von Behinderten ausgebildet und auch erfolgreich plaziert.

Gehörlosenhund
In der Tierschutzgesellschaft von San Franzisco befaßt sich eine Abteilung mit der Ausbildung von Hunden, welche ihren gehörlosen oder schwerhörigen Besitzern alle wichtigen akustischen Signale anzeigen. Ob das Telefon läutet oder die Türklingel, ob jemand durch Klopfen Einlaß begehrt oder ob der Feueralarm surrt: stets rennt der meist kleine Hund zu seinem Besitzer und meldet ihm die einzelnen Geräusche durch unterschiedliches Verhalten. Notfalls reißt er ihn auch aus dem Schlaf.

«Servicedog»
Schwerbehinderte, die sich aber noch im Rollstuhl bewegen können, haben an diesen vierbeinigen Lebenspartnern vorzügliche Helfer. Sie bedienen für sie Lichtschalter, Liftknöpfe und sogar die Hebel der Klimaanlage in Wohnung und Auto. Sie tragen für sie auch in Rückentaschen all das mit, was wir etwa in unserer Trag- oder Aktentasche mitführen, und sie drängen sich damit auf Befehl so nahe an ihre Meister, daß diese die gewünschten Gegenstände erreichen können, selbst wenn die Reichweite ihrer Hände und Arme gering ist. Was herunterfällt, wird vom Hund aufgehoben.

«Socialdog»
Nur Königspudel wurden bisher wegen des nicht eintretenden Haarwechsels für diese Aufgabe ausgebildet und mit großem Erfolg eingesetzt. Sie gehen in Spitälern und Heimen oder Kliniken selbständig von Zimmer zu Zimmer und von Bett zu Bett und besuchen die Kranken, welche auf diese Kontakte außerordentlich positiv reagieren.

Schlußwort

In diesem Buch wurde der Versuch unternommen, Hundehalter und Hundeführer umfassend über die Ausbildung von Haushunden und Gebrauchshunden zu informieren. Doch grau ist bekanntlich alle Theorie. Die Praxis sieht oft ganz anders aus, als erwartet.
Stehen wir zum ersten Mal dem auserwählten Welpen oder Junghund gegenüber, beginnt ein Abenteuer, das zu bestehen ist. Wie gewinne ich das Vertrauen meines Hundes? Wie mache ich mich ihm verständlich? Wer Zeit und Geduld aufbringt, sich mit dem erkorenen Vierbeiner regelmäßig zu beschäftigen, wird sich die Lösung dieser und aller anderen Fragen erarbeiten.
Es werden ihm dabei zwar Fehler unterlaufen. Doch solange er diese nicht dem Hund anlastet, sondern sein eigenes Versagen erkennt, schadet das nicht.
Es ist gut zu wissen, daß der Hund an sich gar keine Fehler zu machen in der Lage ist. Er reagiert höchstens anders, als wir es wünschten und erhofften.
Dieser Gedanke bewahrt uns vor unbedachten Handlungen und hilft uns, das Geduldspiel einer Hunde-Ausbildung am Ende zu gewinnen.

Literaturnachweis

Feddersen-Petersen, Dorit Dr. med. vet.: Hundepsychologie/Kosmos-Franckh 1986
Fischel, Werner Dr., und Meischner, Wolfram: Die Seele des Hundes, Berlin 1961
Hugentobler, Paul, und Bachmann, Peter: Der Rauschgift-Spürhund, Zürich 1974
McCartney, William: Olfaction and Odours, Berlin/New York 1968
Most, Konrad, und Böttger, Paul: Leitfaden für die Abrichtung des Hundes, vollständig neubearbeitete und wesentlich erweiterte 8. Auflage, Berlin 1933 (spätere Auflagen sind unvollständig)
Ochsenbein, Urs: ABC für Hundebesitzer, Müller Rüschlikon Verlags AG, Cham 1989/93
Pfaffenberger, Clarence: The New Knowledge of Dog Behavior, 6. Auflage, New York 1969
Scott, John Paul Prof., und Fuller, John L. Prof.: Genetics and the Social Behavior of the Dog, Chicago/London 1965
Weidt, Heinz: Der Hund, mit dem wir leben, Berlin 1989
Zuschneid, Karl Dr.: Die Riechleistung des Hundes, Dissertation Berlin 1973

Kynologische Organisationen

Bundesrepublik Deutschland:

Deutscher Verband der Gebrauchshundsportvereine e. V.
Hauptgeschäftsstelle
Hamburger Straße 55
D-44135 Dortmund

Verband für das
Deutsche Hundewesen (VDH) e. V.
Mallinckrodtstraße 26
Postfach 1390
D-44145 Dortmund

Verein für Deutsche Schäferhunde (SV)
Hauptgeschäftsstelle
Beim Schnarrbrunnen 4–6
D-86150 Augsburg

Interessengemeinschaft
Deutscher Hundehalter e. V.
Auguststraße 5
D-22085 Hamburg

Österreich

Österreichischer Kynologenverband
Loidoldgasse 1/9
A-1080 Wien

Schweiz:

Schweizerische Kynologische Gesellschaft
Postfach 2307
CH-3001 Bern

Abkürzungen

BH	= Begleithund
FH	= Fährtenhund
H	= Hund
HF	= Hundeführer
KH	= Katastrophenhund (Rettungshund zur Suche in Trümmern)
LawH	= Lawinenhund (Rettungshund für Suche im Schnee)
SanH	= Sanitätshund (Rettungshund für Flächensuche)
SchH	= Schutzhund
PO	= Prüfungsordnung
IPO	= Internationale Prüfungsordnung der FCI
PO-VDH	= Prüfungsordnung des Verbandes für das deutsche Hundewesen
PO-WUSV	= Prüfungsordnung der Weltunion der Vereine für Deutsche Schäferhunde
PO-SKG	= Prüfungsordnung für Gebrauchshunde der Schweizerischen Kynologischen Gesellschaft
FCI	= Fédération Cynologique Internationale (Internationaler Dachverband der wesentlichsten kynologischen Landesorganisationen)
SC	= Schweizerischer Schäferhund-Club
SKG	= Schweizerische Kynologische Gesellschaft
SV	= Verein für Deutsche Schäferhunde e. V.
SVKA	= Schweizerischer Verein für Katastrophenhunde
VDH	= Verband für das deutsche Hundewesen
WUSV	= Weltunion der Vereine für Deutsche Schäferhunde